住房和城乡建设部“十四五”规划教材
高等职业教育建筑设备类专业群“互联网+”活页式创新系列教材

火灾自动报警系统

崔 莉 尹 静 主 编

中国建筑工业出版社

图书在版编目（CIP）数据

火灾自动报警系统／崔莉，尹静主编．—北京：中国建筑工业出版社，2023.9（2024.11重印）

住房和城乡建设部“十四五”规划教材　高等职业教育建筑设备类专业群“互联网+”活页式创新系列教材

ISBN 978-7-112-28734-5

Ⅰ.①火… Ⅱ.①崔… ②尹… Ⅲ.①火灾自动报警－自动报警系统－高等职业教育－教材 Ⅳ.①TU998.1

中国国家版本馆CIP数据核字（2023）第085716号

根据国家职业教育教学改革要求，以培养能够胜任火灾自动报警系统安装、调试、检测与运维岗位的高素质技术技能人才为目标，将职业岗位的素质、知识和能力要求融入本书内容。全书共分为5个项目单元，在火灾自动报警系统初步认知的基础上，系统地介绍了火灾自动报警系统的主要设备、实现消防系统联动控制的方式以及火灾自动报警系统的施工标准和调试与检测的方法。

本教材对接主流消防产品，吸收消防行业的新知识、新技术、新标准，是多所院校教师和企业技术人员共同合作的结晶。每个项目单元包含教学目标与思路、学生任务单、知识与技能、问题思考和知识拓展等内容。

本教材为高等职业专科院校建筑智能化工程技术、建筑设备工程技术、建筑电气工程技术、建筑消防技术等专业的教材，也可作为职业本科院校、成人教育、自学考试、中职学校及培训班等的教材，同时也可供消防工程技术人员参考使用。

为了便于本课程教学，作者自制免费课件资源，索取方式为：1. 邮箱：jckj@cabp.com.cn；2. 电话：（010）58337285；3. 建工书院：http://edu.cabplink.com；4. QQ交流群：622178184。

责任编辑：司　汉
文字编辑：胡欣蕊
书籍设计：锋尚设计
责任校对：董　楠

住房和城乡建设部“十四五”规划教材
高等职业教育建筑设备类专业群“互联网+”活页式创新系列教材

火灾自动报警系统

崔　莉　尹　静　主　编

*

中国建筑工业出版社出版、发行（北京海淀三里河路9号）
各地新华书店、建筑书店经销
北京锋尚制版有限公司制版
北京市密东印刷有限公司印刷

*

开本：787毫米×1092毫米　1/16　印张：14¾　字数：323千字
2023年8月第一版　2024年11月第四次印刷
定价：**49.00**元（赠教师课件）
ISBN 978-7-112-28734-5
（40956）

教育部国家级教学资源库
（建筑智能化工程技术专业）
配套教材编委会

主　任：牛建刚

副主任：董　娟　王建玉　周国清　王文琪

委　员（按姓氏笔画为序）：

王　欣　刘大君　刘志坚　孙建龙　李姝宁
李梅芳　张　恬　陈志佳　陈德明　岳井峰
高清禄　崔　莉　翟源智

本书编审委员会

主　编：崔　莉　尹　静

主　审：贺　杨

副主编：李明君　李红莲　刘大君　李从健　姜　敏
李姝宁　管名豪

参　编：白　钰　卢雅婷　贾　晨　刘　通

出 版 说 明

党和国家高度重视教材建设。2016年，中办国办印发了《关于加强和改进新形势下大中小学教材建设的意见》，提出要健全国家教材制度。2019年12月，教育部牵头制定了《普通高等学校教材管理办法》和《职业院校教材管理办法》，旨在全面加强党的领导，切实提高教材建设的科学化水平，打造精品教材。住房和城乡建设部历来重视土建类学科专业教材建设，从“九五”开始组织部级规划教材立项工作，经过近30年的不断建设，规划教材提升了住房和城乡建设行业教材质量和认可度，出版了一系列精品教材，有效促进了行业部门引导专业教育，推动了行业高质量发展。

为进一步加强高等教育、职业教育住房和城乡建设领域学科专业教材建设工作，提高住房和城乡建设行业人才培养质量，2020年12月，住房和城乡建设部办公厅印发《关于申报高等教育职业教育住房和城乡建设领域学科专业“十四五”规划教材的通知》（建办人函〔2020〕656号），开展了住房和城乡建设部“十四五”规划教材选题的申报工作。经过专家评审和部人事司审核，512项选题列入住房和城乡建设领域学科专业“十四五”规划教材（简称规划教材）。2021年9月，住房和城乡建设部印发了《高等教育职业教育住房和城乡建设领域学科专业“十四五”规划教材选题的通知》（建人函〔2021〕36号）。为做好“十四五”规划教材的编写、审核、出版等工作，《通知》要求：（1）规划教材的编著者应依据《住房和城乡建设领域学科专业“十四五”规划教材申请书》（简称《申请书》）中的立项目标、申报依据、工作安排及进度，按时编写出高质量的教材；（2）规划教材编著者所在单位应履行《申请书》中的学校保证计划实施的主要条件，支持编著者按计划完成书稿编写工作；（3）高等学校土建类专业课程教材与教学资源专家委员会、全国住房和城乡建设职业教育教学指导委员会、住房和城乡建设部中等职业教育专业指导委员会应做好规划教材的指导、协调和审稿等工作，保证编写质量；（4）规划教材出版单位应积极配合，做好编辑、出版、发行等工作；（5）规划教材封面和书脊应标注“住房和城乡建设部‘十四五’规划教材”字样和统一标识；（6）规划教材应在“十四五”期间完成出版，逾期不能完成的，不再作为《住房和城乡建设领域学科专业“十四五”规划教材》。

住房和城乡建设领域学科专业“十四五”规划教材的特点，一是重点以修订教育部、住房和城乡建设部“十二五”“十三五”规划教材为主；二是严格按照专业标准规范要求编写，体现新发展理念；三是系列教材具有明显特点，满足不同层次和类型的学校专业教学要求；四是配备了数字资源，适应现代化教学的要求。规划教材的出版凝聚了作者、主审及编辑的心血，得到了有关院校、出版单位的大力支持，教材建设管理过程有严格保障。希望广大院校及各专业师生在选用、使用过程中，对规划教材的编写、出版质量进行反馈，以促进规划教材建设质量不断提高。

住房和城乡建设部“十四五”规划教材办公室

2021年11月

前　言

《中华人民共和国国民经济和社会发展第十四个五年规划和2035年远景目标纲要》中明确提出要“建设更高水平的平安中国”，消防系统建设正朝着走深向实、协同布局、智慧与生态共赢的方向发展。本教材在编写时，注重落实立德树人根本任务，融入思想政治教育，推进中华民族文化自信自强，促进学生成为德智体美劳全面发展的社会主义建设者和接班人。

火灾自动报警系统是火灾探测报警与消防联动控制系统的简称，是以实现火灾早期探测和报警、向各类消防设备发出控制信号并接收设备反馈信号，进而实现预定消防功能为基本任务的一种自动消防设施。它与自动灭火系统、防排烟系统等其他消防设施一起构成完整的消防系统。随着消防技术的日益发展，火灾自动报警系统已经成为建筑消防设施实现智能化、信息化管理的重要基础设施。

本教材特色主要体现在：第一，教材内容立体化。有效建构“数字课程+电子教材”，将国家级建筑智能化工程技术专业资源库及在线课程等数字资源嵌入在教材中。第二，教材形式活页化。教材采用活页式装订，方便取出或加入学生任务单、新标准新规范等教学内容。第三，教材资源多元化。基于消防工程典型工作任务，与消防产品制造商、消防企业共同开发多元化教学资源，实现德技并修、工学结合的育人目标。

本教材由宁夏建设职业技术学院崔莉任主编并负责统稿，山东城市建设职业技术学院尹静任第二主编。具体编写分工为：崔莉编写项目3的任务3.1、3.2、3.4；尹静编写项目5的任务5.1；黑龙江建筑职业技术学院李明君编写项目2的任务2.1～2.3；宁夏建设职业技术学院李红莲编写项目3的3.5～3.8；江苏城乡建设职业学院刘大君编写项目4的任务4.1～4.3；山东安平消防科技有限公司李从健编写项目5的任务5.2、5.3；江苏联合职业技术学院建设交通分院姜敏编写项目1的任务1.1、1.2；内蒙古建筑职业技术学院李姝宁编写项目4的任务4.4；江苏城乡建设职业学院管名豪编写项目2的任务2.4。国网宁夏电力有限公司银川供电公司白钰编写项目3的任务3.3；宁夏建设职业技术学院卢雅婷、贾晨、刘通编写任务2.4、3.1、3.2、3.4、3.6、4.3、5.1的实训。

本教材内容由宁夏建筑设计研究院有限公司贺杨主审，主审对本书内容提出了宝贵意见和建议，谨此表示感谢！

本教材在编写过程中，得到了宁夏建设职业技术学院、黑龙江建筑职业技术学院等单位领导的关心和大力支持，同时，在本书编写过程中参考了大量资料，并引用了部分资源，在此一并表示衷心的感谢！

伴随人工智能、物联网等先进技术的发展，消防技术的相关标准和规范持续更新，虽然编者尽心尽力，但由于水平有限，书中不妥和错误之处在所难免，敬请读者批评指正。

目 录

项目 1

火灾自动报警系统的初步认知

任务 1.1 消防基础知识

1.1.1 教学目标与思路

【教学目标】

知识目标	能力目标	素养目标
1．熟悉发生火灾的原因； 2．了解火灾发展过程中各个阶段的特点； 3．掌握火灾的分类方法； 4．熟悉常见的灭火方法	1．能分析发生火灾的原因； 2．能绘制室内火灾温度时间曲线； 3．能说明不同类型火灾类型对应的灭火方法	1．遵纪守法； 2．履行道德准则和行为规范； 3．具有社会责任感
安全小谈：《中华人民共和国消防法》规定消防工作应贯彻预防为主、防消结合的方针。同学们要从安全用电做起，杜绝在宿舍违规用电，消除火灾隐患。消防安全，人人有责。		

【学习任务】对发生火灾全过程能有一个全面的了解，为火灾自动报警系统的设计、施工和维护打下基础。

【建议学时】2～4学时。

【思维导图】

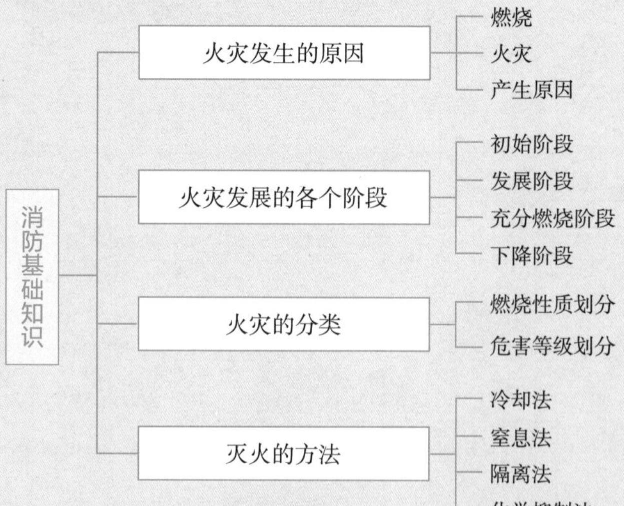

1.1.2 学生任务单

任务名称	消防基础知识				
学生姓名		班级学号		组别	
同组成员					
任务分工					
完成日期		教师评价			

学习任务		
任务实施	完成步骤	
	重点内容	任务实施过程中，用到的专业技能、专业知识、标准规范和方法等
学习反思	收获与不足	任务实施过程中，存在的问题及解决办法等
	待解问题	
	课后学习	

1.1.3 知识与技能

1．知识点——发生火灾的原因

（1）燃烧

1.1-1
火灾特征及熄灭方法介绍

燃烧是可燃物跟助燃物（氧化剂）发生的一种发光、发热、剧烈的化学反应。需要具备三个必要条件，即可燃物、氧化剂和温度。燃烧可分为闪燃、着火、自燃和爆炸等种类，表现的形式也多种多样，譬如：扩散燃烧、蒸发燃烧、分解燃烧、表面燃烧、混合燃烧及阴燃。由于物质状态的不同，在燃烧过程中会出现完全燃烧和不完全燃烧的情况。

（2）火灾

火灾是指在时间和空间上失去控制地燃烧所产生的灾害。在各类灾害中，火灾是最经常、最普遍威胁公众安全和社会发展的主要灾害之一。随着社会经济的发展，民众生活的聚集程度越发集中，高层建筑拔地而起，各类火灾安全隐患也越发多种多样，“预防火灾和减少火灾危害”成为消防工作的重中之重。

（3）发生火灾的原因

建筑物发生火灾的原因多种多样，常见原因有电气、吸烟、生活用火不慎、生产作业不慎、玩火、放火、雷击等，其中电气在各类火灾原因中居首位。分析起火原因、了解发生火灾的特点，可以有针对性地采取技术措施，有效防止和减少火灾危害。

2．知识点——火灾发展过程中各个阶段的特点

普通燃烧物的起火过程是：首先产生气体和烟雾，在氧气供应充分的情况下才能完全燃烧，产生火焰并发出一些可见光和不可见光，同时释放出大量的热能，使环境温度升高。如图1.1–1所示。

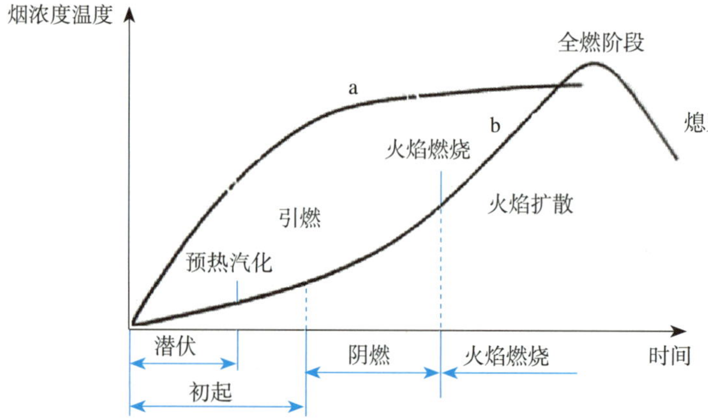

图1.1–1　普通可燃物物质起火过程

a—烟雾气溶胶浓度与时间的关系；b—热气流温度与时间的关系

（1）火灾初始阶段

又称为阴燃阶段。主要是预热温度升高，生成大量的可燃气体烟雾。此阶段属于局部燃烧，室内温度不高，火灾发展快慢，会随着火源与可燃物的特点而变化。此时易于灭火。若在此阶段能将火灾的烟雾探测出来，可将火灾损失控制在最低限度。

（2）火灾发展阶段

经过初始阶段后，积聚了足够的热量会使环境温度升高，并在物质的着火点加速燃烧，发展成火焰燃烧，形成火焰扩散、火势蔓延，除产生烟雾外，还伴随着光和热，室内温度急速升高。在此阶段也能较及时地控制火灾和测探火灾的温度变化。

（3）火灾充分燃烧阶段

在此阶段产生大量的烟，还伴随着光、热辐射等，火势猛且蔓延迅速，室内温度急速升高，达到700℃以上，最高可达1200℃左右，此时动用灭火手段，扑灭火灾将很困难。且伴随辐射热急剧增加，可能出现轰燃或者爆炸。此时，烟雾浓度高、可见度低，影响探测器的感光效果，火灾探测应以可燃气体或蒸汽浓度为探测对象。

（4）火灾下降阶段

即衰减熄灭阶段，伴随氧气的耗尽，可燃物呈阴燃状态，温度在500℃以下。此时，若有不合理通风，新鲜空气的突然进入，会引发爆燃的危险。

3．技能点——火灾的分类方法

（1）火灾依据物质燃烧特性，可划分为A、B、C、D、E、F六类。

1）A类：指固体物质火灾。一般燃烧时，会产生灼热的余烬，如木材、煤、棉、毛、麻、纸张等火灾。

2）B类：指液体火灾和可熔化的固体物质火灾，如汽油、煤油、柴油、原油、甲醇、乙醇、沥青、石蜡等火灾。

3）C类：指气体火灾，如煤气、天然气、甲烷、乙烷、丙烷、氢气等火灾。

4）D类：指金属火灾，如钾、钠、镁、铝镁合金等火灾。

5）E类：指带电物体和精密仪器等物质火灾。

6）F类：指烹饪器具内的烹饪物火灾。

（2）发生火灾的等级，可以划分为特别重大火灾、重大火灾、较大火灾和一般火灾四个等级。

1）特别重大火灾：指造成30人以上死亡，或者100人以上重伤，或者1亿元以上直接财产损失的火灾。

2）重大火灾：指造成10人以上30人以下死亡，或者50人以上100人以下重伤，或者5000万元以上1亿元以下直接财产损失的火灾。

3）较大火灾：指造成3人以上10人以下死亡，或者10人以上50人以下重伤，或者1000万元以上5000万元以下直接财产损失的火灾。

4）一般火灾：指造成3人以下死亡，或者10人以下重伤，或者1000万元以下直接财产损失的火灾。

注：“以上”包括本数，“以下”不包括本数。

4. 技能点——常见的灭火方法

物质燃烧必须同时具备三个条件，即可燃物、助燃物和着火源。只要破坏其中一个条件就能终止燃烧的连锁反应，控制火势。一般发生火灾时，可燃物通常不在可控范围内，会采用破坏另外两个条件的方式来灭火。

（1）冷却法：如用水扑灭一般物质的火灾，通过水大量吸收热量，使燃烧物的温度迅速降低，最后中止燃烧。

（2）窒息法：如用二氧化碳、氮气、水蒸气等灭火剂降低氧气浓度，使燃烧因缺少氧不具有持久性。

（3）隔离法：如用泡沫灭火器灭火，通过产生的泡沫覆盖在燃烧物表面，在冷却的同时，隔离可燃物和氧气，达到灭火的目的。

（4）化学抑制法：如用干粉灭火剂、卤代烷灭火剂通过化学作用，破坏燃烧的链式反应，中止燃烧。

水是天然的灭火物质，通常用水来灭火。水能降低燃烧物质的温度，在水汽化后形成水蒸气，能阻止空气进入燃烧区，减少氧气，阻止燃烧；水与重油等液体相遇形成乳化层，降低油气蒸发速度，停止燃烧；水还能稀释部分液体，降低浓度，抑制燃烧。精密仪器、书籍和高压电气类等不能用水作为灭火物质。

1.1.4 问题思考

1. 思考题

根据学习，你认为发生火灾时是由燃烧的什么因素决定的？

2. 填空题

（1）物质燃烧必须同时具备三个条件，即__________、__________和__________。

（2）常见的灭火方法有__________、__________、__________和__________。

3. 单选题

（1）火灾分类错误的是（　　）。

A. 人为火灾　　B. 气体火灾　　C. 固体火灾　　D. 液体火灾

（2）下列不属于火灾等级的是（　　）。

A. 超级火灾　　B. 重大火灾　　C. 较大火灾　　D. 一般火灾

4. 问答题

（1）发生火灾有哪些原因？

（2）火灾形成的过程共有几个阶段？各阶段的特征是什么？

（3）绘制普通可燃物物质起火过程图。

1.1.5 知识拓展

资源名称	1.1拓–1 建筑构件的燃烧性能和耐火极限	1.1拓–2 民用建筑的耐火等级
资源类型	文档	文档
资源二维码		

任务 1.2 火灾自动报警系统概述

1.2.1 教学目标与思路

【教学目标】

<table>
<tr><th>知识目标</th><th>能力目标</th><th>素养目标</th></tr>
<tr><td>1．了解火灾自动报警系统的功能；
2．熟悉火灾自动报警系统的组成；
3．了解火灾自动报警系统的形式；
4．了解火灾自动报警系统的设置场所；
5．掌握智慧消防网的组成和特点</td><td>1．能简述火灾自动报警系统的基础功能；
2．能绘制火灾自动报警系统原理图；
3．能说明火灾自动报警系统的形式及适用的场所；
4．能简述智慧消防网的组成和特点</td><td>1．具有良好的倾听能力，能有效地获得各种资讯；
2．能正确表达自己思想，学会理解和分析问题</td></tr>
<tr><td colspan="3">安全小谈：履行《中华人民共和国消防法》赋予的维护消防安全、保护消防设施、预防火灾、报告火警的义务。校园作为人员密集场所，是防火工作的重点对象。维护校园消防安全需要同学们的共同参与。</td></tr>
</table>

【学习任务】搭建火灾自动报警系统的认知框架，了解火灾自动报警系统的形式和适用场所，结合物联网和大数据管理的相关知识，探索智慧消防网应用新领域。

【建议学时】2～4学时。

【思维导图】

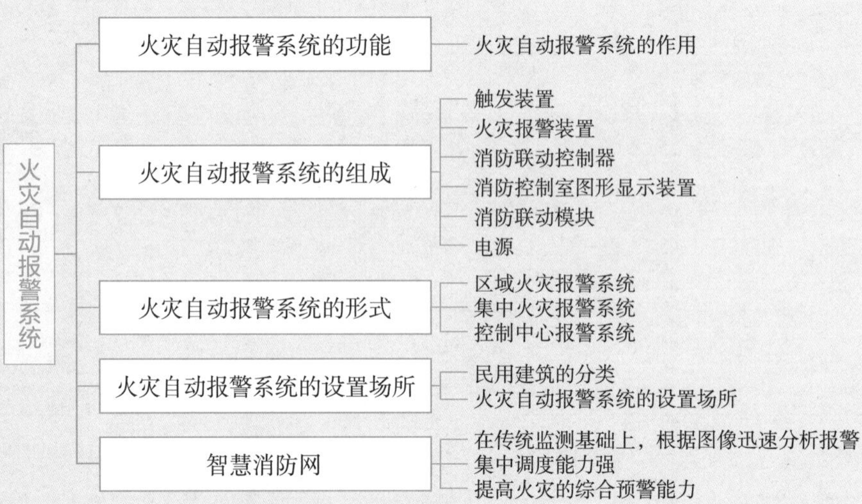

1.2.2 学生任务单

任务名称	火灾自动报警系统概述				
学生姓名		班级学号		组别	
同组成员					
任务分工					
完成日期		教师评价			

学习任务		
任务实施	完成步骤	
	重点内容	任务实施过程中，用到的专业技能、专业知识、标准规范和方法等
学习反思	收获与不足	任务实施过程中，存在的问题及解决办法等
	待解问题	
	课后学习	

1.2.3 知识与技能

1. 知识点——火灾自动报警系统的功能

1.2-1 建筑消防系统的功能实现

火灾自动报警系统可以探测火灾早期特征，并发出火灾报警信号，为人员疏散、防止火灾蔓延和启动自动灭火设备提供控制与指示。火灾自动报警系统是消防系统的重要组成部分，对火情的预警起到至关重要的作用。探测器作为整个系统的最前端，在现场起到监管火情信号的作用，并将探测到的各类型信号转化为电信号。人工发现火情也可以通过手动火灾报警按钮来传输报警信号。通过线路的传输，电信号汇聚至报警控制器端。报警控制器是火灾信息处理和报警控制的核心，具有判断信号的能力，能提示报警信号，联动相对应的报警设备及器件。可燃气体探测报警系统和电气火灾监控系统能及时转化为电信号给予预警。

现代消防中，很少使用无联动的报警方式，正常情况都会使用具有一定联动控制功能的自动报警装置。其主要功能是对火灾的发生进行早期的探测和自动报警，并能根据火情的位置，及时对建筑内的消防应急广播设备、气体灭火控制器、防火门监控器、应急照明控制器、防火卷帘控制、电动开窗控制器、消防泵控制箱、风机控制箱等装置进行联动控制，有助于疏散人员、确保人员安全，最大限度地减少社会财富的损失。

2. 知识点——火灾自动报警系统的组成

火灾自动报警系统是由火灾探测报警系统、消防联动控制系统、火灾预警系统和消防电源监控系统组成。火灾探测报警系统主要由触发装置、火灾报警控制器及火灾警报器组成；消防联动控制系统由消防联动控制器、消防控制室图形显示装置、消防应急广播设备、气体灭火控制器、防火门监控器、应急照明控制器、防火卷帘控制器、电动开窗控制器、消防泵控制箱、风机控制箱等组成。其组成如图1.2–1所示。

（1）触发装置

在火灾自动报警系统中，自动或手动产生火灾报警信号的器件称为触发装置，主要包括火灾探测器和手动火灾报警按钮。火灾探测器是一种能够对火灾参数进行响应，并能自动产生火警信号的装置；手动火灾报警按钮是以人工手动的方式产生火灾报警信号的装置。火灾自动报警系统应设置自动和手动触发报警装置。

（2）火灾报警装置

在火灾自动报警系统中，用以接收、显示和传递火灾报警信号，并能发出控制信号和具有其他辅助功能的控制指示设备称为火灾报警装置。火灾报警控制器是其中最基本的一种，它为火灾探测器提供工作电源；监视探测器及系统自身的工作状态；接收、转换、处理火灾探测器输出的报警信号；进行声光报警；指示报警的具体部位及时间，同时执行相应的辅助任务。

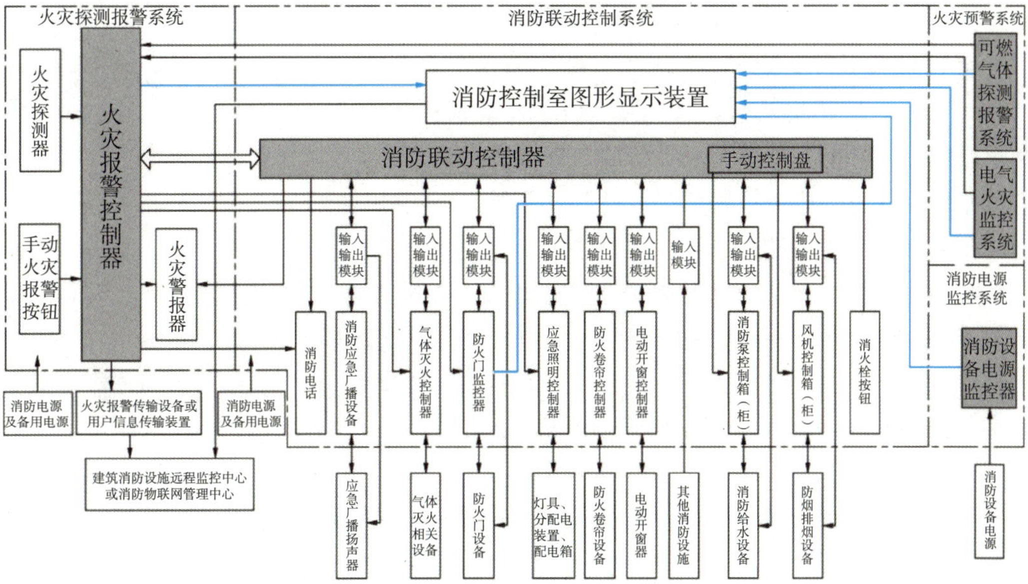

图1.2-1　火灾自动报警系统的组成

（3）火灾警报装置

在火灾自动报警系统中，用以发出区别于环境声、光的火灾警报信号的装置称为火灾警报装置。声光报警器、警铃、讯响器都是火灾警报装置，其大多安装于建筑物的公共空间，如走廊、大厅。

（4）消防联动控制器

消防联动控制器通过接收火灾报警控制器发出的火灾报警信号，按预设逻辑对消防泵、喷淋泵、防排烟风机等消防设备进行联动控制，同时由联动控制器将消防设备的动作信号反馈给消防控制室并显示。消防联动控制器是消防联动控制系统的核心组件。

（5）消防控制室图形显示装置

消防控制室图形显示装置用于接收并显示保护区域内的火灾探测报警及联动控制系统、自动灭火系统、防排烟系统、消防应急照明和疏散指示系统等各类消防系统及消防设备运行的动态信息和消防管理信息，同时还具有信息传输和记录功能。

（6）消防联动模块

消防联动模块用于消防联动控制器与现场各类消防设备之间的连接，实现消防联动控制和联动反馈信号的传输。主要有输入模块、输入输出模块、广播模块、电话模块、切换模块等。

（7）电源

火灾自动报警系统属于消防用电设备，其主电源应当采用消防电源、备用电源一般采用蓄电池组。系统电源除为火灾报警系统控制器供电外，还为与系统相关的消防控制设备等供电。

3. 知识点——火灾自动报警系统的形式

1.2-2
火灾自动报警系统的形式

火灾自动报警系统应具有火灾自动探测报警或人工辅助报警、控制相关系统设备应急启动并接收其动作反馈信号的功能。根据系统联动功能的复杂程度及报警系统保护范围的大小，将火灾自动报警系统分为区域报警系统、集中报警系统和控制中心报警系统三种基本形式。

（1）区域报警系统

仅需要报警，而不需要联动自动消防设备的保护对象宜采用区域报警系统。区域报警系统通常是由火灾报警控制器、火灾探测器、手动火灾报警按钮、火灾声光警报器等组成，其系统不具有消防联动功能，适用于较小范围的保护。系统可以根据需要，增加消防控制室图形显示装置和指示楼层的区域显示器，如图1.2–2所示。

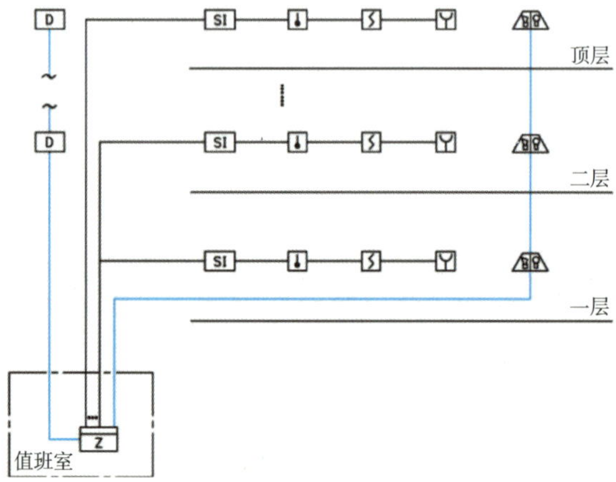

图1.2–2　区域报警系统图

（2）集中报警系统

不仅需要报警，同时需要联动自动消防设备，且只设置一台具有集中控制功能的火灾报警控制器和消防联动控制器的保护对象，应采用集中报警系统，并应设置一个消防控制室。集中报警系统通常由火灾报警控制器（联动型）、火灾探测器、手动火灾报警按钮、火灾声光警报器、消防应急广播、消防专用电话及消防控制室图形显示装置等组成。系统较复杂，具有消防联动功能，适用于较大范围内多个区域的保护。如图1.2–3所示，图中S1表示报警信号总线，S2表示消防联动控制总线，C表示直接手动控制线路。

（3）控制中心报警系统

有两个及以上集中报警系统或设置两个及以上消防控制室的保护对象应采用控制中心报警系统。对于设有两个及以上消防控制室的保护对象，应确定一个主消防控制室，进而对其他消防控制室管理。控制中心报警系统容量较大、消防设施功能齐全，适用于大型建筑或建筑群。如图1.2–4所示，图中S3表示控制器之间的通信线，S4表示图形显示装置之间的通信线，S5表示控制器与图形显示装置之间的通信线。

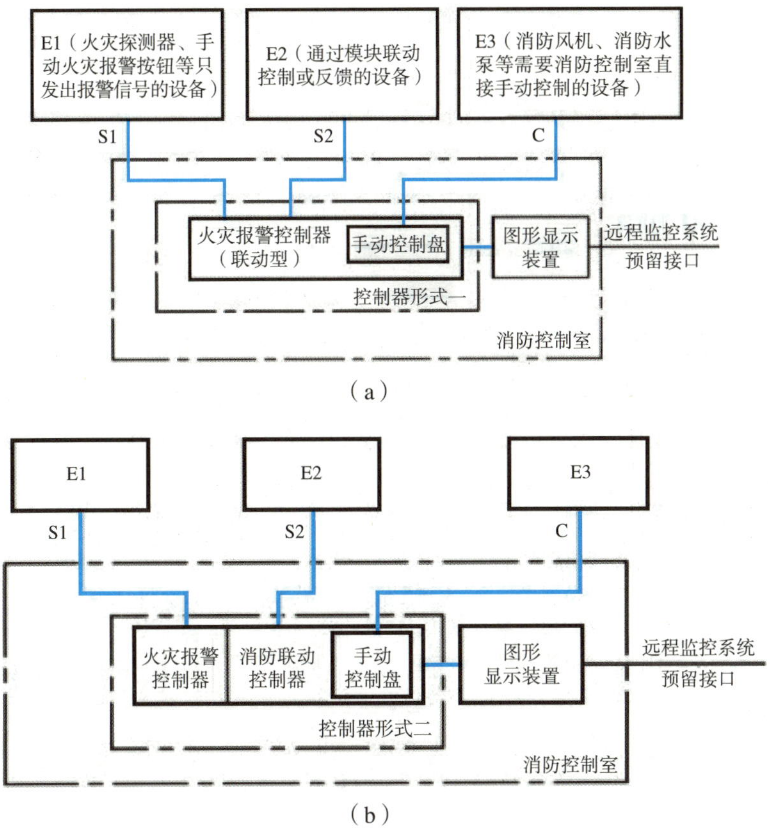

图1.2-3　集中报警系统框图

（a）方案Ⅰ；（b）方案Ⅱ

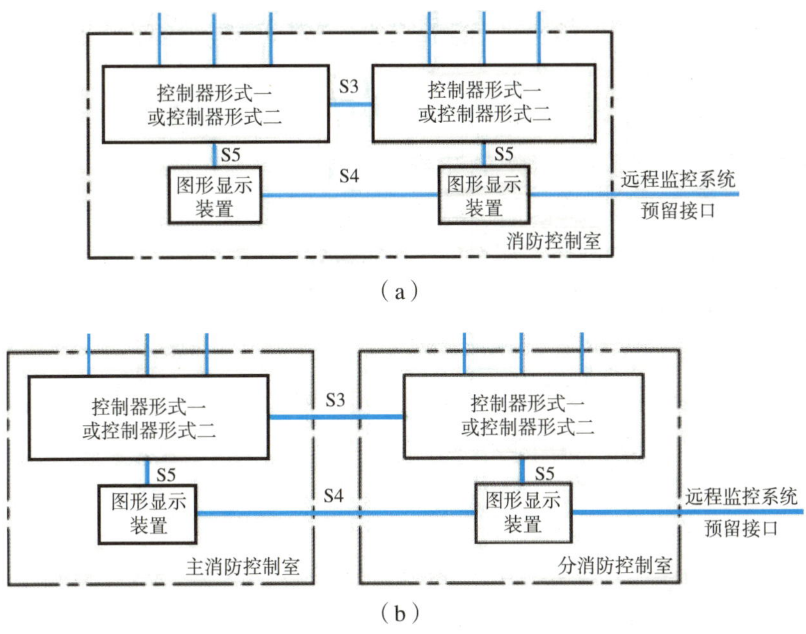

图1.2-4　控制中心报警系统框图

（a）方案Ⅰ；（b）方案Ⅱ

4．知识点——火灾自动报警系统的设置场所

（1）民用建筑的分类

1.2-3 火灾自动报警系统的设置场所

《建筑设计防火规范（2018年版）》GB 50016—2014规定：“民用建筑根据其建筑高度和层数可以分为单、多层民用建筑和高层民用建筑。高层民用建筑根据其建筑高度、使用功能和楼层的建筑面积可以分为一类和二类”。

一类是指建筑高度大于54m的住宅建筑（包括设置商业服务网点的住宅建筑）；建筑高度大于50m的公共建筑；建筑高度24m以上部分任一楼层建筑面积大于1000m^{2}的商店、展览、电信、邮政、财贸金融建筑和其他多种功能组合的建筑；医疗建筑、重要公共建筑、独立建造的老年人照料设施；省级及以上的广播电视和防灾指挥调度建筑、网局级和省级电力调度建筑；藏书超过100万册的图书馆、书库。

二类是指建筑高度大于27m，但不大于54m的住宅建筑（包括设置商业服务网点的住宅建筑）；除一类高层公共建筑外的其他高层公共建筑。

（2）火灾自动报警系统的设置场所

根据《建筑防火通用规范》GB 55037—2022规定，下列民用建筑或场所应设置火灾自动报警系统：

1）商店建筑、展览建筑、财贸金融建筑、客运和货运建筑等类似用途的建筑。

2）旅馆建筑。

3）建筑高度大于100m的住宅建筑。

4）图书或文物的珍藏库，每座藏书超过50万册的图书馆，重要的档案馆。

5）地市级及以上广播电视建筑、邮政建筑、电信建筑，城市或区域性电力、交通和防灾等指挥调度建筑。

6）特等、甲等剧场，座位数超过1500个的其他等级的剧场或电影院，座位数超过2000个的会堂或礼堂，座位数超过3000个的体育馆。

7）疗养院的病房楼，床位数不少于100张的医院的门诊楼、病房楼、手术部等。

8）托儿所、幼儿园，老年人照料设施，任一层建筑面积大于500m^{2}或总建筑面积大于1000m^{2}的其他儿童活动场所。

9）歌舞娱乐放映游艺场所。

10）其他二类高层公共建筑内建筑面积大于50m^{2}的可燃物品库房和建筑面积大于500m^{2}的营业厅，以及其他一类高层公共建筑。

5．知识点——智慧消防网的组成和特点

1.2-4 智慧消防网的组成和特点

将GPS（全球卫星定位系统）、GIS（地理信息系统）、GSM（无线移动通信系统）和计算机、网络等现代高新技术集于消防服务系统的网络称为智慧消防网。利用物联网、人工智能、虚拟现实、移动互联网等最新技术，配合大数据云计算平

台、火警智能研判等专业应用，实现消防系统的全面智能化。这是智慧城市消防信息服务的数字化基础，也是智慧城市智慧感知、互联互通、智慧化应用架构的重要组成部分。

（1）在传统监测基础上，根据图像迅速分析报警

智慧消防远程监控系统，综合利用RFID（射频识别）、无线传感、云计算、大数据等技术，依托有线、无线、移动互联网等现代通信手段，整合已有的各数据中心，扩大监控系统的联网用户数量，完善系统报警联动、设施巡检、单位管理、消防监督等功能。在传统监测火灾自动报警系统的运行状态及故障、报警信号基础上，利用图像模式识别技术对火光及燃烧烟雾进行图像分析报警；监测室内消火栓和自动喷淋系统水压、高位消防水箱和消防水池水位、消防供水管道阀门启闭状态、防火门开关状态，利用单位视频监控系统监控安全出口和疏散通道、消防控制室值班情况；接入电气火灾监控系统或装置，实时监测漏电电流、线缆温度等情况；研发手机APP系统，动态监控、立体呈现联网单位消防安全状态，全面提升社会单位消防安全管理水平和消防监督执法效能。

（2）集中调度能力强

智慧消防远程监控系统充分运用大数据、云计算、移动互联网、地理信息等技术，依托公安网（消防信息网及指挥调度网）、边界接入平台和公安PGIS地图，实现灭火救援的“一张图指挥、一张图调度、一张图分析、一张图决策”。

1）灾情信息实时化，通过城市重大事故救援及地质性灾害事故救援两大应急通信系统，实时获取灾害现场图像、语音和数据，掌握灾情动态及发展态势；

2）作战对象精准化，逐级汇聚一体化消防业务信息系统等数据，关联作战对象的地理位置、概况、结构、消防设施和数字化预案，以及周边道路、水源、重大危险源等信息，为分析研判作战对象提供立体式支撑；

3）力量信息精确化，优化基础信息采集维护手段，实现辖区消防队站、多种形式消防队伍、装备器材、保障物资等信息展示，为科学指挥和力量调度提供准确信息参考；

4）作战指挥可视化，应用位置定位、物联网、移动指挥终端等设备，掌握调动力量所在位置、数量和状态，实现移动式信息推送、一键式力量调度和前后方信息交互；

5）通过共享对接政府应急联动部门、社会应急联动单位、联保单位等信息资源，提高接警出动、联合处置、联动协同效能。

在深度整合信息资源的基础上，实现灭火救援信息要素的“一张图”展示和“大数据”分析，为各级指挥员提供辅助决策支撑，不断提升灭火救援科学化、智能化水平。

（3）提高火灾的综合预警能力

伴随着城市建设的快速发展，城市消防安全风险的不断上升，城市高层、超高层

建筑和大型建筑日益增多，建筑消防安全问题越来越突出。综合提升社会火灾防控能力，实现消防工作统一调度。运用大数据、物联网等技术构建“智慧消防”系统，有效整合各方力量，摸清火患底数，加快构建城市公共安全、火灾防控体系，并确保消防人员的自身安全，成为掌握灭火、救灾主动权的关键。

1.2.4 问题思考

1．思考题

根据学习，你认为火灾自动报警系统的重要性体现在哪些方面？

2．填空题

（1）火灾自动报警系统是由________________、________________、火灾预警系统和________________组成。

（2）火灾自动报警系统的形式有__________、__________、__________三种。

3．问答题

（1）简述火灾自动报警系统的设置场所。

（2）智慧消防网由什么组成？

（3）简述火灾自动报警系统的功能。

项目 2
火灾自动报警系统的主要设备

任务2.1 火灾探测器
任务2.2 报警按钮及指示部件
任务2.3 现场模块
任务2.4 火灾报警控制器

任务 2.1 火灾探测器

2.1.1 教学目标与思路

【教学目标】

知识目标	能力目标	素养目标
1. 熟悉火灾探测器的类型、功能； 2. 掌握火灾探测器的选型与应用	1. 能够根据工程特点，选取适用的火灾探测器，并完成计算与布置； 2. 能够对火灾探测器安装布线及编码	1. 树立创新意识与节能意识； 2. 树立终身学习理念，不断学习新知识、新技能
安全小谈：从1890年第一只感温火灾探测器到今天智能型火灾探测器，人类不断创新研究出各种各样的火灾探测器，使火灾探测技术大大向前迈进了一步。创新是一个国家、一个民族发展进步的不竭动力。同学们应主动探究新知，敢于拼搏与创造。		

【学习任务】通过学习，了解火灾探测器的相关知识，掌握探测器的选型、计算、安装和布线。

【建议学时】2～4学时。

【思维导图】

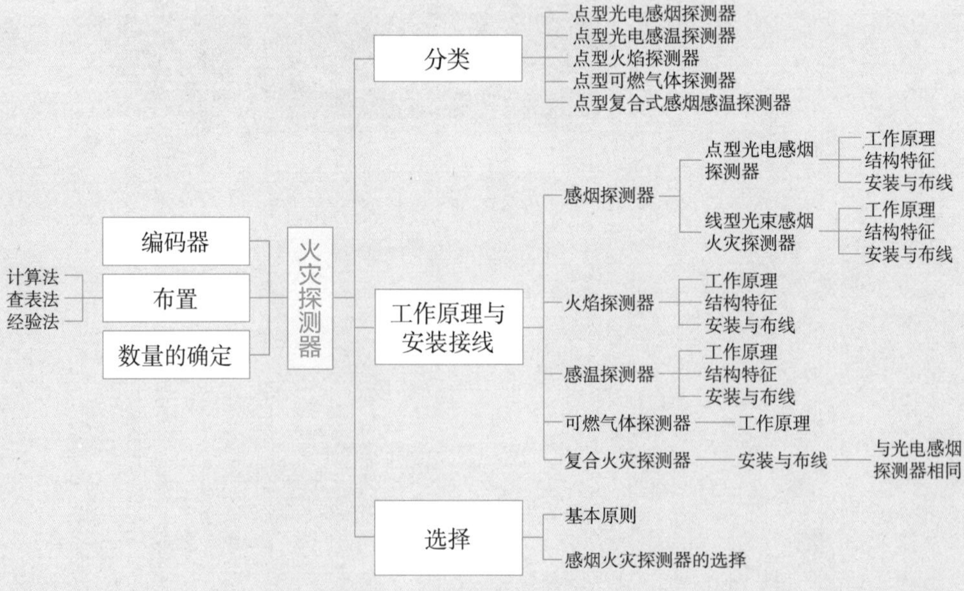

2.1.2 学生任务单

任务名称	火灾探测器				
学生姓名		班级学号		组别	
同组成员					
任务分工					
完成日期		教师评价			

学习任务		
任务实施	完成步骤	
	重点内容	任务实施过程中，用到的专业技能、专业知识、标准规范和方法等
学习反思	收获与不足	任务实施过程中，存在的问题及解决办法等
	待解问题	
	课后学习	

2.1.3 知识与技能

1．知识点——火灾探测器的分类

从探测器所响应火灾时的物理特性上，可分为感烟探测器、感温探测器、感光探测器（火焰探测器）、可燃气体探测器、复合探测器，实物如图2.1–1所示，工程图形符号如图2.1–2所示。

（a）（b）（c）（d）（e）

图2.1–1 火灾探测器

（a）点型光电感烟探测器；（b）点型光电感温探测器；（c）点型紫外火焰探测器；（d）点型可燃气体探测器；（e）点型复合式感烟感温探测器

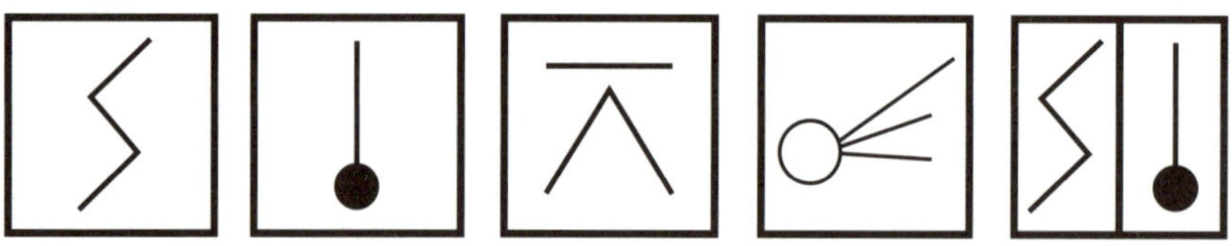

（a）（b）（c）（d）（e）

图2.1–2 火灾探测器的工程图形符号

（a）点型感烟火灾探测器；（b）点型感温火灾探测器；（c）点型紫外火焰探测器；（d）点型可燃气体探测器；（e）点型复合式感烟感温探测器

从探测器的保护形式上可以分为点型探测器和线型探测器。点型探测器是以探测器为圆心，以一定的保护半径形成一个独立的保护区域，呈点式分布；线型探测器是以探测器布置的连续线路路径作为保护区域，呈线状分布，如图2.1–3所示。

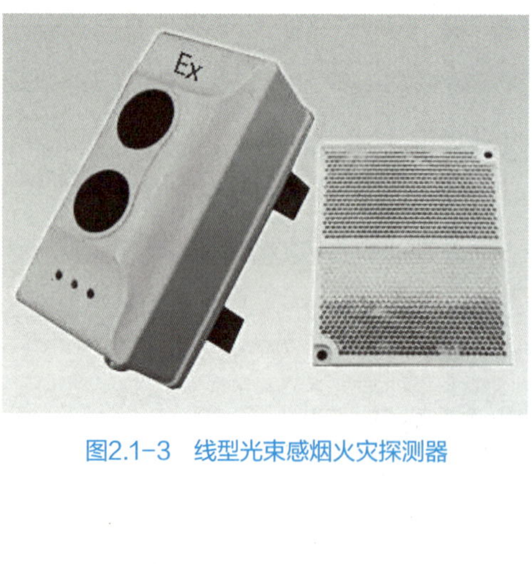

图2.1–3 线型光束感烟火灾探测器

各类探测器根据其检测原理和结构特征又可分为以下类型，如图2.1–4 ~ 图2.1–8所示。

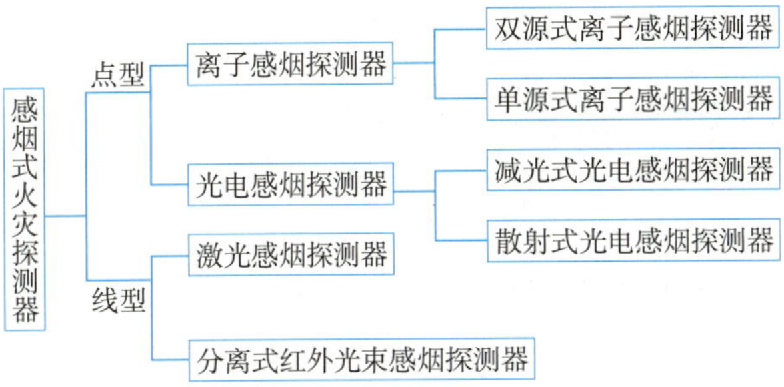

图2.1-4　感烟探测器的分类

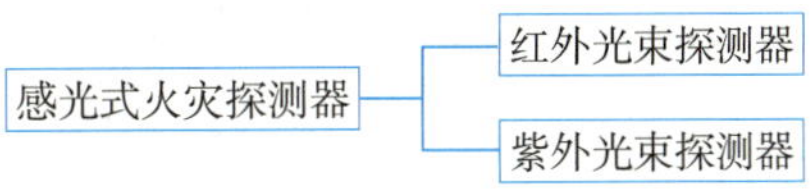

图2.1-5　感光探测器的分类

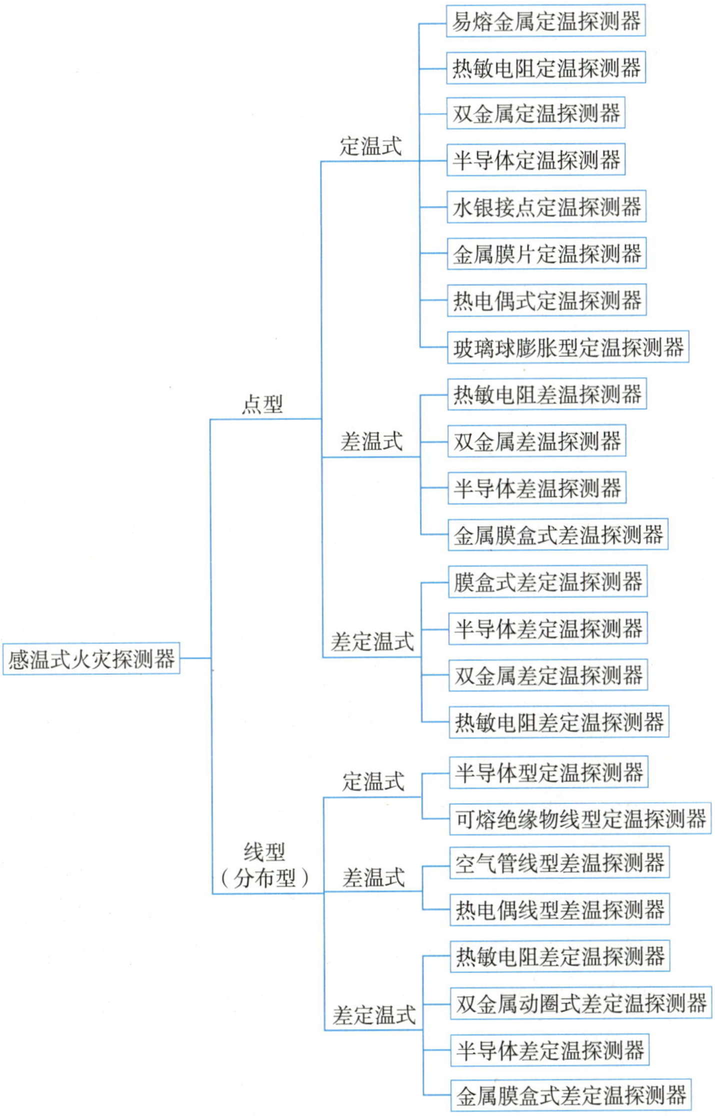

图2.1-6　感温探测器的分类

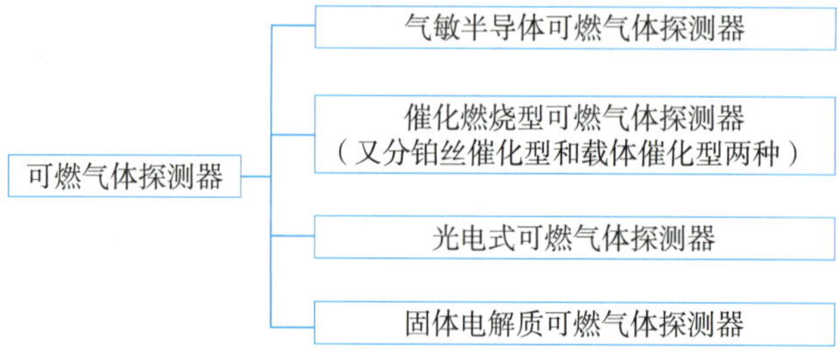

图2.1-7 可燃气体探测器的分类

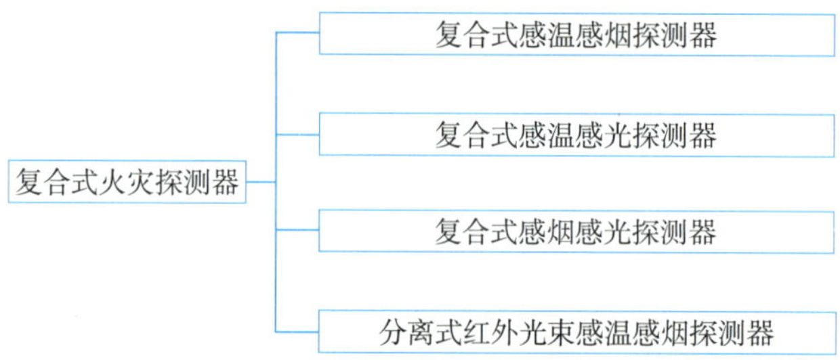

图2.1-8 复合探测器的分类

2. 知识点——火灾探测器的工作原理与安装接线

（1）感烟火灾探测器

1）点型光电感烟火灾探测器

光电式感烟火灾探测器是利用烟雾对光产生吸收和散射的作用来探测火灾的一种探测器。光电式感烟火灾探测器根据结构和原理分为减光式和散射式两种。

①工作原理

减光式光电感烟探测器的检测室内装有发光器件及受光器件。在正常情况下，受光器件接收到发光器件发出的一定光量；但在火灾时，探测器的检测室进入大量烟雾，发光器件的发射光受到烟雾的遮挡，使受光器件接收的光量减少，光电流降低，探测器发出报警信号。

散射式光电感烟探测器的敏感空间在无烟雾粒子存在时，探测器外壳之外的环境光线被迷宫阻挡，基本上不能进入敏感空间，红外光敏二极管只能接收到红外光束经多次反射在敏感空间形成的背景光。当烟雾颗粒进入由迷宫所包围的敏感空间时，烟雾颗粒吸收入射光并以同样的波长向周围发射光线，部分散射光线被红外光敏二极管接收后，形成光电流，当光电流达到一定程度时，探测器即发出报警信号。

②结构特征及安装接线

外形结构示意图如图2.1-9所示。

探测器安装方式如图2.1-10所示。

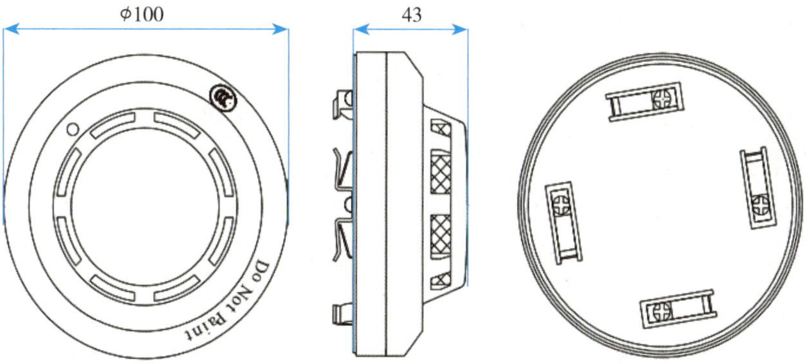

图2.1-9　JTY-GD-G3/G3T型点型光电感烟火灾探测器外形结构示意图

探测器通用底座外形示意图如图2.1-11所示。底座上有4个导体片，1、3片上带接线端子，底座上不设定位卡，便于调整探测器报警指示灯的方向。预埋管内的探测器总线分别接在1、3接线端子上（不分极性），另一对导体片用来辅助固定探测器。

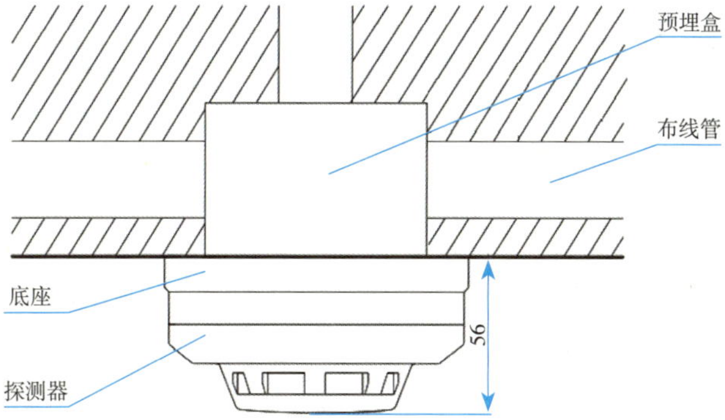

图2.1-10　JTY-GD-G3/G3T型点型光电感烟火灾探测器安装示意图

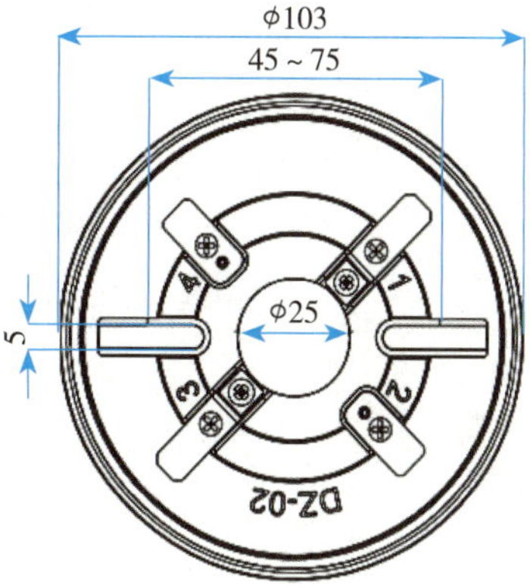

图2.1-11　点型探测器通用底座示意图

待底座安装牢固后，将探测器底部对正底座顺时针旋转，即可将探测器安装在底座上。

布线要求：探测器二总线宜选用截面积不小于1.0mm^{2}的耐火RVS双绞线，穿金属管或阻燃管敷设。

2）线型光束感烟火灾探测器

①工作原理

将发射器与接收器相对安装在保护空间的两端且在同一水平直线上。在正常情况下，红外光束探测器的发射器发送一个不可见的脉冲红外光束，经过保护空间不受阻挡地射到接收器的光敏元件上。当发生火灾时，由于被保护空间的烟雾气溶胶扩散到红外光束内，使到达接收器的红外光束衰减，接收器接收的红外光束辐射通量减弱，当辐射通量减弱到预定的感烟动作阈值（响应阈值）（例如，有的厂家设定在光束减弱超过40%且小于93%时，如果保持衰减5s或10s时间），探测器立即发出火灾报警信号。

②结构特征及安装接线

该探测器的外形如图2.1–12所示。将探测器与反射器相对安装在保护空间的两端且在同一水平直线上，探测器外形安装示意图如图2.1–13所示。

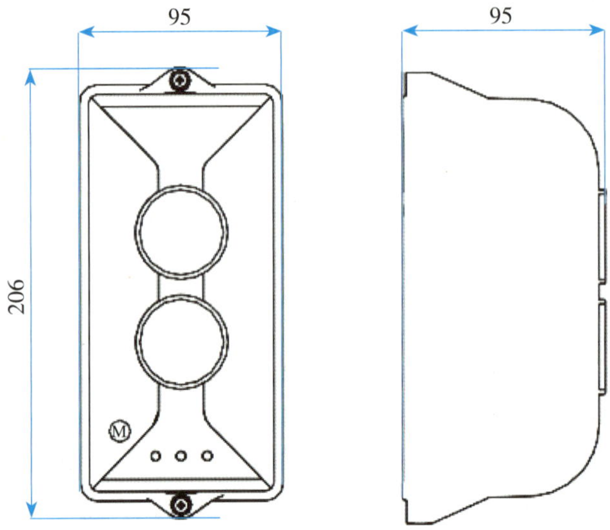

图2.1–12　××线型光束感烟火灾探测器外形示意图

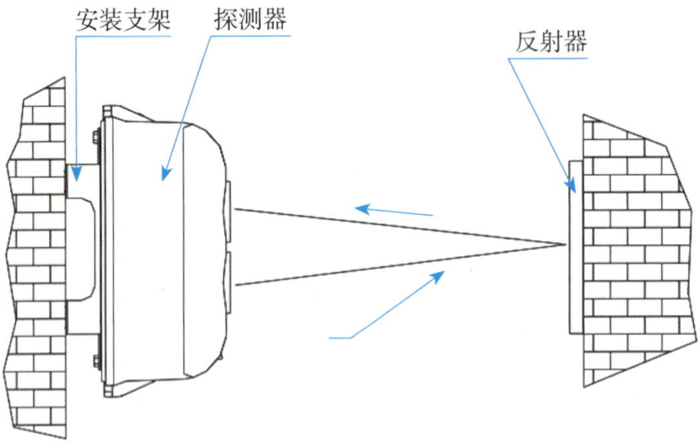

图2.1–13　××线型光束感烟火灾探测器安装示意图

探测器采用明装安装，安装方式有两种：穿线管预埋和穿线管明装。当穿线管预埋时，可将探测器底壳安装在86H50型预埋盒的上方；当穿线管明装时，采用支架安装方式。

当8m≤d（探测器与反射器间的安装距离）≤40m时，需安装1块反射器；当40m<d（探测器与反射器间的安装距离）≤100m时，需安装4块反射器。1块反射器安装需用2只φ6塑料胀钉将其固定；4块反射器安装时应摆放紧密，反射器之间不应留空隙。探测器需要与直流24V电源线（无极性）及火灾报警控制器信号总线（无极性）连接，直流24V电源线接探测器的接线端子D1、D2端子上，总线接探测器的接线端子Z1、Z2上，反射器不需接线。接线端子示意图如图2–14所示。

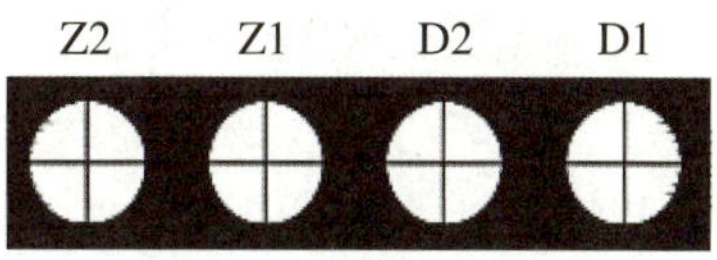

图2.1–14　探测器接线端子示意图

布线要求：信号总线Z1、Z2采用耐火RVS型双绞线，截面积不小于1.0mm^2；电源线D1、D2采用耐火BV线，截面积不小于1.5mm^2。

（2）火焰探测器

1）工作原理

火焰探测器是探测在物质燃烧时，产生烟雾和放出热量的同时，也产生可见或不可见的光辐射。火焰探测器又称感光式火灾探测器，它是用于响应火灾的光特性，即探测火焰燃烧的光照强度和火焰闪烁频率的一种火灾探测器。根据火焰的光特性，目前使用的火焰探测器主要有两种：一种是对波长较短的光辐射敏感的紫外探测器，另一种是对波长较长的光辐射敏感的红外探测器。

对于火焰燃烧中产生的0.185～0.260μm波长的紫外线，可采用一种固态物质作为敏感元件，如碳化硅或硝酸铝；对于火焰燃烧中产生的2.5～3μm波长的红外线，可采用硫化铝材料的传感器；对于火焰燃烧中产生的4.4～4.6μm波长的红外线，可采用硒化铅材料或钽酸铝材料的传感器。根据不同燃料燃烧发射的光谱可选择不同的传感器。

2）结构特征及安装接线

探测器的外形结构示意图如图2.1–15所示。

该探测器的安装及布线与JTY–GD–G3/G3T型点型光电感烟火灾探测器相同。

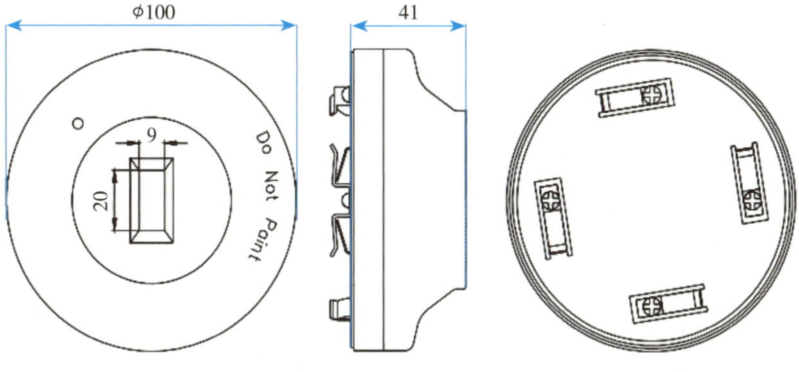

图2.1–15　JTG–ZW–G1型点型紫外火焰探测器的外形结构示意图

（3）感温火灾探测器

火灾时可燃物的燃烧产生大量的热量，使周围温度发生变化。感温探测器是对警戒范围中某一点或某一线路周围温度变化时响应的火灾探测器，能将温度的变化转换为电信号以达到报警目的。感温探测器是响应异常温度、温升速率和温差等参数的探测器。根据探测器的使用环境温度和探测器的动作温度将其划分为A1、A2、B、C、D、E、F和G八类，见表2.1-1。

点型感温火灾探测器动作温度值　　表2.1-1

探测器类别	典型应用温度（℃）	最高应用温度（℃）	动作温度下限值（℃）	动作温度上限值（℃）
A1	25	50	54	65
A2	25	50	54	70
B	40	65	69	85
C	55	80	84	100
D	70	95	99	115
E	85	110	114	130
F	100	125	129	145
G	115	140	144	160

注：典型应用温度是感温探测器安装后，在无火灾条件下长期运行所期望的环境温度。

1）工作原理

定温式探测器是在规定时间内，火灾引起的温度上升超过某个定值时启动报警的火灾探测器。它有线型和点型两种结构，其中线型定温式探测器是当局部环境温度上升达到规定值时，可熔绝缘物熔化使导线短路，从而产生火灾报警信号；点型定温式探测器则是利用双金属片、易熔金属、热电偶、热敏半导体电阻等元件在规定的温度值上产生火灾报警信号。

差温式探测器是在规定时间内，火灾引起的温度上升速率超过某个规定值时启动报警的火灾探测器。它也有线型和点型两种结构，线型差温式探测器根据广泛的热效应而动作；而点型差温式探测器根据局部的热效应而动作。感温器件主要是空气膜盒、热敏半导体电阻元件等。

差定温式探测器结合了定温和差温两种作用原理，并将两种探测器结构组合在一起。差定温式探测器一般多是膜盒式或热敏半导体电阻式等点型组合式探测器。

2）结构特征及安装接线

探测器的外形结构示意图如图2.1-16所示。

该探测器的安装及布线与JTY-GD-G3/G3T型点型光电感烟火灾探测器相同。

（4）可燃气体探测器

对探测区域内某一点周围的特殊气体敏感响应的探测器称为可燃气体探测器，

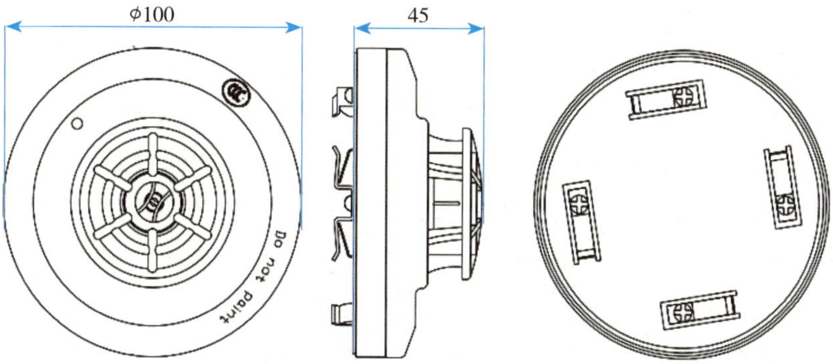

图2.1-16　JTW-ZCD-G3N型点型感温火灾探测器外形结构示意图

又称气体火灾探测器。其探测的主要气体有天然气、液化气、酒精、一氧化碳等，如图2.1-17所示。

催化燃烧式可燃气体探测器探头由一对催化燃烧式检测元件组成，其中一个元件对可燃气体非常敏感（该元件上涂有多层催化剂），另一个元件不敏感，用于补偿环境温度变化。这一对检测元件与另外一对高精度电阻构成惠斯登电桥。在催化剂的作用下敏感元件上发生催化燃烧（这种燃烧是阴燃，不会引爆外界可燃气体），使其温度升高（可高达500℃），从而改变电阻造成电桥失衡。其缺点是当检测气体中含有硫化氢和氯化物时，选用该检测元件易发生中毒，故不适宜选用。

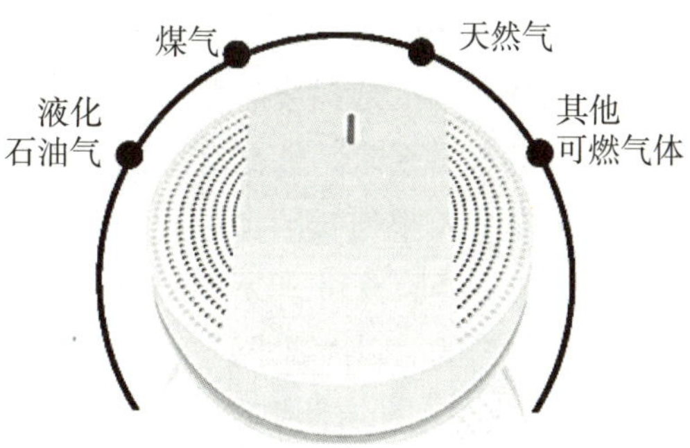

图2.1-17　可燃气体探测器检查范围图示

（5）复合火灾探测器

复合火灾探测器是一种可以响应2种或2种以上火灾参数的探测器，是2种或2种以上火灾探测器性能的优化组合。集成在每个探测器内的微处理机芯片，对相互关联的每个探测器的测量值计算，从而降低误报率。通常有感烟感温型、感温感光型、感烟感光型、红外光束感烟感光型、感烟感温感光型复合探测器等，其中以烟温复合探测器使用最为频繁，其工作原理为无论是温度信号还是烟气信号，只要有一种火灾信号达到相应的阈值时，探测器即可报警，其外形如图2.1-18所示。安装接线方式同光电感烟探测器相同。

图2.1-18　点型复合式感烟感温火灾探测器

（6）特种火灾探测器

1）吸气式感烟火灾探测器

吸气式感烟火灾探测器又叫空气采样器或空气采样火灾探测器。就是通过空气采样管把保护区的空气吸入探测器进行分析，从而进行火灾的早期预警。

吸气式感烟火灾探测器包括探测器和采样网管。探测器由吸气泵、过滤器、激光探测腔、控制电路、显示电路等组成。吸气泵通过PVC管或钢管所组成的采样管网，从被保护区内连续采集空气样品放入探测器。空气样品经过过滤器组件滤去灰尘颗粒后进入探测腔，探测腔有一个稳定的激光光源。烟雾粒子使激光发生散射，散射光使高灵敏的光接收器产生信号，经过系统分析，完成光电转换。烟雾浓度值及其报警等级由显示器显示。主机通过继电器或通信接口，将电信号传送给火灾报警控制中心和集中显示装置。

2）图像型火灾探测器

图像型火灾探测器通过采集红外图像和可见光图像，对烟雾和火焰的热、色、形、光谱及运动特性等多模态特征进行实时分析，结合自适应背景学习算法来判断是否发生火灾。图像型火灾探测器既可探测烟雾又可探测火焰，在实际应用中，以探测火焰为多。它广泛应用在室内高大空间、隧道和地下回廊等场所。

3．技能点——火灾探测器的选择

（1）选择火灾探测器的基本原则

2.1-1 火灾探测器的选择

火灾探测器的选择应满足设置场所火灾初期特征参数的探测报警要求。依据有关火灾自动报警系统设计安装规范，并根据我国设计安装火灾自动报警系统的实际情况和经验教训，以及从初期火灾形成和发展过程产生的物理化学现象，提出选择火灾探测器的原则性要求。

1）对火灾初期有阴燃阶段，产生大量的烟和少量的热，很少或没有火焰辐射的场所，应选择感烟火灾探测器。

2）对火灾发展迅速，可产生大量热、烟和火焰辐射的场所，可选择感温火灾探测器、感烟火灾探测器、火焰探测器或其组合。

3）对火灾发展迅速，有强烈的火焰辐射和少量烟、热的场所，应选择火焰探测器。

4）对火灾初期有阴燃阶段，且需要早期探测的场所，宜增设一氧化碳火灾探测器。

5）对使用、生产可燃气体或可燃蒸气的场所，应选择可燃气体探测器。

6）应根据保护场所可能发生火灾的部位和燃烧材料的分析，以及火灾探测器的类型、灵敏度和响应时间等选择相应的火灾探测器，对火灾形成特征不可预料的场所，可根据模拟试验的结果选择火灾探测器。

7）同一探测区域内设置多个火灾探测器时，可选择具有复合判断火灾功能的火灾探测器和火灾报警控制器。

（2）火灾探测器的选择

火灾探测器的选择要综合考虑探测区域内房间高度、火灾特点、安装场所气流和光照等环境条件因素。

1）对不同高度的房间，可按表2.1–2选择点型火灾探测器。

对不同高度的房间点型火灾探测器的选择　　表2.1–2

房间高度h（m）	点型感烟火灾探测器	点型感温火灾探测器			火焰探测器
		A1、A2	B	C、D、E、F、G	
$12<h\leqslant 20$	不适合	不适合	不适合	不适合	适合
$8<h\leqslant 12$	适合	不适合	不适合	不适合	适合
$6<h\leqslant 8$	适合	适合	不适合	不适合	适合
$4<h\leqslant 6$	适合	适合	适合	不适合	适合
$h\leqslant 4$	适合	适合	适合	适合	适合

2）一般情况下，火灾初期会产生大量的烟，选择感烟火灾探测器，既能及时探测到火灾，报警后，又能有足够的疏散时间。再加之感烟探测器性能稳定、维护方便等原因，使其成为应用最广泛的火灾探测器。在通信机房、计算机房等通过空气调节作用而保持正压的场所中，烟雾通常被气流高度稀释，难以保证点型感烟探测器的可靠性。而吸气式感烟火灾探测器由于采用主动吸气式采样方式，并且系统具有很高的灵敏度，所以有高速气流的场所或需要进行火灾早期探测的重要场合，宜选择吸气式感烟火灾探测器。感温探测器、火焰探测器等其他类型的探测器，则适宜其他特殊场合选用。在进行火灾探测器选择时，可参照《火灾自动报警系统设计规范》GB 50116—2013第5.2.2～第5.2.13。

4．技能点——火灾探测器数量的确定

（1）报警区域和探测区域的划分

1）报警区域的划分

2.1–2
使用软件获取地面面积

将火灾自动报警系统的警戒范围按防火分区或楼层等划分的单元称为报警区域。报警区域应根据防火分区或楼层划分；可将一个防火分区或一个楼层划分为一个报警区域，也可将发生火灾时需要同时联动消防设备的相邻几个防火分区或楼层划分为一个报警区域。火灾报警区域的划分应满足相关受控系统联动控制的工作要求。

2）探测区域的划分

将报警区域按探测火灾的部位划分的单元即为探测区域。为了探测出被保护区内发生火灾的部位，需将被保护区按顺序划分成若干探测区域。火灾探测区域的划分应满足确定火灾报警部位的工作要求，应符合下列规定：

①探测区域应按独立房（套）间划分。一个探测区域的面积不宜超过500m^2；从主要入口能看清其内部，且面积不超过1000m^{2}的房间，也可划为一个探测区域。

②红外光束感烟火灾探测器和缆式线型感温火灾探测器的探测区域的长度，不宜超过100m；空气管差温火灾探测器的探测区域长度宜为20～100m。

③下列场所应单独划分探测区域：

A．敞开或封闭楼梯间、防烟楼梯间。

B．防烟楼梯间前室、消防电梯前室、消防电梯与防烟楼梯间合用的前室、走道、坡道。

C．电气管道井、通信管道井、电缆隧道。

D．建筑物闷顶、夹层。

（2）火灾探测器数量的确定

在实际工程中房间功能及探测区域大小不一，房间高度和棚顶坡度也各异，应按《火灾自动报警系统设计规范》GB 50116—2013的规定确定探测器的数量。规范规定探测区域的每个房间应至少设置一只火灾探测器。一个探测区域内所需设置的探测器数量应按下式计算：

$$N \geqslant \frac{S}{K \cdot A} \tag{2.1-1}$$

式中 N——一个探测区域内所设置的探测器数量，单位用“只”表示，N应取整数（小数进位取整）；

S——一个探测区域的地面面积（m^2）；

A——探测器的保护面积（m^2），指一只火灾探测器能有效探测的地面面积。由于建筑物房间的地面通常为矩形，因此所谓“有效”探测器的地面面积实际上是指探测器能探测到矩形地面的面积；

K——安全修正系数。容纳人数为10000人以上的公共场所宜取0.7～0.8，容纳人数为2000～10000人的公共场所宜取0.8～0.9，容纳人数为500～2000人的公共场所宜取0.9～1.0，其他场所可取1.0。K值越小，表示公共场所人员数量越大，疏散要求越高，就越需要尽早报警，以便尽早疏散。

感烟火灾探测器和A1、A2、B型、感温火灾探测器的保护面积和保护半径　　表2.1-3

火灾探测器的种类	地面面积 S（m^2）	房间高度 h（m）	一只探测器的保护面积A和保护半径R					
			屋顶坡度θ					
			$\theta \leqslant 15°$		$15° < \theta \leqslant 30°$		$\theta > 30°$	
			A（m^2）	R（m）	A（m^2）	R（m）	A（m^2）	R（m）
感烟火灾探测器	$S \leqslant 80$	$h \leqslant 12$	80	6.7	80	7.2	80	8.0
	$S > 80$	$6 < h \leqslant 12$	80	6.7	100	8.0	120	9.9
		$h \leqslant 6$	60	5.8	80	7.2	100	9.0
感温火灾探测器	$S \leqslant 30$	$h \leqslant 8$	30	4.4	30	4.9	30	5.5
	$S > 30$	$h \leqslant 8$	20	3.6	30	4.9	40	6.3

注：R为探测器的保护半径（m），是指一个探测器能有效探测的单向最大水平距离。

【实例2.1-1】某高层教学楼被划分为一个探测区域的阶梯教室，其地面面积为30m×40m，房顶坡度为13°，房间高度为8m。试求：①应选用何种类型的火灾探测器？②火灾探测器的数量至少为多少只？

解：①根据使用场所及按房间高度表2.1-2可知，应选用感烟火灾探测器。

②由K的取值规定可知，K取1，地面面积S=30m×40m=1200m^2>80m^2。房间高度h=8m，即$6 < h \leqslant 12$，房顶坡度θ为13°，即$\theta \leqslant 15°$。于是根据表2.1-3的保护面积A=80m^2，保护半径R=6.7m，可知 $N=\dfrac{1200}{1\times 80}=15$（只）。

由上例可知：对探测器种类的确定必须全面考虑。确定了种类，数量也随之被确定。

5．技能点——火灾探测器的布置

在火灾自动报警系统平面图中布置点型火灾探测器时，需要先确定其安装间距，再考虑梁的影响及特殊场所探测器安装要求。

2.1-3
探测器的布置

（1）火灾探测器的安装间距

《火灾自动报警系统设计规范》GB 50116—2013中规定：点型探测器周围0.5m内，不应有遮挡物（以确保探测效果）；点型探测器至墙壁、梁边的水平距离，不应小于0.5m。

点型探测器在房间布置时，如果是多个探测器，那么两个相邻探测器的水平距离和垂直距离称为安装间距，分别用a和b表示。安装间距a、b的确定有以下几种方法：

1）计算法

感烟和感温火灾探测器的安装间距，要根据探测器的保护面积A和保护半径R确定，并不应超过图2.1-19探测器安装间距的极限曲线$D_1 \sim D_{11}$（含D'_9）规定的范围。

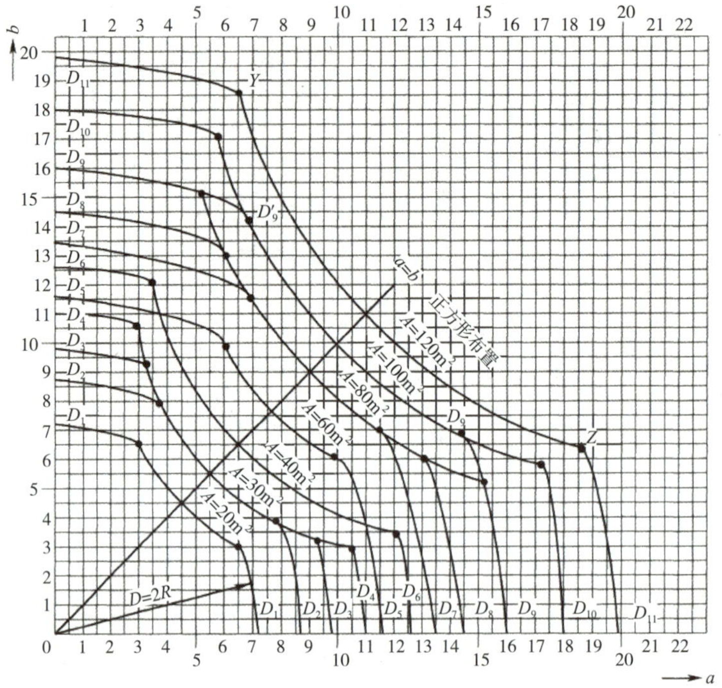

图2.1–19　探测器安装间距极限曲线

A—探测器的保护面积（m^2）；*a*、*b*—探测器的安装间距（m）；D_1 ~ D_{11}（含D'_9）——在不同保护面积*A*和保护半径*R*下确定探测器安装间距*a*、*b*的极限曲线；*Y*、*Z*——极限曲线的端点（在*Y*和*Z*两点间的曲线范围内，保护面积可得到充分利用）

根据从表2.1–2中查得的保护面积*A*和保护半径*R*，计算直径*D*=2*R*。根据所算*D*值大小对应保护面积*A*在图2.1–19中曲线粗实线上取一点，此点所对应的数即为安装间距*a*、*b*值。在布置中，实际值不应大于查得的*a*、*b*值。具体布置后，再检验探测器到最远点水平距离是否超过了探测器的保护半径，若超过应重新布置或增加探测器的数量。

【实例2.1–2】应如何布置实例1中的探测器？

解：对实例2.1–1中感烟探测器安装间距的计算如下：

①由保护半径*R*，计算保护直径$D=2R=2\times6.7=13.4$（m），由图2.1–19可确定$D_i=D_7$，在D_7极限曲线上确定*a*和*b*值。根据现场实际，在D_7极限曲线*Y*和*Z*两端点间选取*a*=8m，得*b*=10m，其布置方式如图2.1–20所示。

②按照*a*=8m、*b*=10m布置后，探测器到最远点水平距离*R'*是否符合保护半径要求，需要按照公式（2.1–2）进行校核。

$$R'=\sqrt{\left(\frac{a}{2}\right)^2+\left(\frac{b}{2}\right)^2} \qquad (2.1\text{–}2)$$

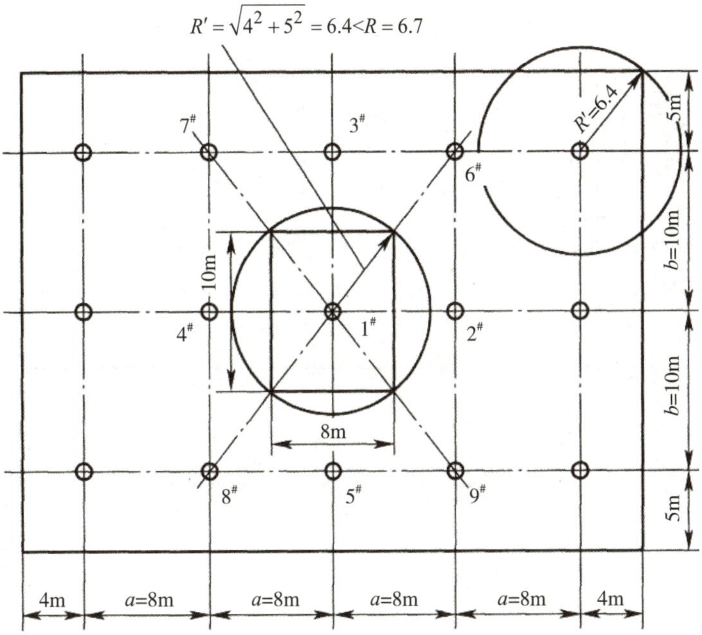

图2.1–20　火灾探测器布置示意图

计算结果：R'=6.4m<R=6.7m，在保护半径之内。同时水平和垂直方向的探测器分别距墙4m和5m，不大于安装间距的一半，此方案布置合理。

点型探测器布置完成后，除公式（2.1–2）外，还可以采用半径法对布置的合理性进行验证。要保证探测区域内所有地面都在探测器保护半径以内，如图2.1–21所示。

在满足计算的前提下，当探测器的探测存在死角时，就必须增加探测器的数量到不存在死角时为止，如图2.1–22、图2.1–23所示。

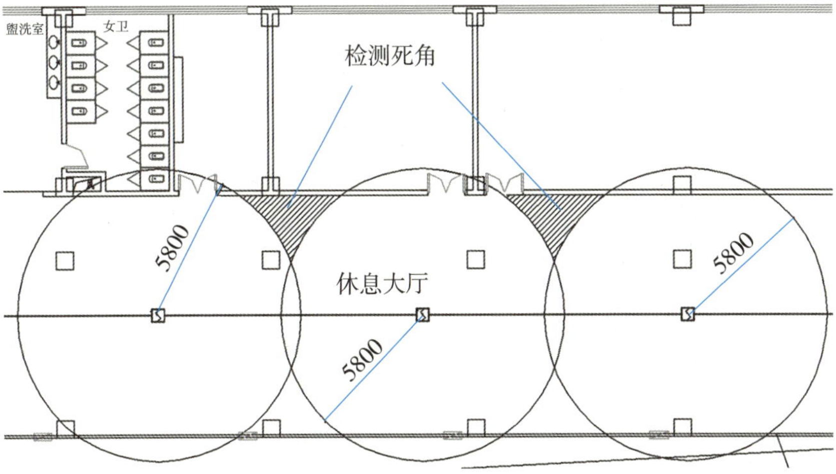

图2.1–21　半径验证法一

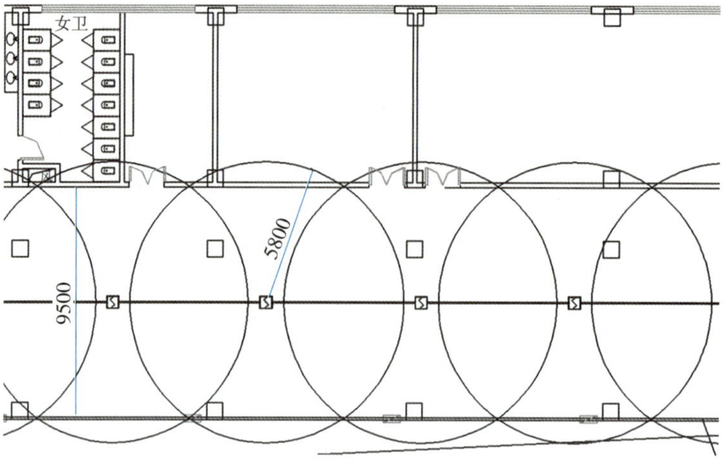

图2.1-22 半径验证法二

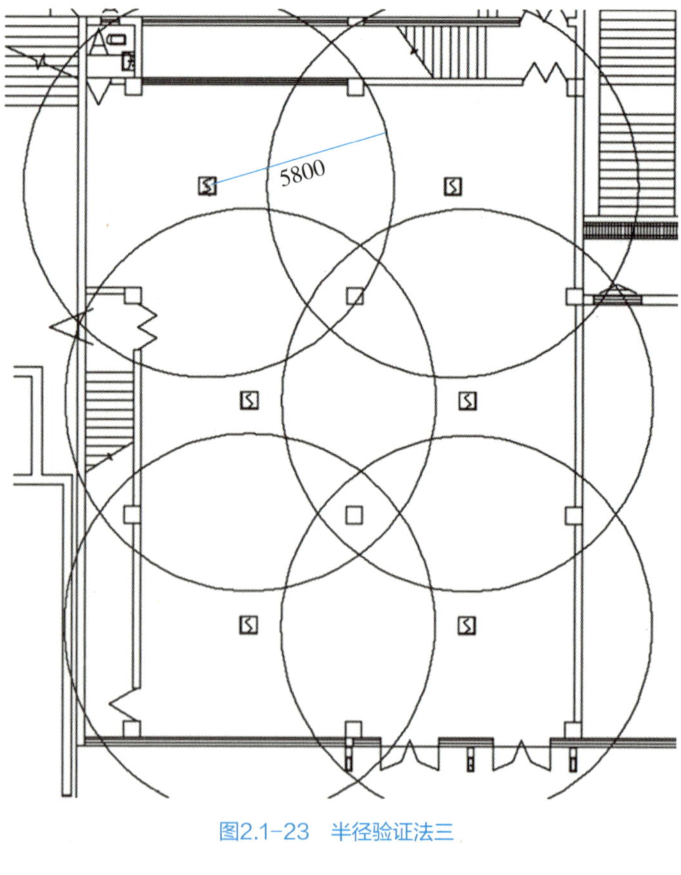

图2.1-23 半径验证法三

2）查表法

查表法是指根据探测器种类和数量直接从表2.1–4中查到适当的安装间距a和b值，再布置即可。

最佳安装间距　　表2.1–4

探测器种类	保护面积A（m^2）	保护半径R的极限值（m）	最佳安装间距a、b及其保护半径R值（m）					
			$a_1 \times b_1$	R_1	$a_2 \times b_2$	R_2	$a_3 \times b_3$	R_3
感温探测器	20	3.6	3.1 × 6.5	3.6	4.5 × 4.5	3.2	3.9 × 5.3	3.3
	30	4.4	3.8 × 7.9	4.4	5.5 × 5.5	3.9	4.8 × 6.3	4.0
	30	4.9	3.2 × 9.2	4.9	5.5 × 5.5	3.9	4.8 × 6.3	4.0
	30	5.5	2.8 × 10.6	5.5	5.5 × 5.5	3.9	4.8 × 6.3	4.0
感烟探测器	60	5.8	6.1 × 9.9	5.8	7.7 × 7.7	5.4	6.9 × 8.8	5.6
	80	6.7	7.0 × 11.4	6.7	9.0 × 9.0	6.4	8.0 × 10.0	6.4
	80	7.2	6.1 × 13.0	7.2	9.0 × 9.0	6.4	8.0 × 10.0	6.4

3）经验法

点型探测器在布置时由于要保证在探测器的有效范围内，对探测区域均匀覆盖，所以一般会选择均匀布置。根据工程实践经验，可利用公式（2.1–3）计算a、b值。

$$a=\frac{\text{探测区域横向长度}}{\text{横向探测器的个数}}$$
$$b=\frac{\text{探测区域纵向长度}}{\text{纵向探测器的个数}} \tag{2.1–3}$$

（2）梁对火灾探测器设置的影响

由于梁对烟的蔓延产生阻碍作用，会使探测器的保护面积受到梁的影响。所以在有梁的顶棚上设置点型感烟探测器、感温探测器时，应符合下列规定：

①当梁突出顶棚的高度小于200mm时，可不计梁对探测器保护面积的影响。

②当梁突出顶棚的高度为200～600mm时，应按图2.1–24、表2.1–5的要求确定梁对探测器保护面积的影响和一只探测器能够保护的梁间区域的数量。

由图2.1–24可以看出，C～G类感温火灾探测器房高极限值为4m，梁高限度为200mm；B类感温火灾探测器房高极限值为6m，梁高限度为225mm；A1、A2类感温火灾探测器房高极限值为8m，梁高限度为275mm；感烟火灾探测器房高极限值为12m，

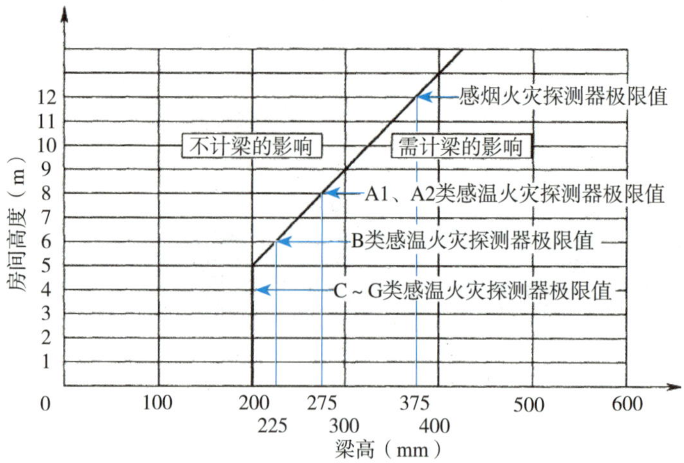

图2.1-24　不同高度的房间梁对探测器设置的影响

按梁间区域面积确定一只探测器保护的梁间区域的个数　　表2.1-5

探测器的保护面积A（m^2）		梁隔断的梁间区域面积Q（m^2）	一只探测器保护的梁间区域的个数（个）
感温探测器	20	$Q>12$	1
		$8<Q\leqslant12$	2
		$6<Q\leqslant8$	3
		$4<Q\leqslant6$	4
		$Q\leqslant4$	5
	30	$Q>18$	1
		$12<Q\leqslant18$	2
		$9<Q\leqslant12$	3
		$6<Q\leqslant9$	4
		$Q\leqslant6$	5
感烟探测器	60	$Q>36$	1
		$24<Q\leqslant36$	2
		$18<Q\leqslant24$	3
		$12<Q\leqslant18$	4
		$Q\leqslant12$	5
	80	$Q>48$	1
		$32<Q\leqslant48$	2
		$24<Q\leqslant32$	3
		$16<Q\leqslant24$	4
		$Q\leqslant16$	5

梁高限度为375mm。若梁高超过上述限值，即线性曲线右边部分，均需计梁的影响。

③当梁突出顶棚的高度超过600mm时，被梁隔断的每个梁间区域应至少设置一只探测器。

④当被梁隔断的区域面积超过一只探测器的保护面积时，被隔断的区域应按规范要求计算探测器的设置数量。

⑤当梁间净距小于1m时，可不计梁对探测器保护面积的影响。

（3）特殊场所火灾探测器的设置

①在宽度小于3m的内走道顶棚上设置点型探测器时，宜居中布置。感温火灾探测器的安装间距不应超过10m；感烟火灾探测器的安装间距不应超过15m；探测器至端墙的距离，不应大于探测器安装间距的一半，如图2.1–25所示。

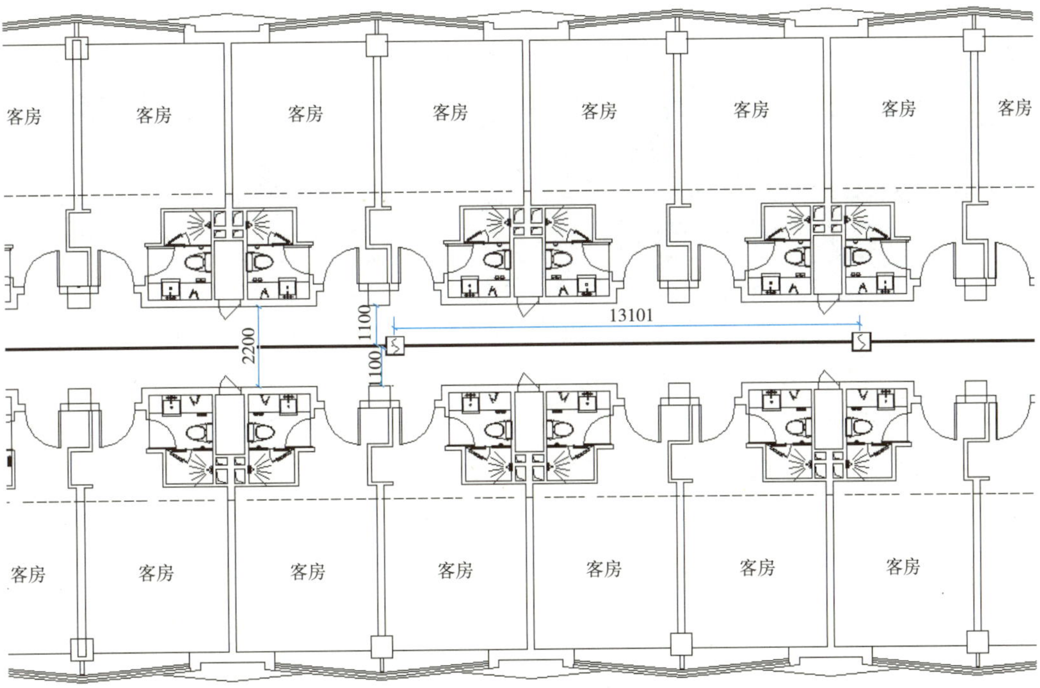

图2.1–25　探测器在走廊中的布置

②房间被书架、设备或隔断等分隔，其顶部至顶棚或梁的距离小于房间净高的5%时，每个被隔开的部分至少应安装一只点型探测器，如图2.1–26所示。

③点型探测器至空调送风口的水平距离不应小于1.5m，并宜接近回风口安装。探测器至多孔送风顶棚孔口的水平距离不应小于0.5m。

④当屋顶有热屏障时，点型感烟探测器下表面至顶棚或屋顶的距离，应符合表2.1–6的规定。感烟探测器在不同形状顶棚或屋顶下，其下表面至顶棚或屋顶的距离d的示意图如图2.1–27所示。由于感温火灾探测器通常受这种热屏障的影响较小，所以感温

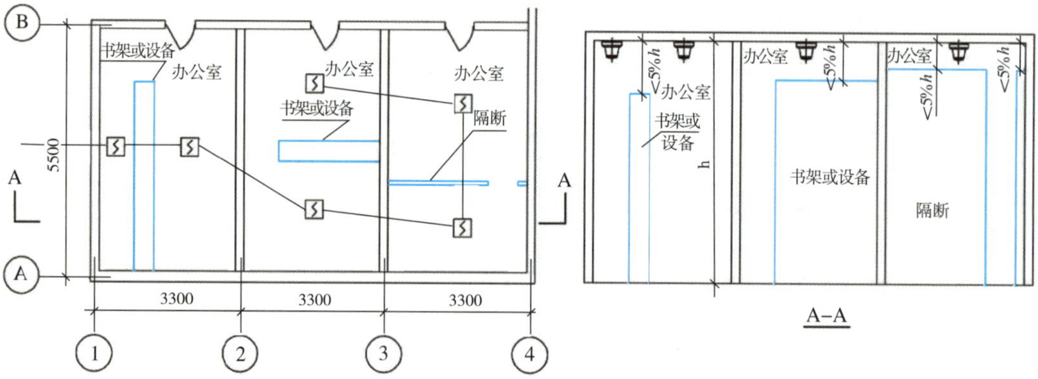

图2.1-26 房间被分隔时点型探测器的设置

点型感烟火灾探测器下表面至顶棚或屋顶的距离　表2.1-6

探测器的安装高度h(m)	点型感烟火灾探测器下表面至顶棚或屋顶的距离d(mm)					
	顶棚或屋顶坡度θ					
	$\theta \leqslant 15°$		$15° < \theta \leqslant 30°$		$\theta > 30°$	
	最小	最大	最小	最大	最小	最大
$h \leqslant 6$	30	200	200	300	300	500
$6 < h \leqslant 8$	70	250	250	400	400	600
$8 < h \leqslant 10$	100	300	300	500	500	700
$10 < h \leqslant 12$	150	350	350	600	600	800

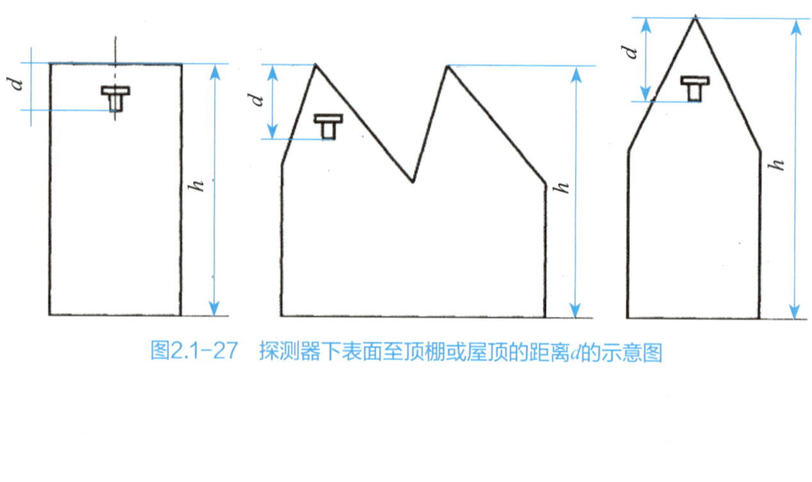

图2.1-27 探测器下表面至顶棚或屋顶的距离d的示意图

探测器总是直接安装在顶棚上（吸顶安装）。

⑤锯齿形屋顶和坡度大于15°的人字形屋顶，应在每个屋脊处设置一排点型探测器，探测器下表面至屋顶最高处的距离，应符合表2.1-6的规定。

⑥点型探测器宜水平安装。当倾斜安装时，倾斜角不应大于45°。

⑦在电梯井、升降机井设置点型探测器时，其位置宜在井道上方的机房顶棚上。

6．技能点——编码器的使用

2.1-4 编码器的操作

传统的探测器编码需要通过人工机械式编码设置才能完成，不仅编码效率低、技术要求高、容易出现错码，并且为了方便编码，探测器底部需留出编码口，这样容易造成探测器对粉尘、潮气的密封不良，使探测器的整体性能变差。

电子编码器利用键盘操作，输入十进制数，简单易学。可以用电子编码器，读写探测器的地址和灵敏度，读写模块类产品的地址和工作方式，并可以用电子编码器浏览设备批次号，现场调试维护十分方便。

2.1.4 问题思考

1．填空题

（1）火灾探测器根据其监视范围的不同，分为__________和__________。

（2）吸气式火灾探测器由__________、__________、____________、__________、显示电路等组成。

2．单选题

（1）下列场所应选择可燃气体探测器的是（　　）。

A．使用可燃气体的场所

B．在火焰出现前有浓烟扩散

C．需要对火焰做出快速反应

D．探测器易受阳光、白炽灯等光源直接或间接照射

（2）下列哪些场所宜选择点型光电感烟火灾探测器？（　　）

A．探测区域内的可燃物是金属和无机物

B．楼梯、走道、电梯机房、车库等

C．可能产生蒸气和油雾

D．火灾时有强烈的火焰辐射

3．简答题

（1）根据响应环境下物理特性的不同，火灾探测器可以分为哪几种类型？

（2）感烟探测器是使用最广泛的火灾探测器，请分析一下它使用最广泛的原因。

2.1.5 知识拓展

资源名称	2.1拓−1 消防自动化系统的工作原理	2.1拓−2 探测器的布置设计	2.1拓−3 燃烧与火灾的基本知识
资源类型	视频	视频	视频
资源二维码			

任务 2.2 报警按钮及指示部件

2.2.1 教学目标与思路

【教学目标】

知识目标	能力目标	素养目标
1. 熟悉各类报警附件功能； 2. 掌握报警附件的应用	1. 能够根据规范，合理设置各类报警附件； 2. 能够对报警附件进行安装与接线	1. 树立安全和责任意识； 2. 遵守消防相关规范标准要求，养成认真严谨的工作态度
安全小谈：组织学生讨论，当发生火灾，作为写字楼的业主和消防工作人员听到声光警报器发出警报声后，分别做出的行动是什么。引导学生爱岗敬业、恪尽职守，树立责任意识。		

【学习任务】通过学习各类报警附件的知识，掌握各类报警附件的布置与安装接线。

【建议学时】2～4学时。

【思维导图】

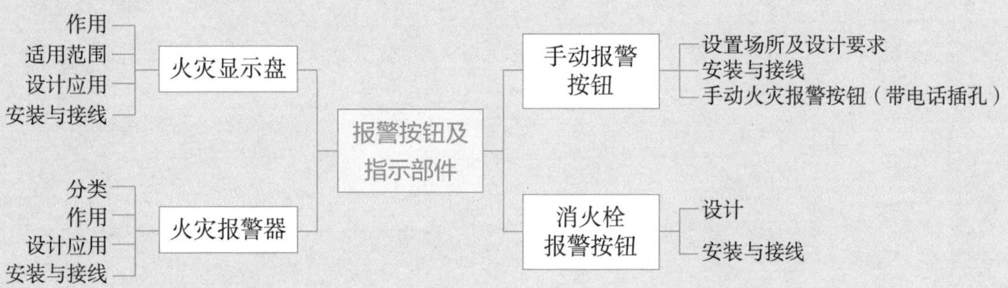

2.2.2 学生任务单

任务名称	报警按钮及指示部件				
学生姓名		班级学号		组别	
同组成员					
任务分工					
完成日期		教师评价			

学习任务		
任务实施	完成步骤	
	重点内容	任务实施过程中，用到的专业技能、专业知识、标准规范和方法等
学习反思	收获与不足	任务实施过程中，存在的问题及解决办法等
	待解问题	
	课后学习	

2.2.3 知识与技能

1．知识点——手动火灾报警按钮

2.2-1
手报的布置与连接

手动火灾报警按钮是手动触发的报警装置。当发生火灾时，在火灾探测器没有探测到火灾时，需人员手动按下手动火灾报警按钮，向火灾报警控制器发送报警信号。

手动火灾报警按钮和火灾探测器一样，都是编码型设备，可以直接接入报警总线，占用一个编码地址。手动火灾报警按钮分为两种类型，分别为带电话插孔型和不带电话插孔型。它们的外形如图2.2–1所示，工程图形符号如图2.2–2所示。

手动火灾报警按钮是人工报警设备，当人发现火灾时，人手动按下按钮上的有机玻璃片，其内部发生触点动作，报告火灾信号。正常情况下，当手动火灾报警按钮报警时，发生火灾的概率比火灾探测器要大得多，几乎没有误报的可能，这是因为手动火灾报警按钮的报警触发条件是必须人工按下按钮启动。按下手动火灾报警按钮3 ~ 5s后，控制器接收到报警信号，显示出报警按钮的编号或位置，并发出报警音响。手动火灾报警按钮和前面介绍的各类编码探测器一样，可直接接到控制器的报警总线上。

（1）设置场所及设计要求

手动火灾报警按钮的设置应满足人员快速报警的要求，宜设置在疏散通道或出入口处。每个防火分区或楼层应至少设置1个手动火灾报警按钮。从一个防火分区内的任何位置到最邻近的手动火灾报警按钮的步行距离不应大于30m。在布置的过程，设计规范的规定是最低要求，设计者可以根据实际情况增加需要数量的手动报警按钮。

（2）手动火灾报警按钮的安装与接线

手动火灾报警按钮应设置在明显和便于操作的部位。其外接端子示意图如图2.2–3所示。图中：

Z1、Z2：无极性信号二总线接线端子。

布线要求：Z1、Z2可选用截面积不小于1.0mm^{2}的RVS双绞线。

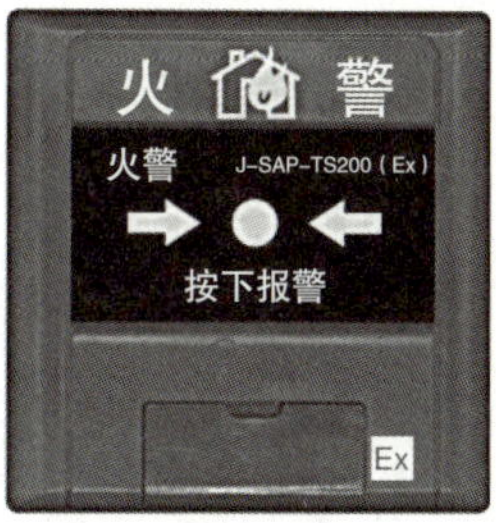

图2.2–1　不带电话插孔手动火灾报警按钮

图2.2–2　不带电话插孔手动火灾报警按钮工程图形符号

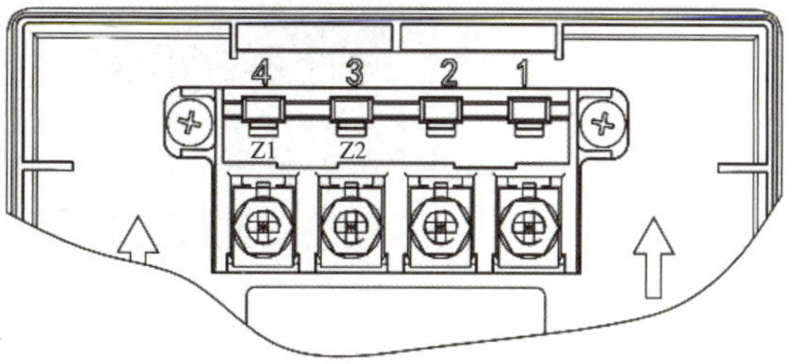

图2.2–3　手动火灾报警按钮的外接端子示意图

（3）手动火灾报警按钮（带电话插孔）

带电话插孔手动火灾报警按钮实物如图2.2–4所示，其工程图形符号如图2.2–5所示。

带电话插孔手动火灾报警按钮的外接端子示意图如图2.2–6所示。图中：

Z1、Z2：无极性信号二总线接线端子。

TL1、TL2：与××消防电话接口模块连接的端子。

布线要求：信号Z1、Z2采用耐火RVS双绞线，截面积不小于1.0mm^2；消防电话线TL1、TL2采用耐火RVVP屏蔽线，截面积不小于1.0mm^2。

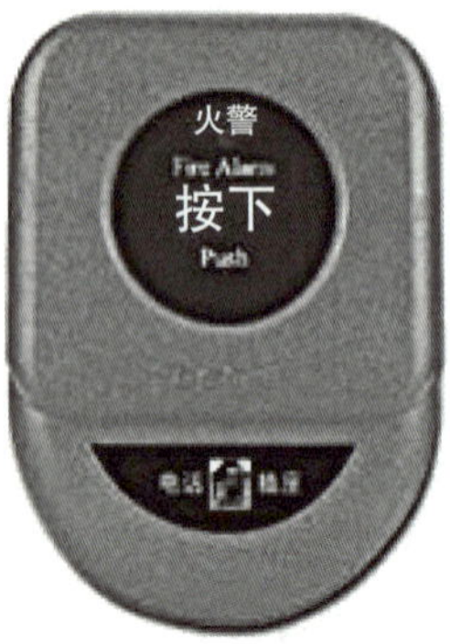

图2.2–4 带电话插孔手动火灾报警按钮

图2.2–5 带电话插孔手动火灾报警按钮工程符号

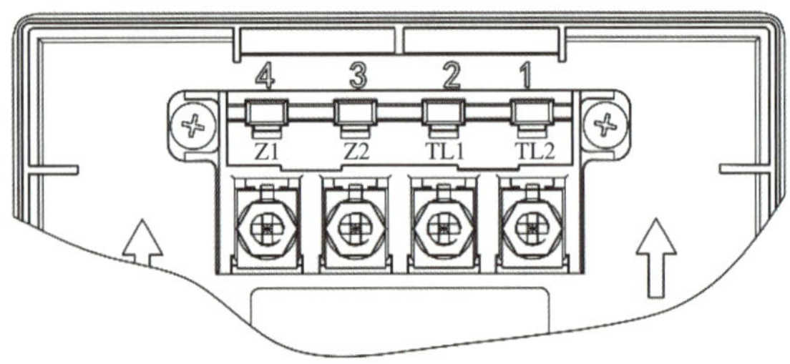

图2.2–6 带电话插孔手动火灾报警按钮的外接端子示意图

2. 知识点——消火栓按钮

消火栓按钮作为火灾时联动启动消防水泵的设备之一，在消防水系统控制中起重要作用。按操作方式不同，分为小锤敲击式和嵌按有机玻璃式两种。如图2.2–7、图2.2–8所示。

图2.2–7 消火栓按钮

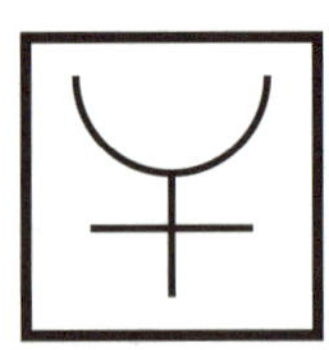
图2.2–8 消火栓按钮工程图形符号

（1）消火栓按钮的设计

消火栓按钮通常安装在消火栓箱内。消火栓箱由消防给水专业根据相应规范进行设计和布置，电气专业只需在消防给水图纸中定位消火栓箱的位置即可完成消火栓按钮的布置。具体布置的位置如图2.2-9和图2.2-10所示。

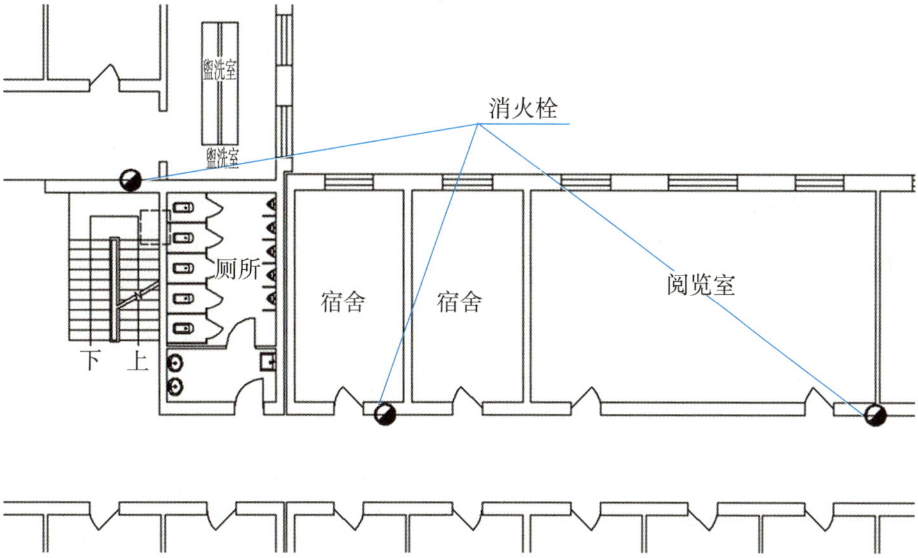

图2.2-9　消火栓布置平面图

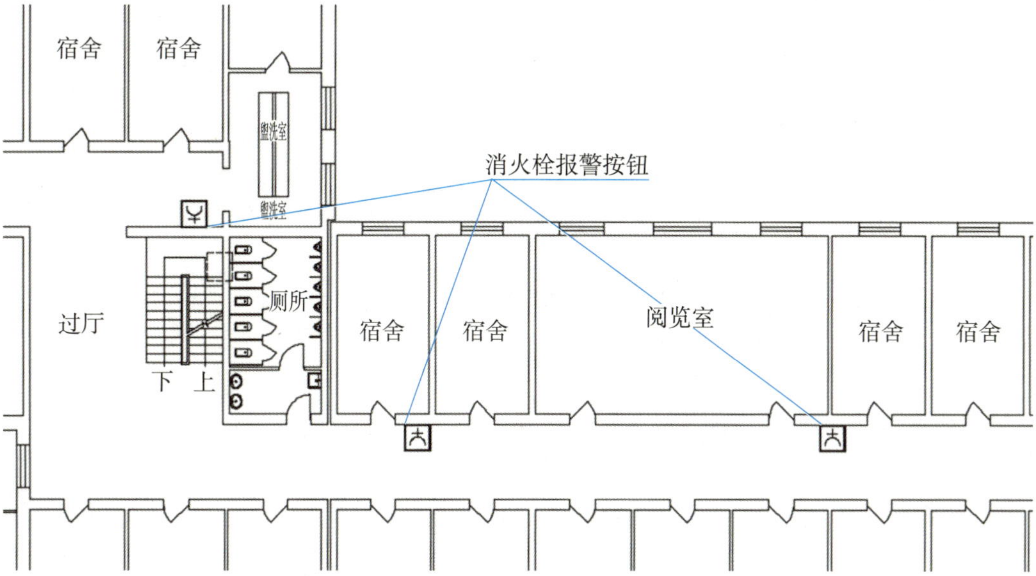

图2.2-10　消火栓按钮布置平面图

（2）消火栓按钮的安装与接线

消火栓按钮外接端子示意图如图2.2-11所示。图中：

Z1、Z2：接控制器信号二总线，无极性。

K1、K2：无源常开触点。

布线要求：可选用截面积不小于1.0mm²的双绞线。

消火栓按钮采用预埋盒安装方式，安装孔距为60mm。进线管暗装时，只需拔下消火栓按钮主体，从底壳的进线孔中穿入电缆并接在相应端子上，再插好消火栓按钮主体即可。安装示意图如图2.2-12所示，安装孔距为60mm。

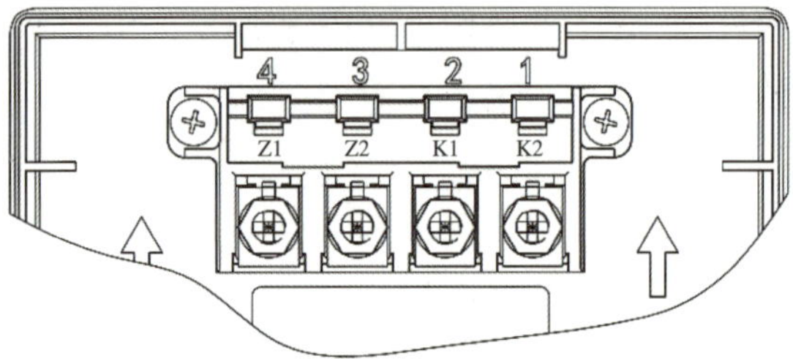

图2.2-11　消火栓按钮的外接端子示意图

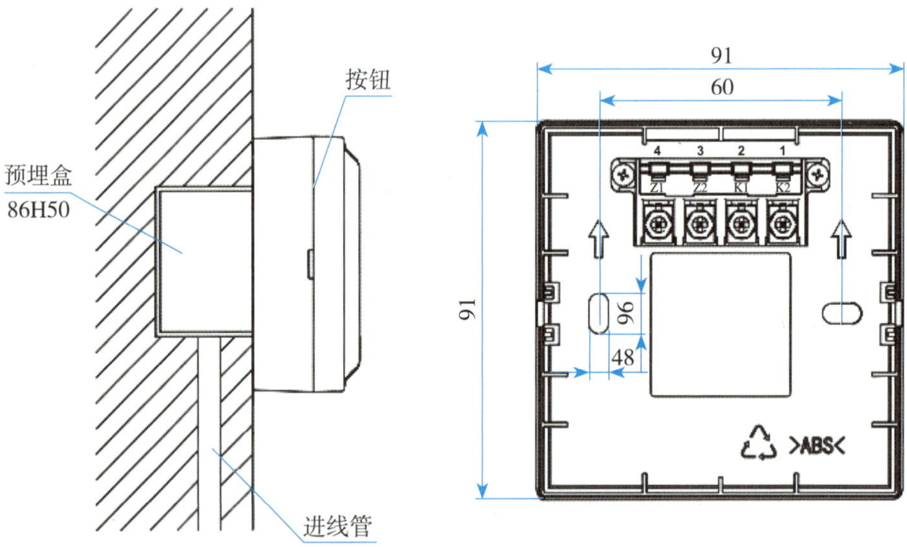

图2.2-12　消火栓按钮安装示意图

3. 知识点——火灾警报器

（1）火灾警报器的分类与作用

2.2-2
火灾警报器的布置与连接

火灾警报器是一种安装在现场的声、光报警设备，可以分为编码型与非编码型两种。编码型可直接接入报警控制器的信号二总线（需由电源系统提供两根DC24V电源线），非编码型可直接由有源24V常开触点进行控制，例如用手动报警按钮的输出触点控制等，其实物如图2.2-13所示，工程图形符号如图2.2-14所示。

火灾警报器也称为讯响器，它的作用是：当现场发生火灾并确认后，安装在现场的声光讯响器可由消防控制中心的火灾报警控制器启动，发出强烈的声光警报信号，以达到提醒现场人员注意的目的。

图2.2-13　火灾警报器

（2）火灾警报器的设计应用

1）火灾光警报器应设置在每个楼层的楼梯口、消防电梯前室、建筑内部拐角等处的明显部位，且不宜与安全出口指示标志灯具设置在同一面墙上。确需安装在同一面墙上时，距离不应小于1m。

2）火灾声、光警报器的设置应满足人员及时接收火警信号的要求，每个报警区域内的火灾警报器的声压级应高于背景噪声15dB，且不应低于60dB。

图2.2-14　火灾警报器工程符号

（3）火灾警报器的安装与接线

1）当火灾警报器采用壁挂方式安装时，其底边距地面高度大于2.2m。在普通高度空间下，以距顶棚0.2m处为宜。

2）安装时，先用两个螺钉将警报器后壳固定在墙上的86H50型预埋盒上（注意警报器后壳“UP”及箭头朝上）。

3）从警报器后壳的进线孔中穿入电缆接在相应端子上，然后将警报器前壳上部塞入警报器后壳，再将警报器前壳下部按入警报器后壳中。

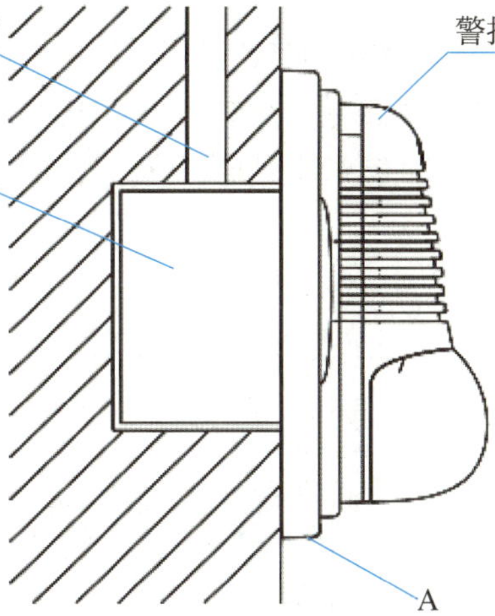

图2.2-15　火灾警报器安装示意图

4）拆卸时，用一字螺丝刀从警报器后壳下方“A”处缺口插入（如图2.2-15所示，此处外壳上有一小三角形标志），向下用力撬动，即可将警报器前壳拆下。

5）警报器接线端子示意图如图2.2-16所示。图中：

Z1、Z2：控制器信号总线，无极性。

D1、D2：接DC24V电源，无极性。

布线要求：信号总线Z1、Z2采用耐火RVS双绞线，截面积不小于1.0mm²；电源线D1、D2采用耐火BV线，截面积不小于1.5mm²。

图2.2-16　火灾警报器接线端子示意图

4. 知识点——火灾显示盘

（1）作用及适用范围

火灾显示盘也称为楼层显示器、区域显示器，是安装在楼层或独立防火区内的火灾报警显示装置。当建筑物内发生火灾后，消防控制中心的火灾报警控制器产生报警，同时把火警信息传送到火灾显示盘上，火灾显示盘会将报火警的探测器编号及相关信息显示出来并发出声光报警。如图2.2-17、图2.2-18所示。

图2.2-17　区域显示器

图 2.2-18　区域显示器工程符号

（2）设计应用

根据《火灾自动报警系统设计规范》GB 50116—2013中的规定：

1）每个报警区域宜设置一台区域显示器（火灾显示盘）；宾馆、饭店等场所应在每个报警区域设置一台区域显示器。当一个报警区域包括多个楼层时，宜在每个楼层设置一台仅显示本楼层的区域显示器，如图2.2-19所示。

2）区域显示器应设置在出入口等明显和便于操作的部位。当采用壁挂方式安装时，其底边距地高度宜为1.3～1.5m。

从图2.2-19中可以看到，区域显示器布置在楼梯和消防电梯的共用前室中，与总线

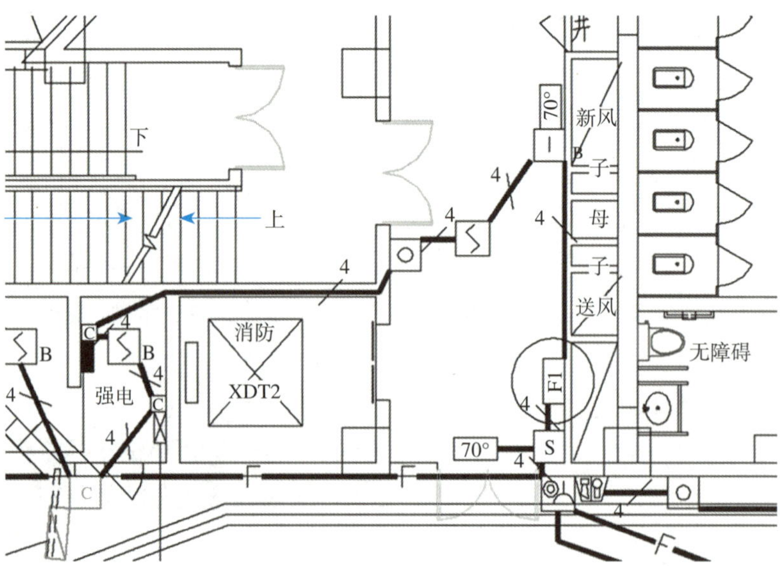

图2.2-19　火灾显示盘布置平面图

和电源线相连即可。

（3）安装与接线

火灾显示盘分底座及显示盘两部分，采用壁挂式安装，外接线路可直接与火灾显示盘的底座连接，火灾显示盘安装示意图如图2.2–20所示。

火灾显示盘接线端子示意图如图2.2–21所示。图中：

Z1、Z2：与火灾报警控制器连接的通信总线，不分极性。

D1、D2：电源供电线，不分极性。

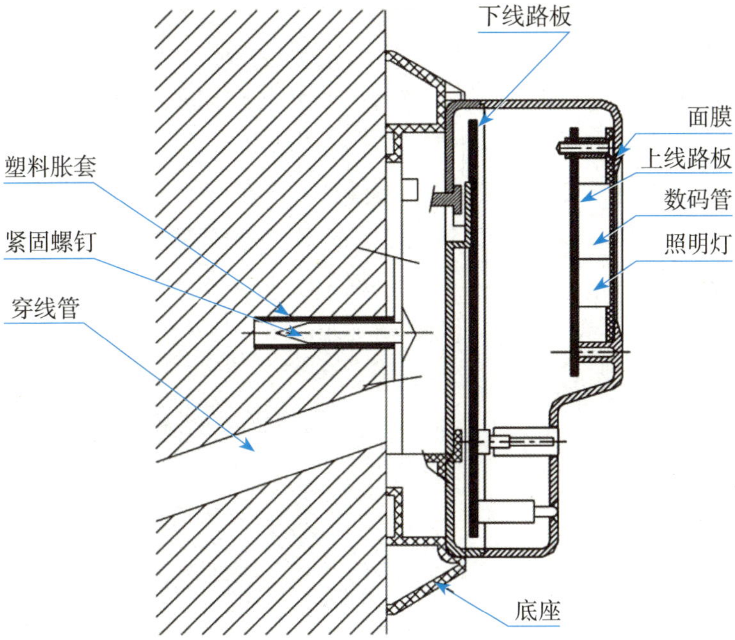

图2.2–20　火灾显示盘安装示意图

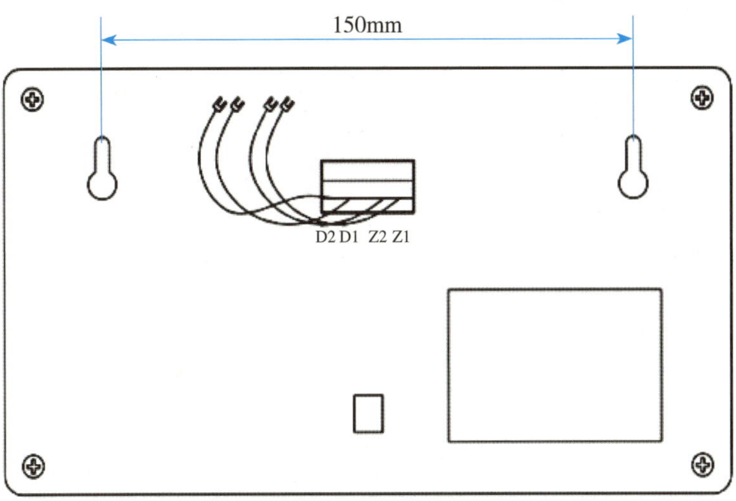

图2.2–21　火灾显示盘接线端子示意图

2.2.4 问题思考

1．思考题

请查阅不同厂家的不同产品资料，看一看指示部件除连接报警总线以外，是否有不需要或必须连接电源线的产品？

2．填空题

（1）手动火灾报警按钮从功能角度，可以分为__________和__________。

（2）手动火灾报警按钮宜设置在公共活动场所的出入口处，如________________、______________及人员密集的场所。

3．选择题

（1）火灾警报器采用明装方式，在普通高度空间下，以距顶棚（　　）m处为宜。

A．0.1　　B．0.2　　C．0.3　　D．0.4

（2）当一个系统中不安装区域报警控制器时，应在各（　　）安装区域显示器。

A．报警区域　　B．探测区域　　C．防火分区　　D．防烟分区

4．问答题

（1）火灾警报器的设计应用要满足哪些要求？

（2）区域显示器要如何布置？

2.2.5 知识拓展

资源名称	2.2拓-1　建筑消防区域的划分
资源类型	视频
资源二维码	

任务 2.3 现场模块

2.3.1 教学目标与思路

【教学目标】

知识目标	能力目标	素养目标
1. 了解现场模块的类型与功能； 2. 熟悉现场模块的应用	1. 能够根据功能要求选用相应的现场模块； 2. 能够设置、安装和完成现场模块的接线	1. 崇德向善、诚实守信； 2. 具有自我管理能力
安全小谈：隔离器能够将有故障的探测器屏蔽在系统之外，以保证火灾自动报警系统的正常工作。引导学生，以优秀人物为榜样，学习他们的先进事迹，修炼个人品德。在进行社会交往时，提升明辨是非的能力。能辨识不良人员，并将不良人员屏蔽出个人的社交圈。		

【学习任务】通过学习现场模块的知识，掌握具体设计、安装和接线方法。

【建议学时】2 ~ 4学时。

【思维导图】

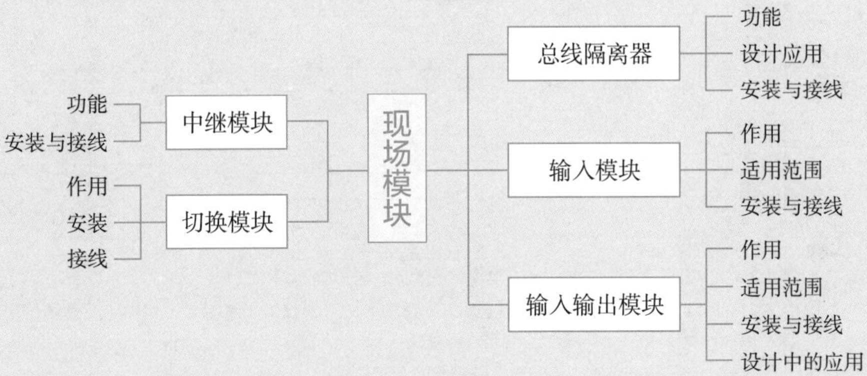

2.3.2 学生任务单

任务名称	现场模块				
学生姓名		班级学号		组别	
同组成员					
任务分工					
完成日期		教师评价			

<table>
<tr><td colspan="2">学习任务</td><td></td></tr>
<tr><td rowspan="2">任务实施</td><td>完成步骤</td><td></td></tr>
<tr><td>重点内容</td><td>任务实施过程中，用到的专业技能、专业知识、标准规范和方法等</td></tr>
<tr><td rowspan="3">学习反思</td><td>收获与不足</td><td>任务实施过程中，存在的问题及解决办法等</td></tr>
<tr><td>待解问题</td><td></td></tr>
<tr><td>课后学习</td><td></td></tr>
</table>

2.3.3 知识与技能

1. 知识点——总线隔离器

（1）总线隔离器的功能

又称短路隔离器，其实物如图2.3–1所示，工程图形符号如图2.3–2所示。

2.3–1
总线隔离器的布置

在总线制火灾自动报警系统中，往往会出现某一局部总线故障（例如短路），造成整个报警系统无法正常工作的情况。隔离器的作用是：当总线发生故障时，发生故障的总线部分与整个系统隔离开来，以保证系统的其他部分能够正常工作，同时便于确定发生故障的总线部位。当故障部分的总线修复后，隔离器可自行恢复工作，将被隔离出去的部分重新纳入系统。

（2）总线隔离器的设计应用

根据《消防设施通用规范》GB 55036—2022的规定：系统总线上应设置总线短路隔离器，每只总线短路隔离器保护的火灾探测器、手动火灾报警按钮和模块等消防设备的总数不应大于32点；总线穿越防火分区时，应在穿越处设置总线短路隔离器。如图2.3–3所示。

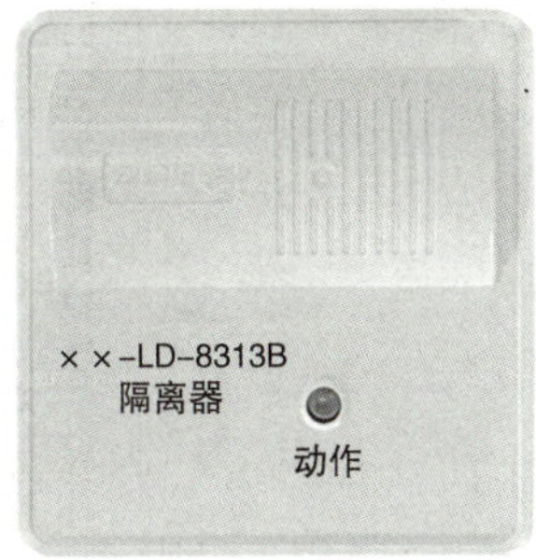

图2.3–1　总线隔离器

图2.3–2　总线隔离器工程符号

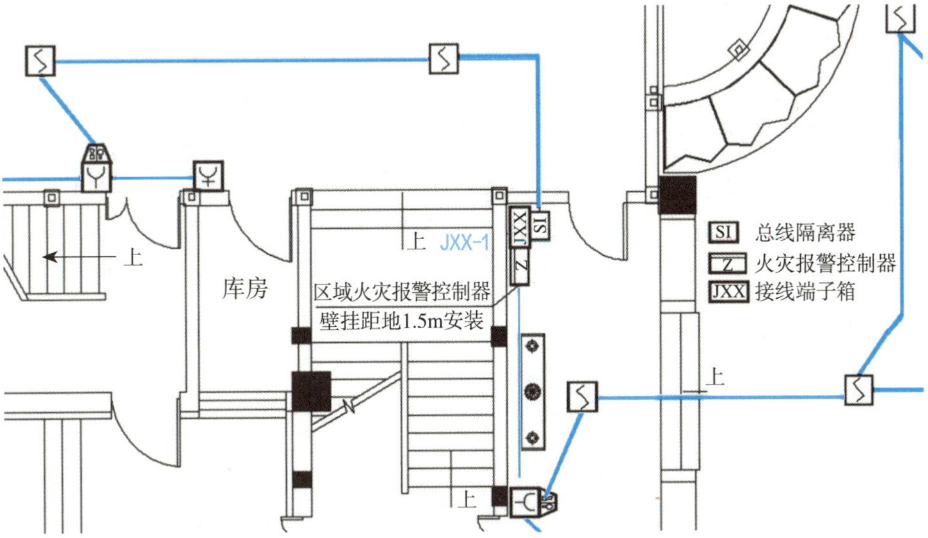

图2.3–3　总线隔离器布置示意图

（3）总线隔离器的安装与接线

隔离器一般安装在总线的分支处，可直接串联在总线上，其端子示意图如图2.3–4所示。图中：

Z1、Z2：输入信号总线，无极性。

ZO1、ZO2为输出信号总线，无极性。

布线要求：直接与信号二总线连接，无需其他布线。可选用截面积不小于1.0mm^{2}的耐火RVS双绞线。

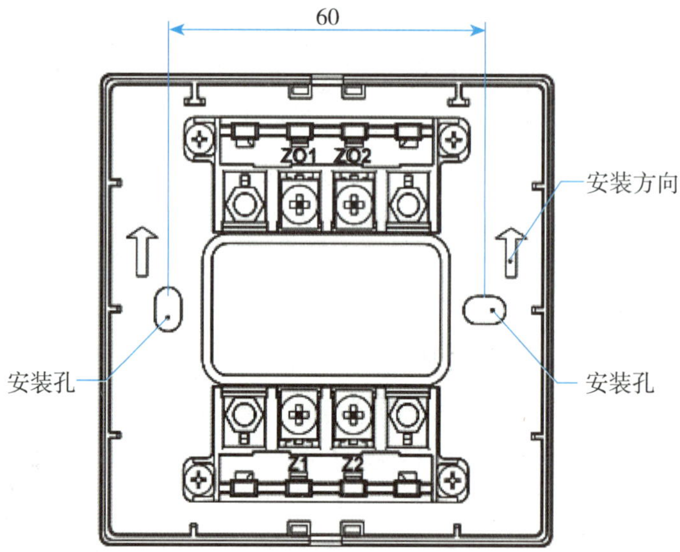

图2.3–4　总线隔离器接线端子示意图

2．知识点——输入模块

（1）输入模块的作用及适用范围

2.3–2
输入模块的安装与接线

输入模块的作用是接收现场装置的报警信号，实现信号向火灾报警控制器的传输。通过此模块，可将现场各种主动型设备（如水流指示器、压力开关等）接入到消防控制系统的总线上，这些设备动作后，输出的动作开关信号可由输入模块送入控制器，产生报警，并可通过控制器来联动其他相关设备动作。如图2.3–5、图2.3–6所示。

（2）安装与接线

1）安装

输入模块的接线端子如图2.3–7所示。图中：

Z1、Z2：接控制器信号总线，无极性。

I、G：与设备的无源常开触点（设备动作闭合报警型）连接。也可通过电子编码器设置为常闭输入。

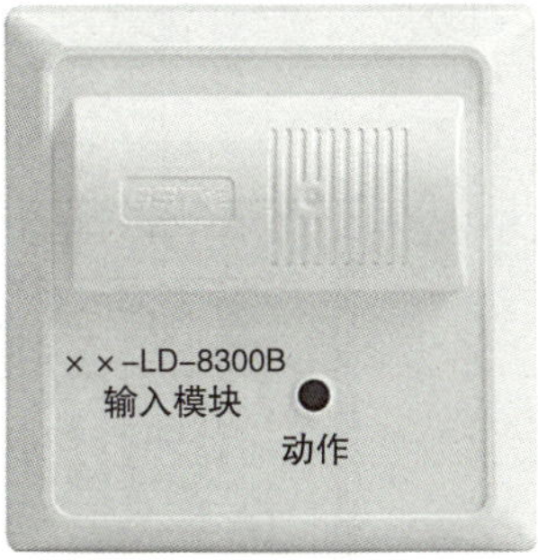

图2.3-5　输入模块

图2.3-6　输入模块工程符号图

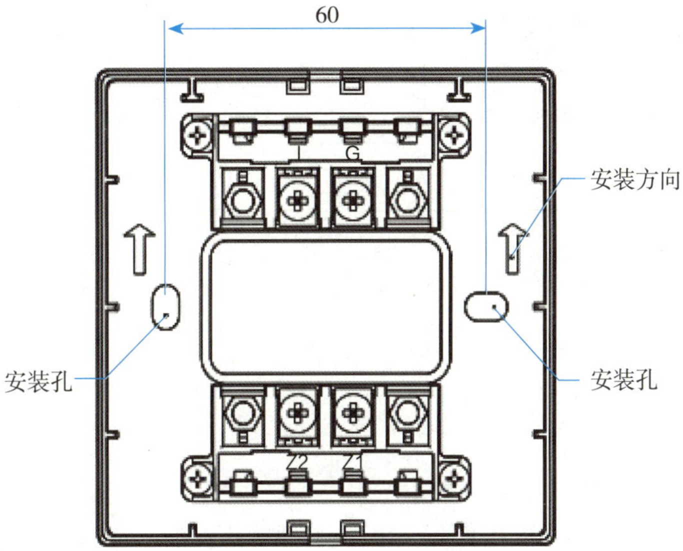

图2.3-7　输入模块接线端子示意图

布线要求：信号总线Z1、Z2采用耐火RVS型双绞线，截面积不小于$1.0mm^2$；I、G采用耐火RV软线，截面积不小于$1.0mm^2$。

2）接线

模块输入端如果设置为“常开检线”状态输入，模块输入线末端（远离模块端）必须并联一个4.7kΩ的终端电阻。模块输入端如果设置为“常闭检线”状态输入，模块输入线末端（远离模块端）必须串联一个4.7kΩ的终端电阻。

××-LD-8300B输入模块与现场设备的接线示意如下：

①模块与具有常开无源触点的现场设备连接方法如图2.3-8所示。模块输入设定参数设为常开检线。

②模块与具有常闭无源触点的现场设备连接方法如图2.3-9所示，模块输入设定参数设为常闭检线。

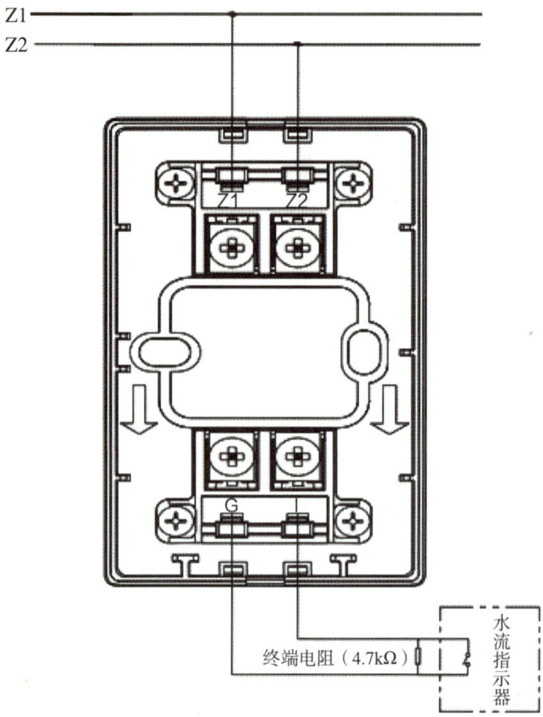

图2.3-8　模块与有常开无源触点的现场设备连接

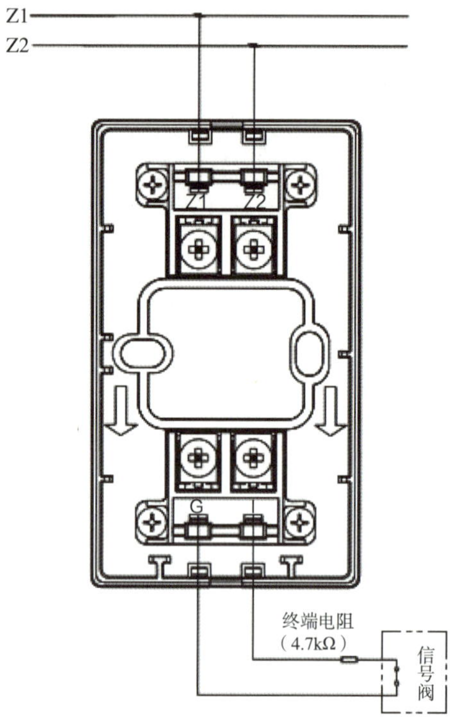

图2.3-9　模块与有常闭无源触点的现场设备连接

3．知识点——输入/输出模块

（1）输入/输出模块

1）输入/输出模块的作用及适用范围

输入/输出模块也称为控制模块，用于连接需要火灾报警控制器控制的消防联动设备。在有控制要求时可以输出信号，或者提供一个开关量信号使被控设备动作，如排烟阀、送风阀、防火阀等，同时可以接收设备的反馈信号，以向控制器报告，该模块是火灾报警联动系统中重要的组成部分。市场上的输入/输出模块都可以提供无源常开/常闭触点，用以控制被控设备，部分厂家的模块可以通过参数设定，设置成有源输出，相对应的还有双输入/输出模块、多输入/输出模块等。如图2.3-10、图2.3-11所示。

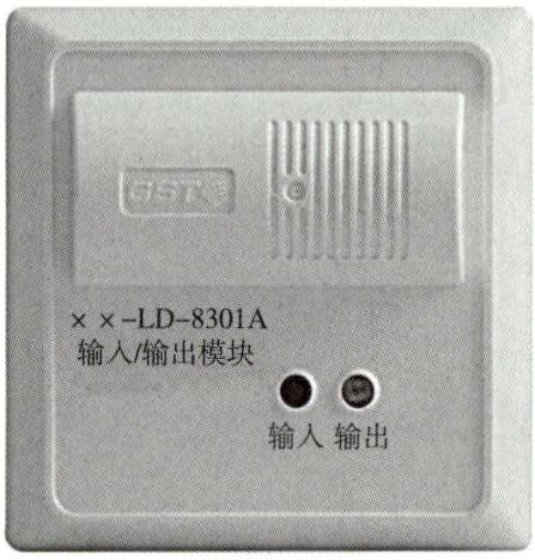

图2.3-10　I/O模块实物图

图2.3-11　I/O模块工程符号

2）安装与接线

①安装

输入/输出模块的接线端子如图2.3-12所示。图中：

Z1、Z2：接火灾报警控制器信号二总线，无极性。

D1、D2：DC24V电源输入端子，无极性。

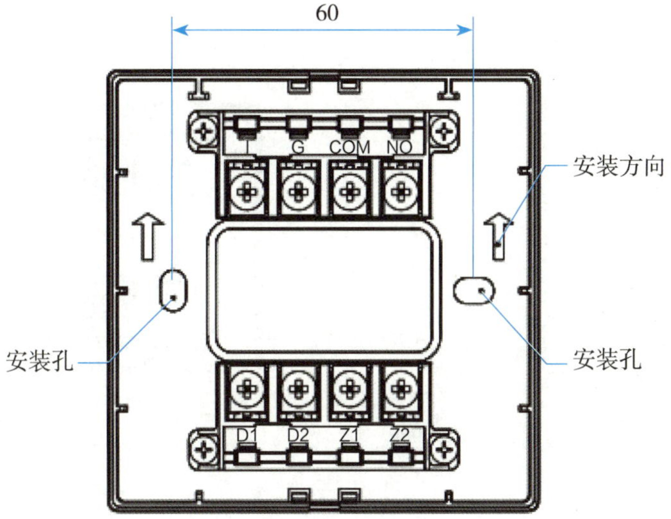

图2.3-12　I/O模块接线端子示意图

Ⅰ、G：与被控制设备无源常开触点连接，用于实现设备动作回答确认（也可通过电子编码器设为常闭输入或自回答）。

COM、NO：无源常开输出端子（注意：此端子间有微弱检线电流！）。

布线要求：信号总线Z1、Z2采用耐火RVS型双绞线，截面积不小于1.0mm^2；电源线D1、D2采用耐火BV线，截面积不小于1.5mm^2；I、G采用RV线，截面积不小于1.0mm^2。

②接线

模块输入端如果设置为“常开检线”状态输入，模块输入线末端（远离模块端）必须并联一个4.7kΩ的终端电阻；模块输入端如果设置为“常闭检线”状态输入，模块输入线末端（远离模块端）必须串联一个4.7kΩ的终端电阻。

输出控制电压可由被控设备提供，若被控设备不能提供，可从模块DC24V电源侧取电。模块无源输出触点控制设备，模块与被控制设备的接线示意图如图2.3-13和图2.3-14所示。

（2）双输入/输出模块

以××-LD-8303双输入/输出模块为例，它是一种总线制控制接口，可用于完成对两步降防火卷帘门、水泵、排烟风机等双动作设备的控制。主要用于防火卷帘门的位置控制，能控制其从上位到中位，也能控制其从中位到下位，同时也能确认防火卷帘门是处于上、中、下的哪一位。此模块也可作为两个独立的××-LD-8301A输入/输出模块使用。

该双输入/输出模块具有两个编码地址，两个编码地址连续，最大编码为242，可接收来自控制器的二次不同动作的命令，具有二次不同控制输出和确认二个不同输入回答信号的功能。××-LD-8303模块的编码方式为电子编码，在编入一个编码地址后，另

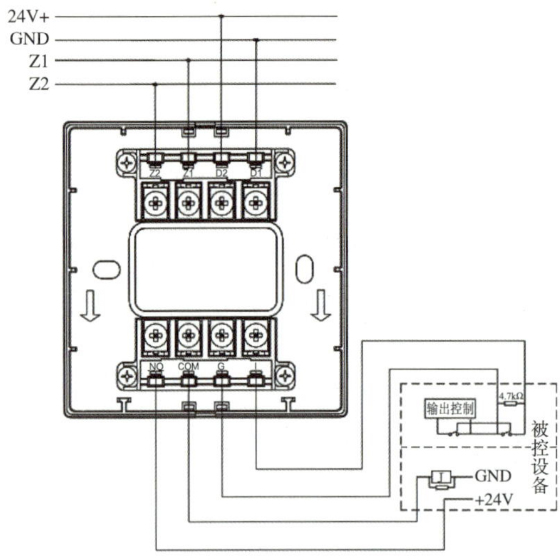

图2.3-13　模块与被控制设备接线示意图（常开检线）

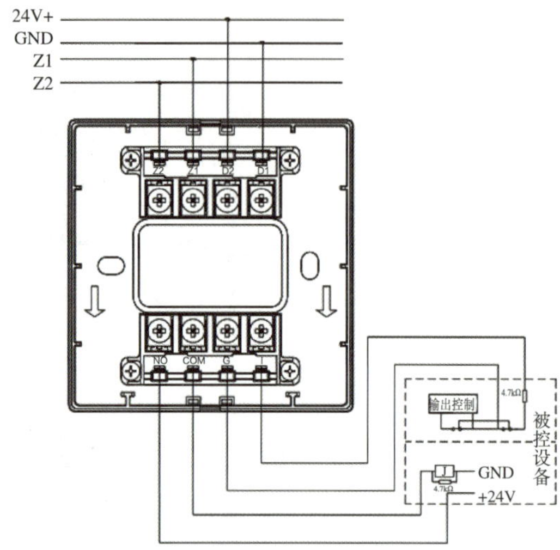

图2.3-14　模块与被控制设备接线示意图（常闭检线）

一个编码地址自动生成为：编入地址+1。

此模块所需输入信号为常开开关信号，一旦开关信号动作，××-LD-8303将此开关信号通过联动总线送入控制器，联动控制器产生报警并显示出动作设备的地址号。当模块本身出现故障时，控制器也将产生报警并将模块编号显示出来。本模块具有两对常开、常闭触点及两组有源输出，输入、输出具有检线功能。模块与防火卷帘门电气控制箱（标准型）接线示意如图2-15和图2-16所示。

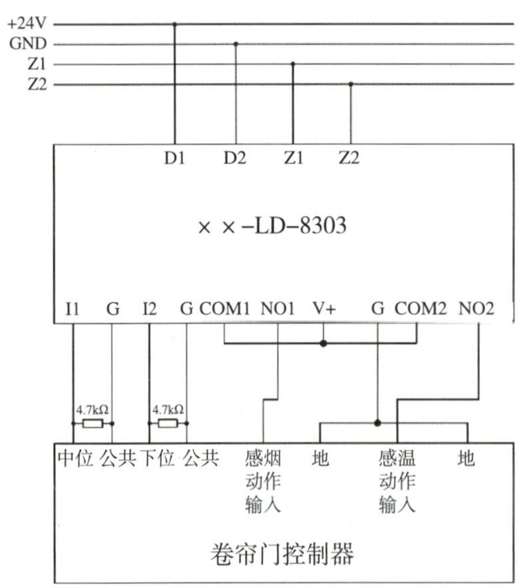

图2-15　模块与防火卷帘门接线示意图
（无源常开触点输入，有源输出控制型）

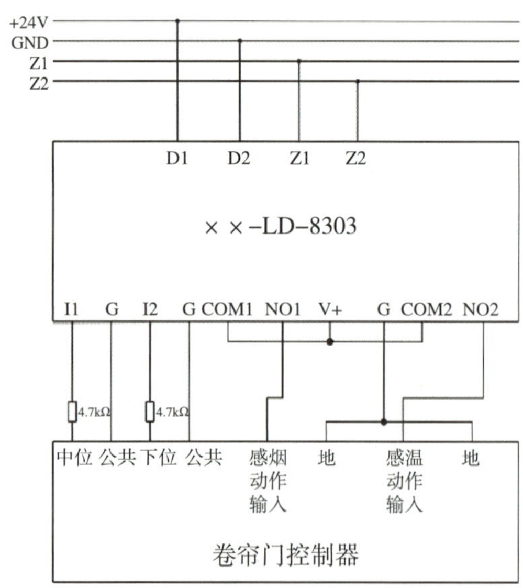

图2-16　模块与防火卷帘门接线示意图
（无源常闭触点输入，有源输出控制型）

4. 知识点——切换模块

（1）切换模块的作用

切换模块专门用来与输入/输出模块配合使用，实现对现场大电流（直流）启动设备的控制及交流220V设备的转换控制，以防由于使用输入/输出模块直接控制设备造成将交流电源引入控制系统总线的危险。

（2）切换模块的安装

以××–LD–8302型切换模块为例。切换模块采用明装，当进线管预埋时，可将底盒安装在86H50型预埋盒上，安装方法如图2.3–17所示。底盒与上盖间采用拔插式结构安装，拆卸简单方便，便于调试维修。

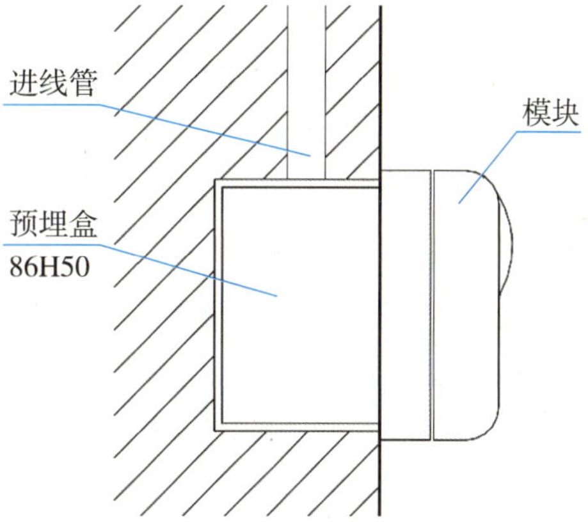

图2.3–17　切换模块安装示意图

切换模块对外端子示意如图2.3–18所示。图中：

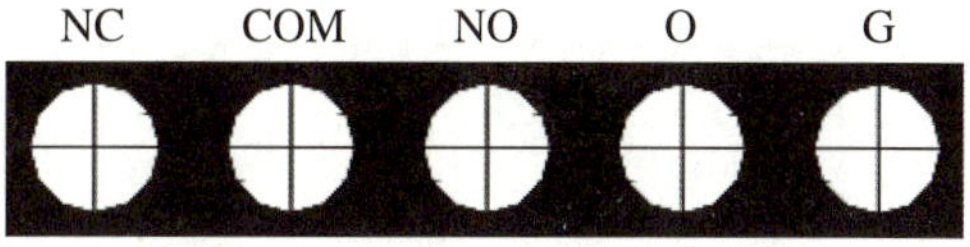

图2.3–18　切换模接线端子示意图

NC、COM、NO：常闭、常开控制触点输出端子。

O、G：有源DC24V控制信号输入端子，输入无极性。

布线要求：各端子外接线均采用耐火BV线，截面积不小于$2.5mm^2$。

（3）切换模块的接线

××–LD–8302模块为非编码模块，不可直接与控制器总线连接，只能由输入/输出模块控制。控制交流设备的接线方法如图2.3–19所示。

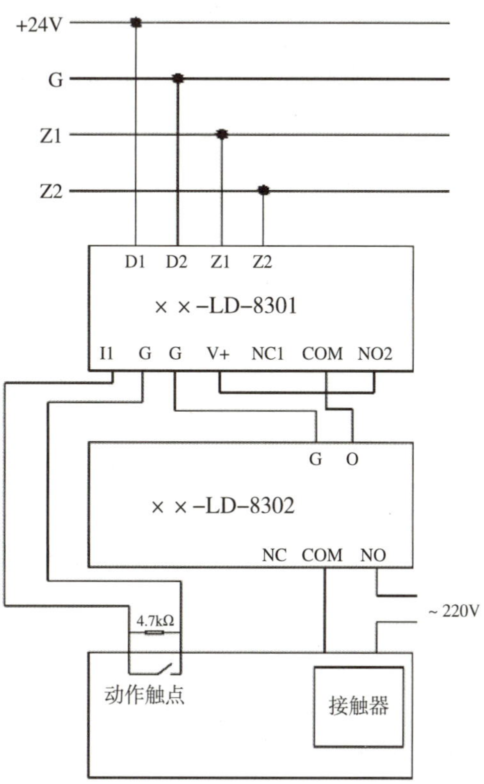

图2.3–19　切换模块控制交流设备接线图

5. 知识点——中继模块

（1）中继模块功能

以××–LD–8321中继模块为例，采用DC24V供电，总线信号输入与输出间电气隔离，完成了探测器总线的信号隔离传输，不仅可增强整个系统的抗干扰能力，并且具有扩展探测器总线通信距离的功能。中继模块主要用于总线处在有比较强的电磁干扰的区域及总线长度超过1000m且需要延长总线通信距离的场合。

（2）安装与接线

中继模块的外形尺寸及结构示意图如图2.3–20所示，采用M3螺钉固定，室内安装。

对外接线端子图如图2.3–21所示。图中：

24VIN：DC24V电源无极性输入端子，电源与中继器的输出总线共地。

Z1IN、Z2IN：无极性信号二总线输入端子，与控制器无极性信号二总线输出连接，距离应小于1000m。

Z1O、Z2O：隔离无极性二总线输出端子，总线最大长度应小于1000m。

布线要求：无极性信号二总线采用耐火RVS双绞线，截面积不小于1.0mm²；24V电源线采用耐火BV线，截面积不小于1.5mm²。

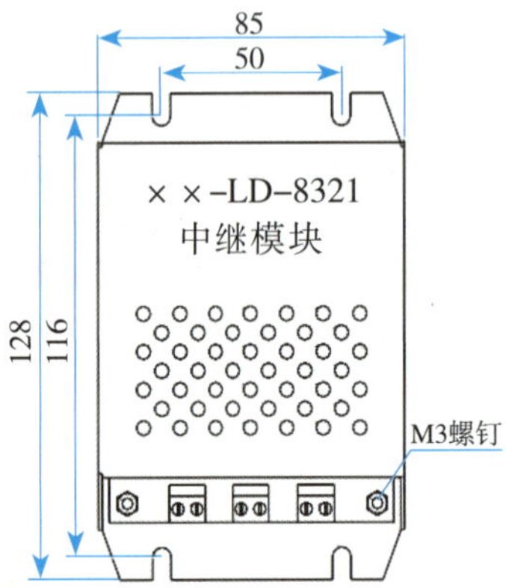

图2.3–20　中继模块外形尺寸示意图

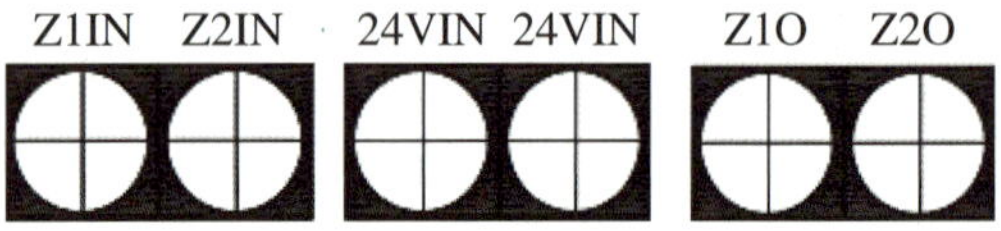

图2.3–21　中继模块接线端子示意图

2.3.4 问题思考

1．思考题

请查阅产品资料，思考为什么输入输出模块在接设备时要连接电阻？

2．填空题

（1）通过输入模块，可将现场各种主动型设备如__________、__________等接入到消防控制系统的总线上。

（2）输入输出模块连接的信号总线Z1、Z2采用耐火__________型双绞线，截面积不小于__________mm²。

3．选择题

（1）每只总线短路隔离器保护的火灾探测器、手动火灾报警按钮和模块等消防设备的总数不应超过（　　）点。

A．22　　B．28　　C．32　　D．36

（2）××-LD-8321中继模块主要用于总线处在有比较强的电磁干扰的区域及总线长度超过（　　）m且需要延长总线通信距离的场合。

A．100　　B．1000　　C．10000　　D．2000

4．问答题

（1）输入模块与输入输出模块的应用有什么不同？

（2）切换模块的功能是什么？

2.3.5 知识拓展

资源名称	2.3拓-1　隔离模块的测试	2.3拓-2　双输入输出模块的安装与接线
资源类型	视频	视频
资源二维码		

任务 2.4 火灾报警控制器

2.4.1 教学目标与思路

【教学目标】

知识目标	能力目标	素养目标
1．能正确描述火灾报警控制器的功能； 2．能正确归纳火灾报警控制器的分类	1．具有正确操作火灾报警控制器的能力； 2．具有正确布置消防控制室的能力	1．勇于奋斗、乐观向上； 2．具有规划职业生涯的意识
安全小谈：火灾报警控制器的工作电源除正常市电外，还有蓄电池作为备用电源，主要用于停电条件下保证火灾自动报警系统的正常工作。我们要进取向上、拓宽视野，以积极心态应对未来考验。		

【学习任务】学习JB-QB-××200火灾报警控制器，明确控制器功能，掌握控制器内部结构与接线，熟悉控制器基本操作及其相关布置要求。

【建议学时】4～6学时。

【思维导图】

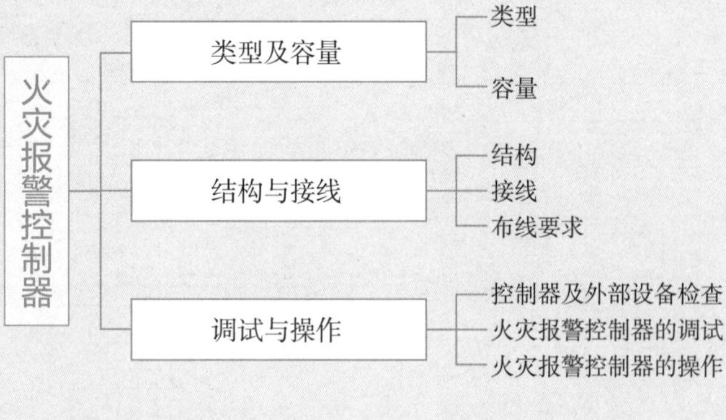

2.4.2 学生任务单

任务名称	火灾报警控制器				
学生姓名		班级学号		组别	
同组成员					
任务分工					
完成日期		教师评价			

学习任务		
任务实施	完成步骤	
	重点内容	任务实施过程中，用到的专业技能、专业知识、标准规范和方法等
学习反思	收获与不足	任务实施过程中，存在的问题及解决办法等
	待解问题	
	课后学习	

2.4.3 知识与技能

1．知识点——火灾报警控制器的类型及容量

（1）火灾报警控制器的类型

火灾报警控制器按用途分为区域型火灾报警控制器、集中型火灾报警控制器和通用型火灾报警控制器。

区域型火灾报警控制器是以微处理器（CPU）为核心的控制器件，其主程序是对探测器总线上的各探测器进行循环扫描、采集信息，并对采集的信息进行分析处理。当发现火灾或故障信息，即转入相应的处理程序，在处理火警信息时，经过多次数据采集确认无误之后，才发出声光或显示报警信号，打印报警位置及报警时间，同时不仅将这些数据存入内存备查，并且还要向集中型火灾报警控制器传输火警信息。一般区域型火灾报警控制器直接连接火灾探测器，对火灾探测器进行监测、巡检和供电。

集中型火灾报警控制器的组成和工作原理与区域型火灾报警控制器基本相同，除了具有声光报警、自检及巡检、计时和供电等主要功能外，还具有扩展外控功能，比如联动火警广播、火警电话、火灾事故照明等。集中型火灾报警控制器一般不与火灾探测器相连，而是与区域型火灾报警控制器相连，用于接收区域型火灾报警控制器火灾信号、显示火灾部位、记录火灾信息、协调联动控制和构成终端显示等，常使用在较大的系统中。

通用型火灾报警控制器兼有区域、集中两级火灾报警控制器的双重特点。通过设置或修改某些参数，既可以作为区域型控制器连接探测器，又可作为集中型控制器连接区域报警控制器。

（2）火灾报警控制器的容量

“点”是火灾报警控制器的基本组成单元。控制器的点数（即控制器的容量）是由火灾探测器、手动报警按钮、消火栓按钮、声光警报器和各种现场模块等编码设备的数量计算而成。如果设备在系统内占单个地址，则控制器容量等于所有编码设备数量之和；如果设备在系统内占多个地址，则控制器容量等于占多个地址设备的地址数和设备数量的乘积，再加上占单个地址设备数量之和。

任一台火灾报警控制器所连接的火灾探测器、手动火灾报警按钮和模块等设备总数和地址总数，均不应超过3200点，其中每一总线回路连接设备的总数不宜超过200点，且应留有不少于额定容量10%的余量；任一台消防联动控制器地址总数或火灾报警控制器（联动型）所控制的各类模块总数不应超过1600点，每一联动总线回路连接设备的总数不宜超过100点，且应留有不少于额定容量10%的余量。

2．知识点——火灾报警控制器的结构与接线

以JB-QB-××200火灾报警控制器（联动型）为例，其典型配置包括主控制器、显示操作盘、智能手动操作盘。它的最大容量为242个地址编码点，可外接64台火灾显示盘；联网时最多可接32台其他类型控制器；30个直接手动操作总线制控制点；配置6

路直接控制点。它集报警和联动于一体，通过总线、多线的控制能完成探测报警、一般消防设备的启/停控制等功能，还能实现对重要消防设备的控制。

（1）火灾报警控制器的结构

JB-QB-××200火灾报警控制器（联动型）的外观示意图及内部结构图如图2.4-1和图2.4-2所示。JB-QB-××200为壁挂式结构设计，可直接明装在墙壁上，也可采用柜式或琴台安装，空间尺寸为12U。

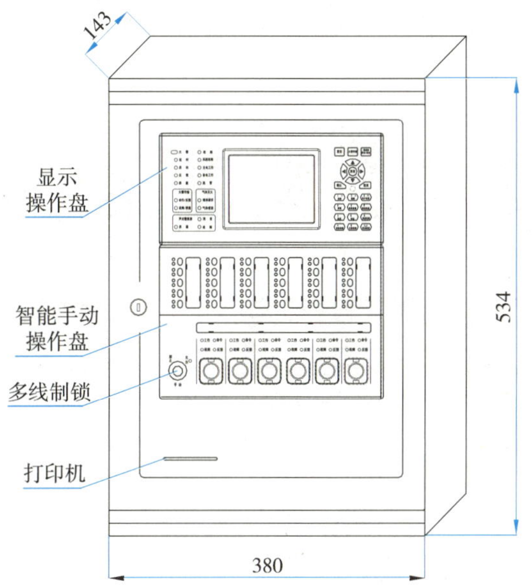

图2.4-1　JB-QB-××200火灾报警控制器外观示意图

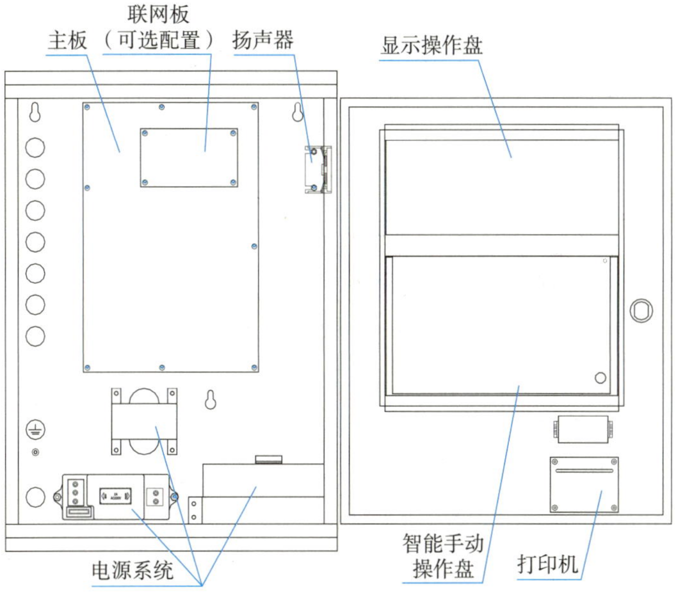

图2.4-2　JB-QB-××200火灾报警控制器内部结构示意图

（2）火灾报警控制器的接线

JB–QB–××200火灾报警控制器（联动型）与探测器间采用无极性信号二总线连接，控制器与各类编码模块采用四总线连接（无极性信号二总线、无极性DC24V电源线），控制器与火灾显示盘采用四总线连接（有极性通信二总线、无极性DC24V电源线），直接控制点与现场设备（××–LD–8302C切换模块）采用两线有极性连接，最大连接线长度不宜超过1000m。与彩色CRT系统通过RS–232标准接口连接，最大连接线长度不宜超过15m。主电为交流220V，电压变化范围–15%～+10%，内装DC12V10Ah密封铅酸电池作备电。其外部接线端子如图2.4–3所示。图中：

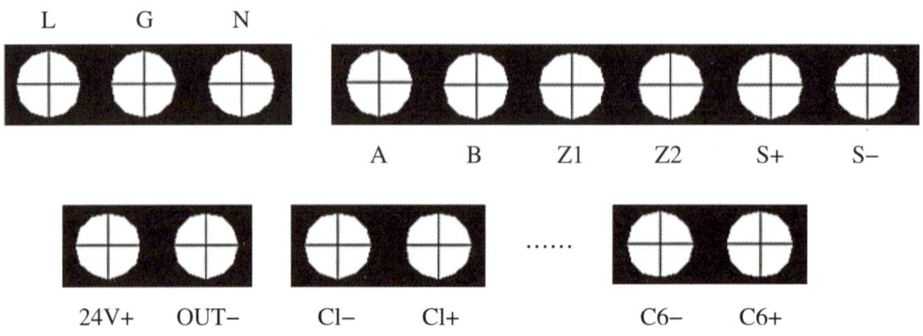

图2.4–3　JB–QB–××200火灾报警控制器的接线端子示意图

L、G、N：交流220V接线端子及交流接地端子。

A、B：连接火灾显示盘的通信总线端子。

Z1、Z2：无极性信号二总线端子。

S+、S–：警报器输出端子。

24VOUT（+、–）：辅助电源输出端子，可为外部设备提供DC24V电源，最大输出容量为DC24V/0.3A。

C*n*+、C*n*–（*n*=1～6）：直控输出端子，通过GST–LD–8302C切换模块连接被控设备。

（3）火灾报警控制器的布线要求

1）信号二总线Z1、Z2采用耐火RVS双绞线，截面积不小于1.0mm^2。

2）通信总线A、B采用耐火屏蔽双绞线，截面积不小于1.0mm^2。

3）直接控制点外接线，采用BV铜芯导线，截面积不小于1.0mm^2。

4）电源线采用耐火BV线，截面积不小于2.5mm^2。

3. 技能点——火灾报警控制器的调试与操作

（1）火灾报警控制器及外部设备检查

控制器及外部设备安装、连接、编码完成后，首先测量探测器总线与地、探测器总线与通信总线、通信总线与地之间的绝缘电阻是否大于20MΩ；然后接通电源进行开机检查。检查内容包括：主电源和备电源是否正常；指示灯、液晶屏是否依次点亮，并顺序发出声音；日期和时间显示是否准确；有无其他异常现象出现。

（2）火灾报警控制器的调试

当控制器及外部设备检查无误后，输入调试密码进入调试状态，此时液晶屏的右上角出现“调试”字样。调试步骤如下：

1）查看总线设备的注册情况是否和实际情况一致，如发生大面积丢失，应首先检查联动电源和各楼层总线隔离器，然后对个别设备检查，重新注册后观察修整后的注册情况。

2）查看火灾显示盘的注册情况是否和实际情况一致，如有问题，重点检查A、B通信线和24V电源线。

3）定义总线设备、火灾显示盘以及联动设备对应的智能手动操作盘操作键，并将智能手动操作盘所控制设备书写在各对应按键的标签上（表2.4–1）。

外部设备定义 表2.4–1

代码	设备类型	代码	设备类型	代码	设备类型	代码	设备类型	代码	设备类型
00	未定义	18	稳压泵	36	水幕电磁	54	泵故障	74	传感器
01	光纤测温	19	排烟机	37	气体启动	55	急启按钮	75	时钟电源
02	点型感温	20	送风机	38	气体停动	56	急停按钮	76	声光警报
03	点型感烟	21	新风机	39	从机	57	雨淋泵	77	报警传输
04	报警接口	22	防火阀	40	火灾示盘	60	空压机	78	环路开关
05	复合火焰	23	排烟阀	41	家用主机	61	联动电源	79	广播支线
06	光束感烟	24	送风阀	42	常开门	62	电话插孔	80	留用
07	紫外火焰	25	电磁阀	43	泡沫泵	63	部分设备	81	消火栓
08	线型感温	26	卷帘门中	44	消防电源	64	雨淋阀	82	排烟窗
09	吸气感烟	27	卷帘门下	45	紧急照明	65	外控允许	83	挡烟垂壁
10	复合探测	28	常闭门	46	流量开关	66	故障输出	84	吸气火警
11	手动按钮	29	压力开关	47	喷洒指示	67	手动允许	85	吸气预警
12	消防广播	30	水流指示	48	防盗模块	68	自动允许	88	家用感烟
13	讯响器	31	电梯	49	信号碟阀	69	可燃气体	89	漏电报警
14	消防电话	32	空调机组	50	防排烟阀	70	备用指示	95	漏电测温
15	消火栓	33	门禁	51	水幕泵	71	门灯		
16	消火栓泵	34	照明配电	52	层号灯	72	备用工作		
17	喷淋泵	35	动力配电	53	设备停动	73	设备故障		

4）进行探测器报警试验、火灾显示盘传警试验和智能手动操作盘操作试验。

5）退出调试状态，进入正常监控。

6）全面检查设备定义，修改不适当的部分。

7）编辑联动公式，进行自动联动试验。

8）接入重要设备，进行相应的测试。

（3）火灾报警控制器的基本操作

当出现火警信息时，按下控制器“消音键”后，要立即确认现场是否发生火灾。若无火灾发生时，确认误报原因并做好记录。如不能独立处理，可暂时屏蔽隔离设备，并及时与维保人员或公司联系。若发生火灾则按照火灾应急预案启动联动设备。首先查看控制器是否处于手动允许状态。手动允许时，面板上的“手动允许”绿灯点亮，可通过手动盘启动相应设备。当大中型消防系统因启动设备较多时，确认火情后，可把控制器转为自动状态，控制器将根据预设的逻辑程序联动启动对应的设备。

4. 技能点——火灾探测报警系统的安装与调试

实训：火灾探测报警系统的安装与调试

班级：__________ 姓名：__________ 学号：__________ 日期：________年____月____日
组别：__________ 小组成员：______________________________

项目名称	火灾探测报警系统	课程名称	火灾自动报警系统	成绩	
目的	1. 了解火灾探测报警系统的组成和工作原理。 2. 能够使用编码器对火灾探测器、手动火灾报警按钮等设备编码。 3. 能够在火灾报警控制器上完成设备的注册、定义、联动公式编写等调试内容。 4. 能够模拟发生火灾时，系统实现声光警报器的报警。				

一、实训设备

1. 火灾报警控制器（联动型）1台。

2. 短路隔离器1个、感烟火灾探测器1个、感温火灾探测器1个、手动火灾报警按钮1个、声光警报器1个。

3. 电子编码器1个、万用表1个、插接线等。

二、实训要求

1. 感烟火灾探测器和手动火灾报警按钮同时报警时，声光警报器延时20s启动。

2. 感温火灾探测器和手动火灾报警按钮同时报警时，声光警报器立即启动。

三、实训内容

1. 按照火灾探测报警系统图，完成现场设备的安装与接线，如图2.4–4所示。

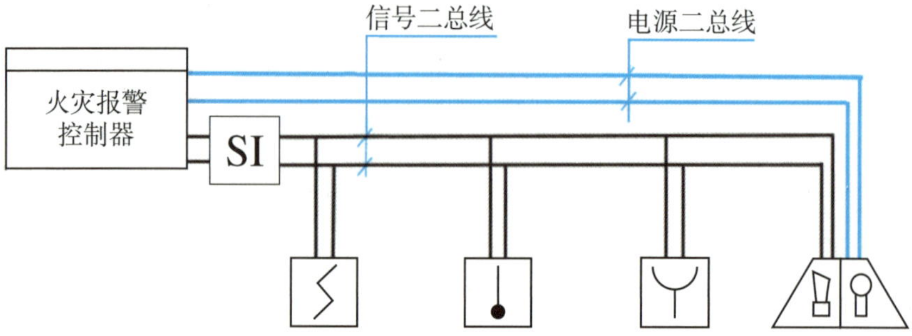

图2.4–4 火灾探测报警系统图

续表

2．填写设备编码定义一览表（表2.4–2）。

设备编码定义一览表　　表2.4–2

序号	设备名称	设备型号	原码（一次码）	二次码	设备类型
1					
2					
⋮					
n					

3．写出联动控制逻辑公式。

4．完成现场设备和火灾报警控制器的连接，并进行设备的一次编码。

5．完成火灾报警控制器的调试，并写出调试步骤。

四、实训中出现的故障及解决方法

五、思考题

当采用警铃进行报警时，如何实现火灾报警控制器的联动控制。

2.4.4 问题思考

1．填空题

（1）当JB-QB-××200火灾报警控制器报警灯为________色时，表示控制器检测到外接探测器处于火警状态，故障灯为________色时，表示控制器检测到有故障。

（2）每个设备对应一个原始编码和一个现场编码，设备定义就是对设备的________进行设定。

（3）________是将已经定义的设备信息从系统内调出，可对设备定义进行修改。

（4）当系统中的探测设备报警或被控设备的状态发生变化时，控制器可按照联动公式自动地对被控设备执行“________”“延时启动”或“________”操作。

2．判断题

（1）集中型火灾报警控制器一般直接与探测器相连接。（　　）

（2）火灾报警控制器处于“手动”状态下，当触发火灾探测器时，相关联动公式不会起作用，相关联动设备不会启动。（　　）

（3）设备定义时，需要将设备所处位置信息和设备类型定义。（　　）

3．问答题

（1）请尝试写出一条联动公式，用于进行火灾探测报警系统的测试，满足当任意探测器触发或者任意手动报警触发时，系统中所有声光报警器延时5s启动。

（2）请尝试在JB-QB-××200火灾报警控制器上完成设备定义与注册，并归纳完整的操作步骤。

2.4.5 知识拓展

资源名称	2.4拓-1　消防控制室设置及布置要求	2.4拓-2　系统的供电要求
资源类型	文档	文档
资源二维码		

项目 3
消防系统的联动控制

任务3.1 自动喷水灭火系统的联动控制
任务3.2 消火栓系统的联动控制
任务3.3 气体灭火系统的联动控制
任务3.4 防排烟系统的联动控制
任务3.5 防火门及防火卷帘系统的联动控制
任务3.6 消防广播及消防电话的联动控制
任务3.7 应急照明和疏散指示系统及电梯的联动控制
任务3.8 火灾预警系统

任务 3.1 自动喷水灭火系统的联动控制

3.1.1 教学目标与思路

【教学目标】

知识目标	能力目标	素养目标
1．能够描述自动喷水灭火系统等消防设施的组成及工作原理； 2．能够归纳自动喷水灭火系统等消防设施的电气控制要求	1．具有识别消防系统组件技术特征的能力； 2．具有分析、设计消防系统联动控制电路的能力	1．具有健康的体魄、心理和健全的人格； 2．树立安全意识、质量意识与创新意识
安全小谈：自动喷水灭火系统在发生火灾的第一时间内能够自行进行喷水灭火，是当今国际上公认的最为有效的灭火系统之一。“打铁还需自身硬，不用扬鞭自奋蹄”——以钟南山院士为例，我们既要强身健体，又要充实内心，不断挑战自我，勇攀学习高峰。		

【学习任务】熟悉《火灾自动报警系统设计规范》GB 50116—2013和《自动喷水灭火系统设计规范》GB 50084—2017对自动喷水灭火系统控制的相关要求，完成自动喷水灭火系统联动控制电路的设计。

【建议学时】4 ~ 6学时。

【思维导图】

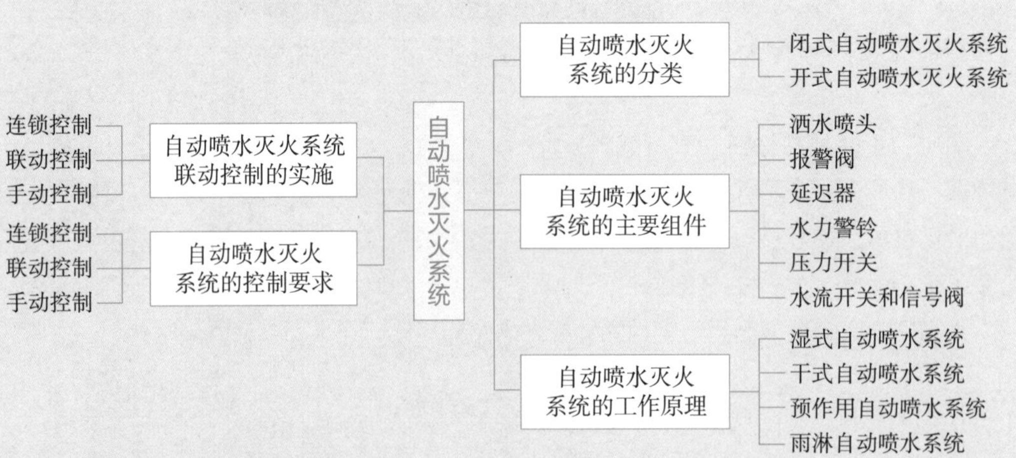

3.1.2 学生任务单

任务名称	自动喷水灭火系统的联动控制				
学生姓名		班级学号		组别	
同组成员					
任务分工					
完成日期		教师评价			

学习任务		
任务实施	完成步骤	
	重点内容	任务实施过程中，用到的专业技能、专业知识、标准规范和方法等
学习反思	收获与不足	任务实施过程中，存在的问题及解决办法等
	待解问题	
	课后学习	

3.1.3 知识与技能

1. 知识点——自动喷水灭火系统的分类

3.1-1
自动喷水灭火系统的分类

自动喷水灭火系统是一种在发生火灾时，能自动喷水灭火并同时发出火警信号的灭火系统。这种灭火系统具有很高的灵敏度和灭火成功率，能够有效扑救初期火灾，是当今国际上应用范围最广、用量最多且造价低廉的自动灭火系统之一。

按照系统中喷头的开闭形式，分为闭式和开式自动喷水灭火系统。从使用功能上划分，闭式自动喷水灭火系统包括湿式系统、干式系统、预作用系统和重复启闭预作用系统；开式自动喷水灭火系统包括雨淋系统、水幕系统和水喷雾系统。目前工程中常见的是湿式系统，在已安装的自动喷水灭火系统中，70%以上为湿式系统。

2. 知识点——自动喷水灭火系统的主要组件

3.1-2
自动喷水灭火系统的主要组件

自动喷水灭火系统主要由洒水喷头、报警阀组、信号阀、水流报警装置（水流指示器或压力开关）等组件，以及管道、供水设施等组成。

（1）洒水喷头

洒水喷头是自动喷水灭火系统的关键部件，具有探测火灾、启动系统和喷水灭火的作用。按其结构分为闭式喷头和开式喷头。

1）闭式喷头。闭式喷头的喷口用热敏元件、密封件等零件所组成的释放机构封闭，当环境温度达到喷头的公称动作温度范围时，释放机构自动脱落，喷头开启并喷水。闭式喷头按感温元件分为玻璃球式和易熔合金式，如图3.1–1和图3.1–2所示。

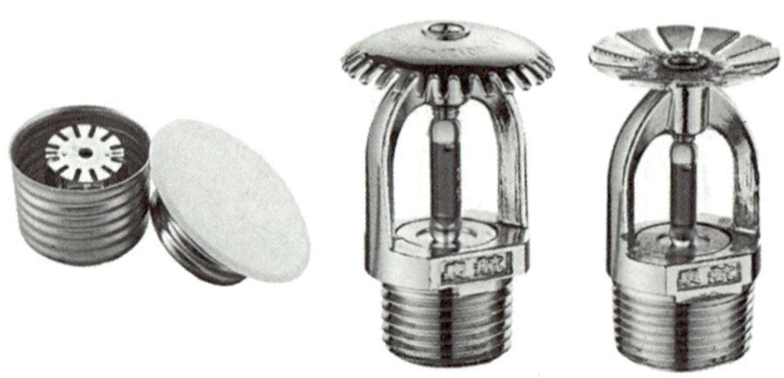

（a）（b）（c）

图3.1–1 玻璃球式洒水喷头图

（a）隐蔽式；（b）上喷式；（c）下喷式

图3.1–2 易熔合金式洒水喷头

2）开式喷头。与闭式喷头相比较，开式喷头缺少由热敏元件组成的释放机构，喷口呈常开状态，由阀门自动或手动控制喷水动作，如图3.1–3所示。按用途和洒水形状的特点可分为开式洒水喷头、水幕喷头和喷雾喷头三种。

（2）报警阀

报警阀的作用是开启和关闭管网的水流，传递控制信号至控制系统并启动水力警铃直接报警，有湿式、干式、预作用式和雨淋报警阀组。

1）湿式报警阀。湿式报警阀安装在湿式自动喷水系统的总供水干管上，主要作用是接通或关闭报警水流，喷头动作后报警水流将驱动水力警铃和压力开关报警。它是单向阀，只允许水流向喷水系统网，不允许倒流。湿式报警阀一般与延迟器、水力警铃、压力开关、末端试水装置等构成一个整体，称为湿式报警阀组，如图3.1–4所示。

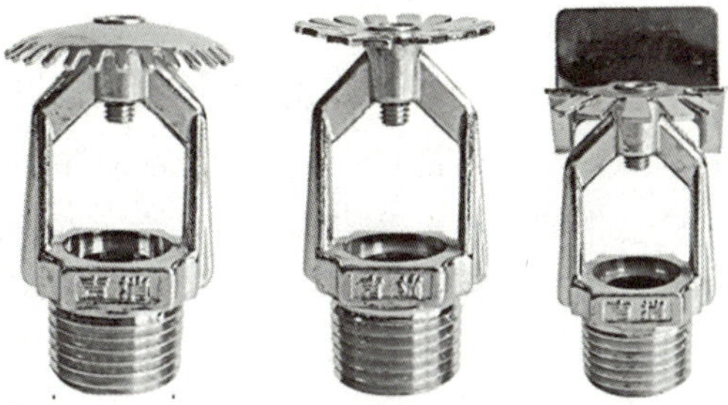

（a）　（b）　（c）

图3.1–3　开式洒水喷头

（a）上喷式；（b）下喷式；（c）侧喷式

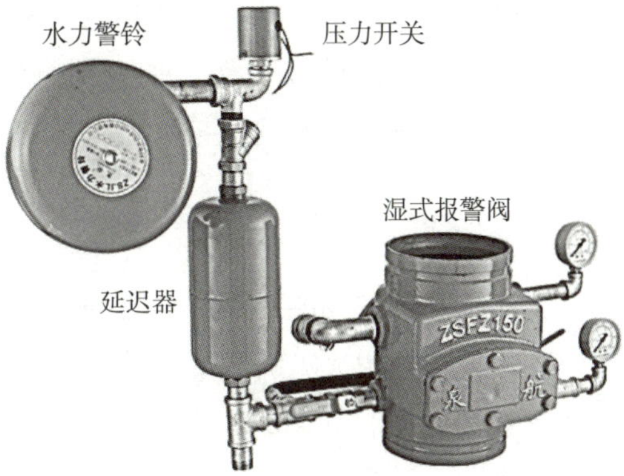

图3.1–4　湿式报警阀组

无火灾时，由于阀芯上面的总压力大于阀芯下面的总压力，阀芯处于关闭状态。有火灾时，闭式喷头喷水，报警阀上面的水压下降，此时阀下的水压大于阀上的水压，于是阀芯开启，向管网和洒水喷头供水，同时水沿着报警阀的环形槽进入延迟器。待充满延迟器后，才能流入压力开关和水力警铃，发出火警信号并启动消防水泵等设备。

2）干式报警阀。干式报警阀安装在干式自动喷水系统的总供水干管上，主要作用是用来隔开喷水管网中的空气和供水管道中的压力水，使喷水管网在正常情况下充满有压气体保持干管状态。当发生火灾时，闭式喷头的热敏元件动作，喷头开始喷气，管网气体泄漏，气体压力下降，使得供水管道中的压力水进入喷水管网进行灭火。

3）预作用式报警阀。预作用式报警阀是将雨淋阀出水口上端配接同规格的湿式报警阀组合在一起使用，雨淋阀位于供水侧、湿式阀位于系统侧，其动作原理与雨淋报警阀类似。

4）雨淋报警阀。雨淋报警阀的作用是接通或关断向配水管道的供水。除预作用系统外，主要用于雨淋系统、水幕系统和水喷雾系统。无火灾时，雨淋阀处于关闭状态；发生火灾时，由火灾探测联动控制装置自动或手动开启雨淋阀，向雨淋管网供水灭火。

（3）延迟器

延迟器是一个罐式容器，安装于报警阀与水力警铃（或压力开关）之间。防止由于水压波动原因引起报警阀开启而导致的误报。只有当火灾真正发生时，喷头和报警阀相继开启，水流经30s左右充满延迟器后，方可冲打水力警铃报警。

（4）水力警铃

水力警铃是一种消防报警设备，当报警阀打开消防水源后，具有一定压力的水流冲动叶轮，叶轮又带动偏心装置转动，使得铃锤不断敲击铃盖，从而打铃报警。水力警铃不得由电动报警装置取代，如图3.1–5所示。

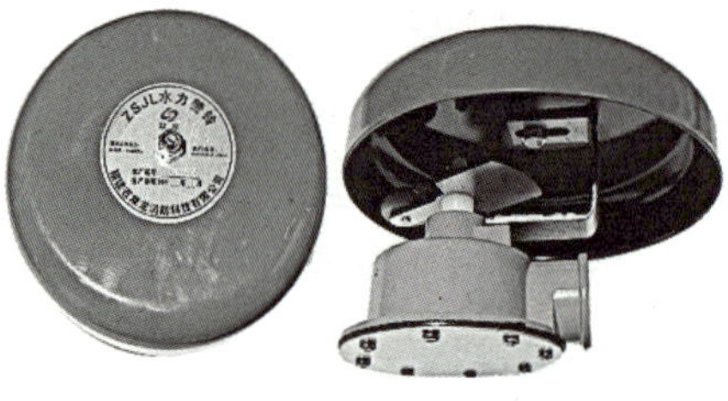

图3.1–5　水力警铃图

（5）压力开关

压力开关本质上是一种开关量压力传感器，在水力警铃报警的同时，依靠警铃管内水压的升高驱动触点，向消防联动控制器和电气控制电路传送电信号，实现对喷淋水泵的启动控制。压力开关一般垂直安装在延迟器与水力警铃之间的信号管道上，如图3.1–6所示。

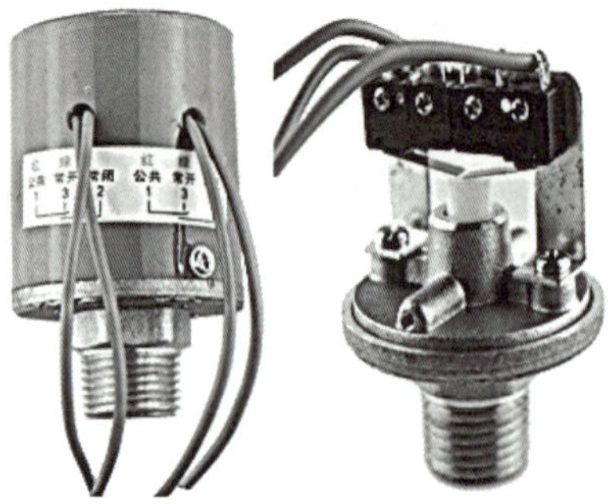

图3.1–6　压力开关

（6）水流指示器

水流指示器的功能是将水的流动转换为电信号，及时报告发生火灾的区域，其本质上也是一种开关量传感器，如图3.1–7所示。当某个喷头开启喷水或管网发生水量泄漏时，管道中有水流动，引起水流指示器的靶片随水流动作，当靶片上端触碰到动触点时，动触点与静触点闭合，发出区域水流电信号，送至消防联动控制器。每个防火分区和每个楼层均应设水流指示器。

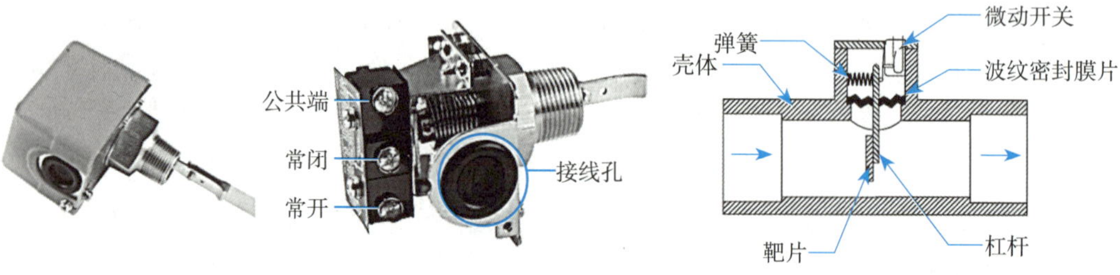

图3.1–7　水流指示器

（7）信号阀

为了便于系统维修，一般在水流指示器入口前设置信号阀，以便显示阀门的状态，其目的是为防止因误操作而造成配水管道断水的故障发生。与普通阀门比较，信号阀内部设有电触点，当阀门开启或关闭时，有信号传到消防控制中心，显示阀门的状态，如图3.1–8所示。

图3.1–8　信号阀

3. 知识点——自动喷水灭火系统的工作原理

3.1-3
自动喷水灭火系统
动画演示

本知识点主要介绍湿式自动喷水灭火系统的工作原理，干式自动喷水灭火系统、预作用自动喷水灭火系统、雨淋自动喷水灭火系统的工作原理可扫描“知识拓展”中的二维码学习。

湿式自动喷水灭火系统由闭式洒水喷头、湿式报警阀、延迟器、水力警铃、压力开关、水流指示器、信号阀、管道系统、供水设施及电气控制设备等组成，如图3.1–9所示。当保护区域内发生火灾时，温度升高使闭式喷头的热敏元件动作，喷头开启并开始喷水，同时管网中的水由静止变为流动，水流指示器动作送出电信号，在火灾报警控制器上显示某一区域喷水的信息。由于管网持续喷水泄压造成湿式报警阀的下部水压大于上部水压，在压力差的作用下，原来处于关闭状态的湿式报警阀自动开启。其中一路压力水通过湿式报警阀流向管网，对保护区洒水灭火，另一路压力水流向延迟器，30s后延迟器充满水，水力警铃发出声响警报，同时报警阀组的压力开关动作后启动喷淋泵，由喷淋泵向喷头持续供水。由于湿式报警阀前后始终充满压力水，湿式自动喷水灭火系统适用于环境温度为4～70℃的场所。

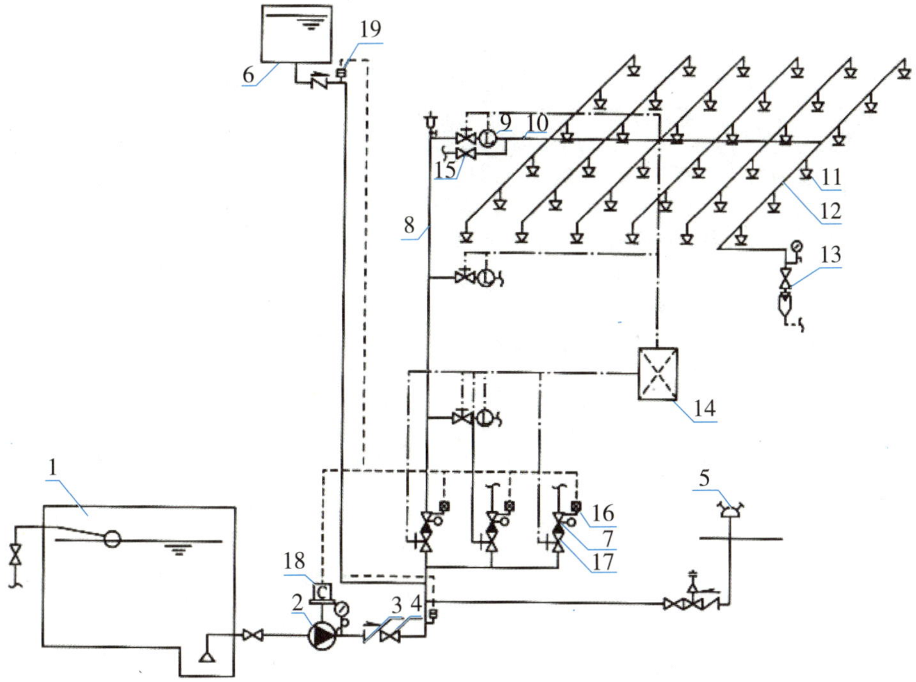

图3.1–9　湿式自动喷水灭火系统示意图

1—消防水池；2—消防水泵；3—止回阀；4—闸阀；5—消防水泵接合器；6—高位消防水箱；7—湿式报警阀组；8—配水干管；9—水流指示器；10—配水管；11—闭式洒水喷头；12—配水支管；13—末端试水装置；14—报警控制器；15—泄水阀；16—压力开关；17—信号阀；18—水泵控制柜；19—流量开关

4. 知识点——自动喷水灭火系统的控制要求

3.1-4 自动喷水灭火系统的联动控制

消防水泵是水灭火系统的心脏，在火灾持续时间内必须保证正常运行，一般按“一用一备”或“二用一备”设置消防水泵。根据《火灾自动报警系统设计规范》GB 50116和《自动喷水灭火系统设计规范》GB 50084的相关要求，消防水泵的控制包含连锁控制、联动控制和手动控制。

（1）连锁控制

连锁控制是由消防系统中压力开关、流量开关等系统设备连锁触发专用线路，从而直接控制启动消防水泵，不依赖于火灾自动报警系统，不受消防联动控制器处于自动或手动状态影响。

（2）联动控制

联动控制是由消防联动控制器通过现场模块实现泵的启动控制，联动控制不应影响连锁控制的功能。控制器应能按设定的控制逻辑向各相关的受控设备发出联动控制信号，并接受相关设备的联动反馈信号。按照《消防设施通用规范》GB 55036—2022的规定，需要火灾自动报警系统联动控制的消防设备，其联动触发信号应为两个独立的报警触发装置报警信号的“与”逻辑组合。自动喷水系统中常见联动触发信号、联动控制信号及联动反馈信号见表3.1-1。

自动喷水灭火系统中常见联动触发信号、联动控制信号及联动反馈信号　表3.1-1

系统名称		联动触发信号	联动控制信号	联动反馈信号
自动喷水灭火系统	湿式和干式系统	报警阀压力开关的动作信号与该报警阀防护区域内任一火灾探测器或手动火灾报警按钮的报警信号	启动喷淋泵	水流指示器动作信号、信号阀动作信号、压力开关动作信号、喷淋泵启停信号
	预作用系统	同一报警区域内两只及以上独立的感烟火灾探测器或一只感烟火灾探测器与一只手动火灾报警按钮的报警信号	开启预作用阀组、开启快速排气阀前电动阀	水流指示器动作信号、信号阀动作信号、压力开关动作信号、喷淋泵启停信号、有压气体管道气压状态信号、快速排气阀前电动阀动作信号
		报警阀压力开关的动作信号与该报警阀防护区域内任一火灾探测器或手动火灾报警按钮的报警信号	启动喷淋泵	
	雨淋系统	同一报警区域内两只及以上独立的感温火灾探测器或一只感温火灾探测器与一只手动火灾报警按钮的报警信号	开启雨淋阀组	水流指示器动作信号、压力开关动作信号、雨淋阀组和雨淋消防泵的启停信号
		报警阀压力开关的动作信号与该报警阀防护区域内任一火灾探测器或手动火灾报警按钮的报警信号	启动喷淋泵	

注：联动控制信号是由消防联动控制器发出的用于控制消防设备（设施）工作的信号；联动反馈信号是受控消防设备（设施）将其工作状态信息发送给消防联动控制器的信号；联动触发信号是消防联动控制器接收的用于逻辑判断的信号。

（3）手动控制

《火灾自动报警系统设计规范》GB 50116—2013规定“消防水泵、防烟和排烟风机的控制设备，除应采用联动控制方式外，还应在消防控制室设置手动直接控制装置。”手动直接控制通过火灾报警控制器（联动型）或消防联动控制器的手动控制盘实现，盘上的启停按钮应与消防水泵的控制箱（柜）直接用控制线缆连接，工程中也称为硬线控制。除消防控制室的手动直接控制外，消防水泵控制箱（柜）内的手动启停按钮，可实现手动就地控制，主要用于消防水泵的调试维修。

5．技能点——自动喷水灭火系统联动控制的实施

3.1-5
自动喷水灭火系统
联动控制的实施

湿式系统是建筑中常见的自动喷水灭火系统，一般在消防水泵房设有两台喷淋泵，互为备用，工作泵故障时，备用泵延时投入，采用全压起动方式。其主回路和控制回路如图3.1-10和图3.1-11所示，图中QA表示低压断路器、QAC表示交流接触器、BB表示热继电器、FA表示熔断器、KA表示中间继电器、KF表示时间继电器、BP表示压力开关、BF表示水流指示器、SAC表示手/自动转换开关。

（1）连锁控制

以SAC开关置于“用1号、备2号”为例进行电路分析。火灾时，当闭式喷头炸裂湿式报警阀开启后，压力开关BP2动作→时间继电器KF3的线圈得电→KF3常开触点延时吸合→中间继电器KA4线圈得电→KA4常开触点吸合并自锁，同时接通QAC1线

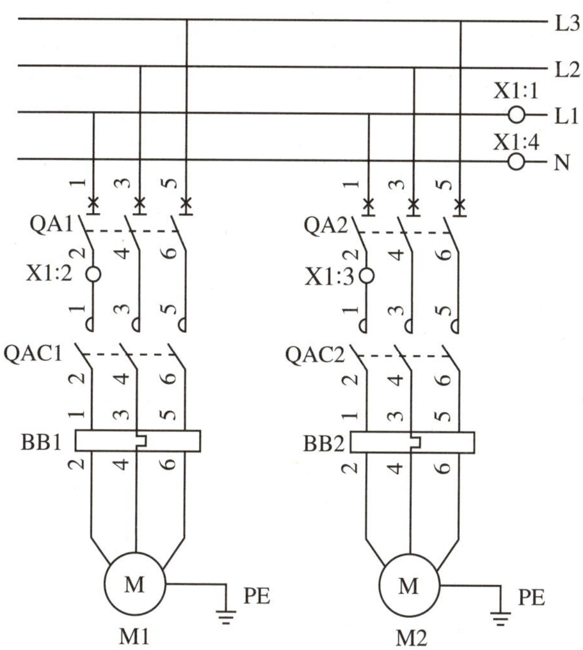

图3.1-10　消防水泵主回路

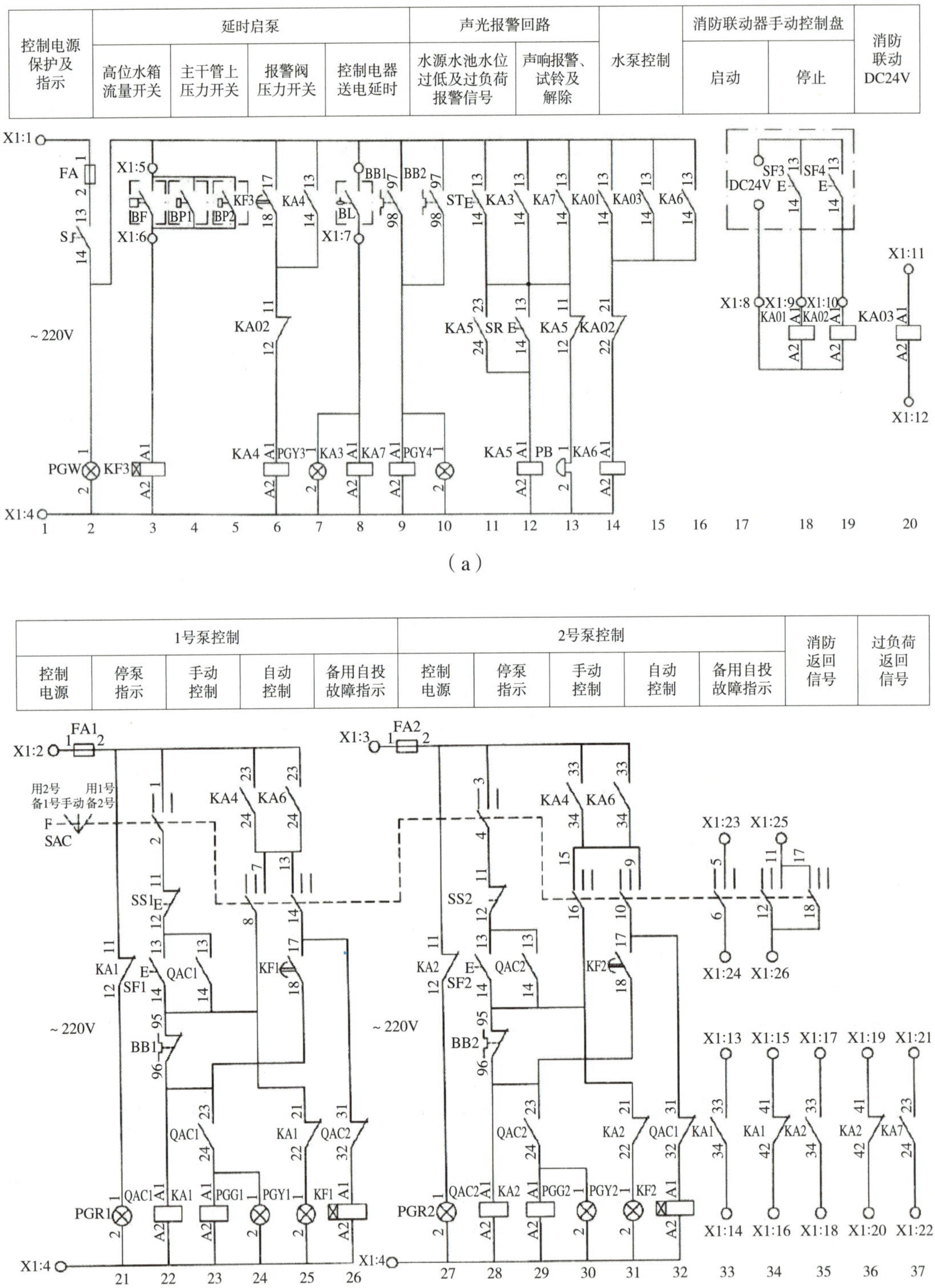

（a）

（b）

图3.1-11　消防水泵控制回路

（a）控制回路左段；（b）控制回路右段

圈所在回路→QAC1主触头吸合→1号喷淋泵启动。若1号泵故障，时间继电器KF2线圈得电→KF2常开触点延时吸合→QAC2主触头吸合→2号喷淋泵启动。需要说明的是图3.1–11是消防水泵的通用控制电路图，湿式自动喷水系统中一般只需接入BP2即可。

（2）联动控制

湿式自动喷水系统启泵流程如图3.1–12所示。喷淋泵联动控制的实现必须依赖于火灾自动报警系统，它是连锁控制的后备冗余控制方式。向火灾自动报警系统传递联动信号的设备有消防水泵、压力开关、水流指示器和信号阀。

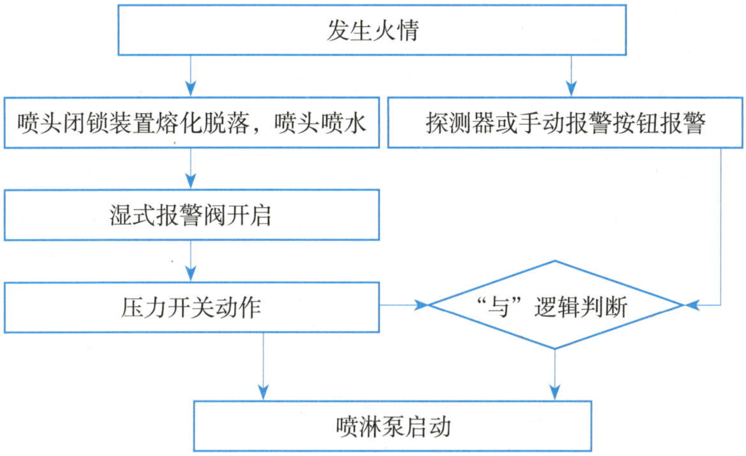

图3.1–12　湿式自动喷水系统启泵流程图

1）消防水泵。以某产品为例，选择××–LD–8301A型输入/输出模块与消防水泵的控制电路连接，可以实现控制器对喷淋泵的联动控制，连接示意如图3.1–13所示。

分析图3.1–11和图3.1–13，当火灾报警控制器（联动型）同时接收到压力开关和火警信号后，控制器按照预设的控制逻辑，通过Z1、Z2信号总线发出联动控制命令，使得输入/输出模块COM和NO由无源常开输出状态变为“接通”状态→中间继电器KA03线圈得电→KA03常开触点吸合→中间继电器KA6线圈得电→KA6常开触点吸合并自锁，同时接通QAC1线圈所在回路→接触器QAC1线圈得电→1号水泵启动。KA1的一对常开触点接入输入/输出模块的I、G端子，使控制器能够接收到1号喷淋泵的启动反馈信号。2号泵与1号泵相同，请自行分析。

2）压力开关

湿式喷水系统的压力开关BP2为主动型现场设备，需要配接输入模块，才能将湿式报警阀打开的信息反馈给控制器。压力开关应至少具有两对常开（或一对常开和一对常

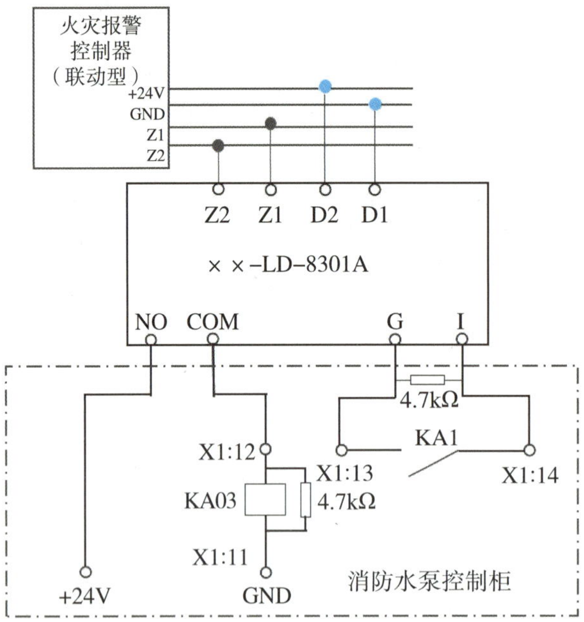

图3.1–13　消防水泵与输入输出模块接线示意图

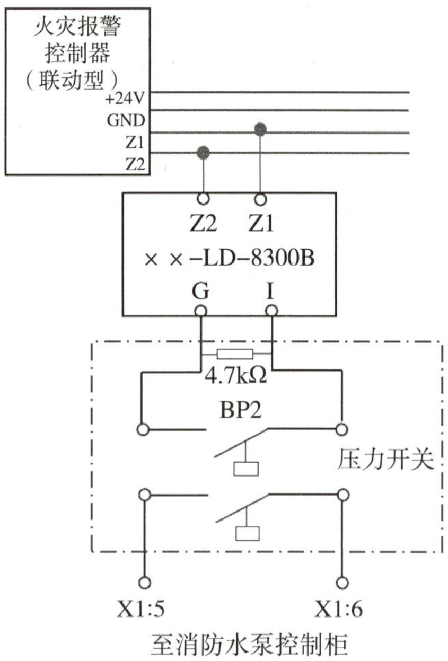

图3.1–14　压力开关与输入模块接线示意图

闭）触点，其中一对触点接至消防水泵控制柜控制回路，实现连锁控制；另一对触点通过输入模块接至控制器，如图3.1–14所示。

3）水流指示器和信号阀

水流指示器反映了火灾报警的区域，与压力开关一样为主动型现场设备，需要配接输入模块。信号阀的启闭状态直接影响湿式自动喷水系统是否正常工作，所以也应配接输入模块，将阀门的状态反馈到消防控制中心并显示。

（3）手动直接控制

消防控制室的手动直接控制可以通过消防联动控制器配置的手动多线制控制盘实现远程控制喷淋泵的启动和停止。当按下装在手动控制盘上的启动按钮（即图3.1–11中的SF3），中间继电器KA01线圈得电→KA01常开触点吸合→中间继电器KA6线圈得电→KA6常开触点吸合并自锁，同时接通QAC1线圈所在回路→接触器QAC1线圈得电→1号水泵启动。

当按下装在手动控制盘上的停止按钮（即图3.1–11 中的SF4），中间继电器KA02线圈得电→KA02常闭触点释放→中间继电器KA4（KA6）线圈失电→KA4（KA6）恢复常开状态，断开QAC1线圈所在回路→接触器QAC1线圈失电→1号水泵停止运行。

6. 技能点——自动喷水灭火系统联动控制设备的安装与调试

实训：自动喷水灭火系统联动控制设备的安装与调试

班级：________　　姓名：________　　学号：________　　日期：______年____月____日

组别：________　　小组成员：______________________________

项目名称	自动喷水灭火系统联动控制设备的安装与调试	课程名称	火灾自动报警系统	成绩	
实训目的	1. 熟悉火灾自动报警系统的组成和工作原理。 2. 能够使用编码器对火灾探测器、手动火灾报警按钮、现场模块等设备编码。 3. 能够在火灾报警控制器上完成设备的注册、定义、联动公式编写等调试内容。 4. 能够模拟发生火灾时，实现声光警报器的自动报警。 5. 能够模拟发生火灾时，实现自动喷水灭火系统的联动控制。				

一、实训设备

1. 火灾报警控制器（联动型）1台。

2. 短路隔离器1个、感烟火灾探测器1个、感温火灾探测器1个、手动火灾报警按钮1个、声光警报器1个、输入模块2个、输入/输出模块1个。

3. 模拟压力开关1个、模拟流量开关1个、模拟喷淋消防泵1个、控制装置1套。

4. 电子编码器1个、万用表1个、插接线等。

二、实训要求

1. 按下智能手动操作按键6，启动声光警报器。

2. 触发感烟火灾探测器和手动火灾报警按钮或感温火灾探测器和手动火灾报警按钮，声光警报器立即启动。

3. 按下手动直接控制按键1，启动喷淋消防泵。

4. 触发感烟火灾探测器和手动火灾报警按钮，延时30s启动喷淋消防泵。

三、实训内容

1. 按照火灾自动报警系统图，完成现场设备的安装与接线，如图3.1-15所示。

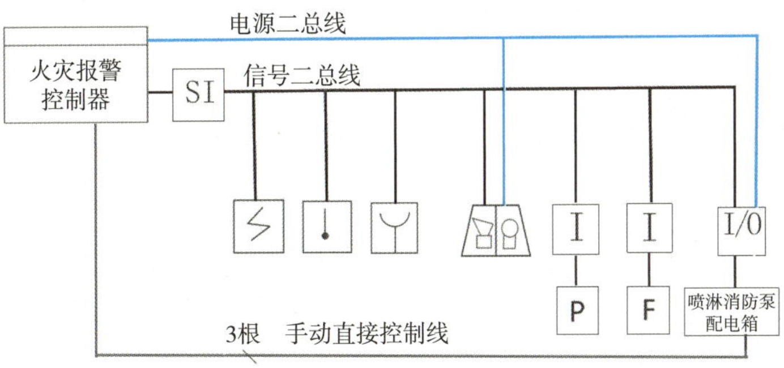

图3.1-15　湿式自动喷水系统联动控制系统图

注：图中未标注的线路均为2根线。

续表

2. 填写设备编码定义一览表（表3.1–1）。

设备编码定义一览表　　表3.1–1

序号	设备名称	设备型号	原码	二次码	设备类型	键值
1						
2						
⋮						
n						

3. 写出联动控制逻辑公式。
4. 完成现场设备和火灾报警控制器的连接，并进行设备的一次编码。
5. 完成火灾报警控制器的调试，并写出调试步骤。

四、实训中出现的故障及解决方法

五、思考题

预作用自动喷水灭火系统是如何实现火灾报警控制器的联动控制？

3.1.4 问题思考

1．填空题

（1）湿式自动喷水系统中，__________、信号阀、__________、喷淋泵的启动和停止的动作信号应反馈至消防联动控制器。

（2）对消防水泵、防烟风机、排烟风机，除采用总线编码模块联动控制外，还应在消防控制室设置__________。

（3）湿式自动喷水灭火系统由__________、__________、延迟器、水力警铃、压力开关、水流指示器、信号阀、管道系统、供水设施及电气控制设备等组成。

2．判断题

（1）自动喷水系统中，闭式喷头的动作信号要经信号总线送至消防控制器，作为启泵信号。（　　）

（2）玻璃球式洒水喷头具有探测火情、启动系统和喷水灭火的任务，所以设置了玻璃球式洒水喷头的场所不需要同时设置感烟探测器。（　　）

3.1.5 知识拓展

资源名称	3.1拓-1　自动喷水灭火系统（除湿式系统以外）的工作原理	3.1拓-2　进水立管和湿式报警阀的安装	3.1拓-3　湿式报警阀组的安装
资源类型	文档	视频	视频
资源二维码			
资源名称	3.1拓-4　水流指示器的安装	3.1拓-5　喷淋头的安装	3.1拓-6　末端试水装置的安装与接线
资源类型	视频	视频	视频
资源二维码			

任务 3.2 消火栓系统的联动控制

3.2.1 教学目标与思路

【教学目标】

知识目标	能力目标	素养目标
1．能够描述消火栓系统的组成及工作原理； 2．能够归纳消火栓系统的电气控制要求	1．具有识别消火栓系统组件技术特征的能力； 2．具有分析、设计消火栓系统联动控制电路的能力	1．践行社会主义核心价值观； 2．具有深厚的爱国情感和中华民族自豪感
安全小谈："牵一发而动全身"体现了消防系统联动控制的特点，引导学生树立正确的价值观，走好人生每一步。在当代中国，我们倡导富强、民主、文明、和谐、自由、平等、公正、法治、爱国、敬业、诚信、友善的社会主义核心价值观。社会主义核心价值观，集中体现了当代中国精神，凝结着全体人民共同的价值追求。		

【学习任务】熟悉《火灾自动报警系统设计规范》GB 50116—2013和《消防给水及消火栓系统技术规范》GB 50974—2014对消火栓系统控制的相关要求，完成消火栓系统联动控制电路的分析与设计。

【建议学时】4～6学时。

【思维导图】

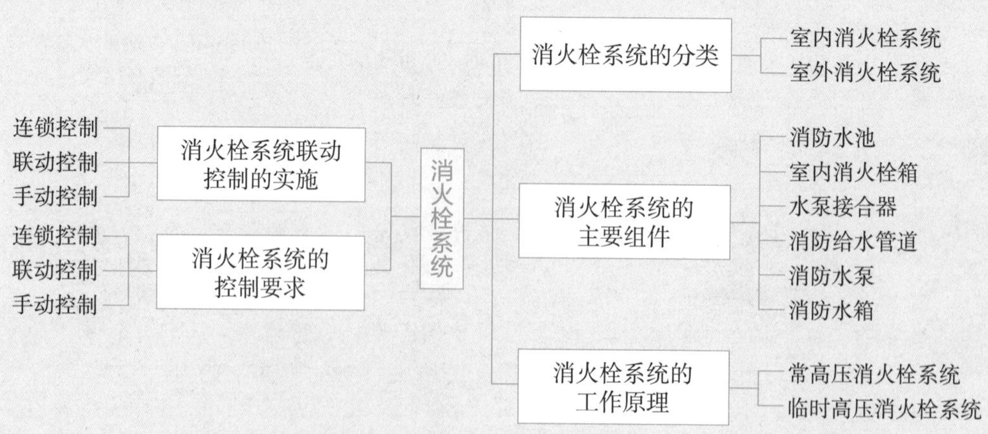

3.2.2 学生任务单

<table>
<tr><td>任务名称</td><td colspan="5">消火栓系统的联动控制</td></tr>
<tr><td>学生姓名</td><td></td><td>班级学号</td><td></td><td>组别</td><td></td></tr>
<tr><td>同组成员</td><td colspan="5"></td></tr>
<tr><td>任务分工</td><td colspan="5"></td></tr>
<tr><td>完成日期</td><td></td><td>教师评价</td><td colspan="3"></td></tr>
</table>

<table>
<tr><td>学习任务</td><td colspan="2"></td></tr>
<tr><td rowspan="2">任务实施</td><td>完成步骤</td><td></td></tr>
<tr><td>重点内容</td><td>任务实施过程中，用到的专业技能、专业知识、标准规范和方法等</td></tr>
<tr><td rowspan="3">学习反思</td><td>收获与不足</td><td>任务实施过程中，存在的问题及解决办法等</td></tr>
<tr><td>待解问题</td><td></td></tr>
<tr><td>课后学习</td><td></td></tr>
</table>

3.2.3 知识与技能

1. 知识点——消火栓系统的分类

消火栓系统是指以消火栓为给水节点，以水为主要灭火剂的消防供水系统。按消火栓系统设置的位置，分为室外消火栓系统和室内消火栓系统。

室外消火栓系统是指设置在建筑外墙以外的消防给水系统，主要承担城镇、居住区或工矿企业等室外部分的消防给水任务。室内消火栓系统是指设置在建筑外墙以内的消防给水系统，因室内消火栓的水枪流量大、射程远，能将燃烧积聚产生的热量冲散，它既可供火灾现场人员使用水枪扑救初期火灾，也可供消防队员扑救建筑物的大火，是建筑物中应用广泛的一种灭火设施。按压力是否满足系统要求，室内消火栓系统又分为常高压消火栓系统和临时高压消火栓系统。

2. 知识点——消火栓系统的主要组件

3.2-1 消火栓系统的主要组件

室内消火栓系统主要由消防水池、室内消火栓箱、水泵接合器和消防给水管道等组成。当室外给水管网的水压不能满足室内消防要求时，应增设消防水泵和消防水箱。

（1）消防水池

《消防给水及消火栓系统技术规范》GB 50974规定，符合下列条件之一时，应设置消防水池：

1）当生产、生活用水量达到最大时，市政给水管网或入户引入管不能满足室内、室外消防给水设计流量；

2）当采用一路消防供水或只有一条入户引入管，且室外消火栓设计流量大于20L/s或建筑高度大于50m时；

3）市政消防给水设计流量小于建筑室内外消防给水设计流量。

消防水池的水位应能就地和在消防控制室显示，消防水池应设置高低水位报警装置。

（2）室内消火栓箱

室内消火栓箱是将消火栓、消防水带、消防水枪和消火栓按钮等部件集成一体，如图3.2–1所示。为了便于火灾扑救，消火栓箱应首先设置在楼梯间或其休息平台，其次消火栓可以设置在走道等便于消防队员接近的地点。当发生火灾时，打开消火栓箱门，按动消火栓按钮，由其向消防控制中心发出报警信号，然后将水带一头与消火栓出口接好，另一头与水枪接好，开启消火栓阀门，通过水枪产生的射流，将水射向着火点实施灭火。

（3）水泵接合器

水泵接合器是供消防车向室内消防管网输送消防用水的预留接口。当室内消防用水量不足或消防水泵发生故障时，消防车从室外消火栓、消防水池或天然水源取水，通过水泵接合器将水送至室内消防管网，保证室内消防用水。水泵接合器由阀门、安全

（a）　　（b）　　（c）　　（d）

图3.2-1　消火栓箱及其附件

（a）消火栓箱；（b）消火栓；（c）卡箍；（d）消防水带

阀、止回阀、栓口放水阀及连接弯管组成，如图3.2–2所示。

（4）消防水泵

在灭火过程中，从消防水源将水输送到消火栓处，若系统水压不能满足要求，则需要依靠消防水泵加压完成。消防水泵机组由水泵、电机和专用控制柜等组成，一组消防水泵可由同一消防给水系统的工作泵和备用泵组成。

图3.2–2　水泵接合器

（5）消防水箱

消防水箱对扑救初期火灾起着重要作用，一是当发生火灾消防水泵还未启动前，由消防水箱保证初期灭火所需水量；二是利用高位差为系统提供准工作状态下所需的水压，以达到管道内充水并保持一定压力的目的。水箱的设置高度应满足最不利消火栓要求，大多设置在建筑屋顶。

3．知识点——消火栓系统的工作原理

（1）常高压消火栓系统

常高压消火栓系统是指管网在任何时间和地点都能满足灭火时消火栓所需要的压力和流量，系统中不需要设置消防水泵，如图3.2–3所示。

3.2-2
消火栓系统的工作原理

（2）临时高压消火栓系统

临时高压消火栓系统一般由消防水池、消防水泵和消防水箱组成，平时由消防水箱维持消防水压，发生火灾时需要启动消防水泵，使管网的压力达到消火栓系统的压力要求，如图3.2–4所示。由于临时高压消火栓系统中设有消防水泵，所以在消火栓箱内还应设有消火栓按钮。当建筑物内无火灾自动报警系统时，消火栓按钮用导线直接引至消防泵控制箱（柜），启动消防泵；若设有火灾自动报警系统时，消火栓按钮需经消防联动控制器启动消防泵。

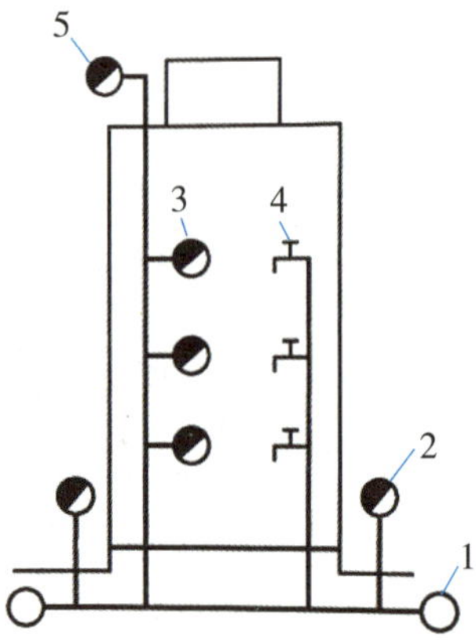

图3.2-3　常高压消火栓系统

1—室外环网；2—室外消火栓；
3—室内消火栓；4—生活给水点；
5—屋顶试验用消火栓

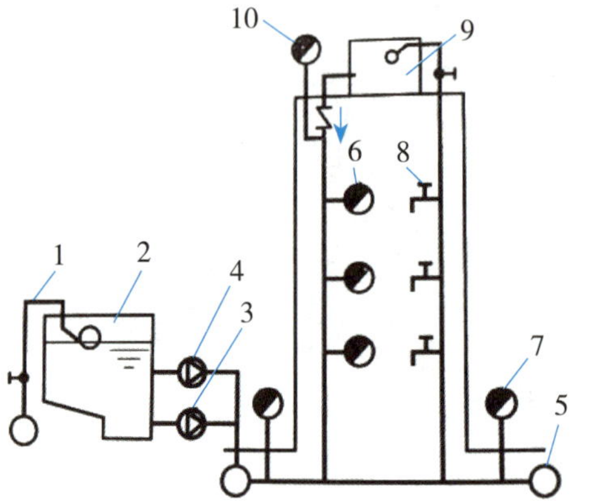

图3.2-4　临时高压消火栓系统

1—市政管网；2—水池；3—消防水泵组；
4—生活水泵组；5—室外环网；6—室内消火栓；
7—室外消火栓；8—生活给水点；
9—高位水箱和补水管；10—屋顶试验用消火栓

4．知识点——消火栓系统的控制要求

3.2-3
消火栓系统的控制要求

与自动喷水灭火系统的喷淋泵相同，消火栓泵的控制也包含连锁控制、联动控制和手动控制三种方式，但在控制的具体要求上有不同之处。

（1）连锁控制

其连锁控制触发信号是消火栓系统出水干管上设置的低压压力开关、高位消防水箱出水管上设置的流量开关或报警阀压力开关等信号作为触发信号，直接控制启动消火栓泵，连锁控制不受消防联动控制器处于自动或手动状态影响。

（2）联动控制

联动控制是由消防联动控制器通过输入/输出模块实现消火栓泵的启动控制，其联动触发信号是“消火栓按钮的动作信号与该消火栓所在报警区域的任一火灾探测器或手动火灾报警按钮的报警信号”，同时消火栓泵的动作信号作为系统的联动反馈信号应反馈至消防控制室，并在消防联动控制器上显示。

（3）手动控制

消火栓系统的手动直接控制方式，是将消火栓泵控制柜的启动、停止按钮用专用线路直接连接至设置在消防控制室内的消防联动控制器的手动控制盘，通过手动控制盘直接控制消火栓泵的启动和停止。

5．技能点——消火栓系统联动控制的实施

3.2-4
消火栓系统联动控制的实施

消火栓泵主回路和控制回路如图3.1-10、图3.1-11所示。

（1）连锁控制

以SAC开关置于“用1号、备2号”为例进行电路分析。当发生火灾时，消火栓阀门被开启，消防水箱出水管上的流量开关BF或水泵出水口处的压力开关BP1动作→时间继电器KF3的线圈得电→KF3常开触点延时吸合→中间继电器KA4线圈得电→KA4常开触点吸合并自锁，同时接通QAC1线圈所在回路→QAC1主触头吸合→1号消火栓泵启动。若1号泵故障，时间继电器KF2线圈得电→KF2常开触点延时吸合→QAC2主触头吸合→2号消火栓泵启动。

为防止误启泵，流量开关的启泵流量应大于系统正常泄漏量，同时应小于系统初期火灾最小消防流量，以防不能及时启泵。

（2）联动控制

消火栓系统联动控制启泵流程如图3.2–5所示。消火栓系统与火灾自动报警系统发生关联的主要设备是消火栓按钮、消火栓泵、压力开关与流量开关。消火栓按钮可以选择编码型设备，直接通过信号二总线送至消防联动控制器。消火栓泵作为被动型设备需要配置输入/输出模块，从而完成联动控制与反馈。压力开关和流量开关作为主动型设备配置输入模块实现动作的反馈与显示。电路的具体分析参见自动喷水灭火系统的联动控制。

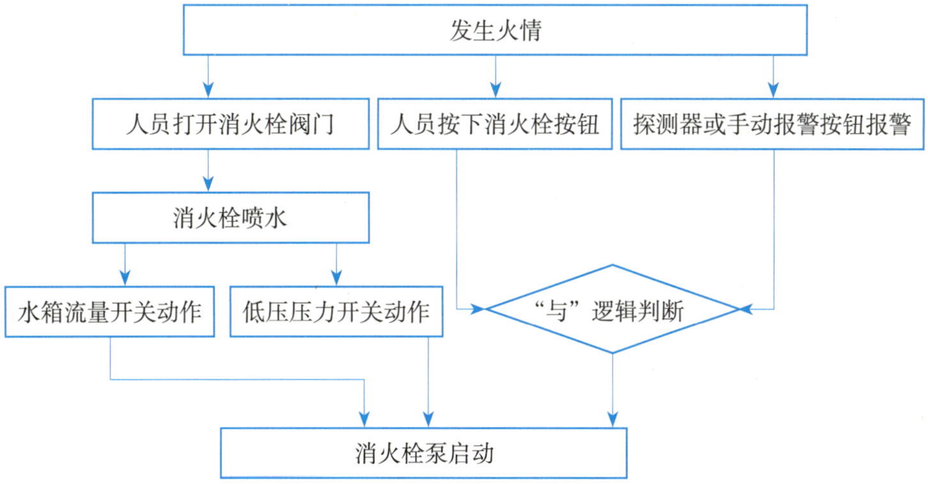

图3.2–5　消火栓系统启泵流程图

（3）手动控制

消火栓系统的消防控制室手动控制方式是单独设置线路，与信号总线回路无关。当联动控制出现故障时，可以在消防控制室通过这种方式远程手动控制消火栓泵的启停。与自动喷水灭火系统的手动控制方式相同。

6．技能点——消火栓系统联动控制设备的安装与调试

实训：消火栓系统联动控制设备的安装与调试

班级：__________ 姓名：__________ 学号：__________ 日期：______年____月____日

组别：__________ 小组成员：______________________________

项目名称	消火栓系统联动控制设备的安装与调试	课程名称	火灾自动报警系统	成绩	
实训目的	1．熟悉火灾自动报警系统的组成和工作原理。 2．能够使用编码器对火灾探测器、手动火灾报警按钮、现场模块等设备编码。 3．能够在火灾报警控制器上完成设备的注册、定义、联动公式编写等调试内容。 4．能够模拟发生火灾时，实现声光警报器的自动报警。 5．能够模拟发生火灾时，实现消火栓系统的联动控制。				

一、实训设备

1．火灾报警控制器（联动型）1台。

2．短路隔离器1个、感烟火灾探测器1个、感温火灾探测器1个、手动火灾报警按钮1个、消火栓按钮1个、声光警报器1个、输入模块2个、输入/输出模块1个。

3．模拟压力开关1个、模拟流量开关1个、模拟消火栓泵1个和控制装置1套。

4．电子编码器1个、万用表1个、插接线等。

二、实训要求

1．按下智能手动操作按键6，启动声光警报器。

2．触发感烟火灾探测器和手动火灾报警按钮或感温火灾探测器和手动火灾报警按钮，声光警报器立即启动。

3．按下手动直接控制按键2，启动消火栓泵。

4．触发感烟火灾探测器和手动火灾报警按钮，按下消火栓按钮，立即启动消火栓泵。

三、实训内容

1．按照火灾自动报警系统图（图3.2–6），完成现场设备的安装与接线。

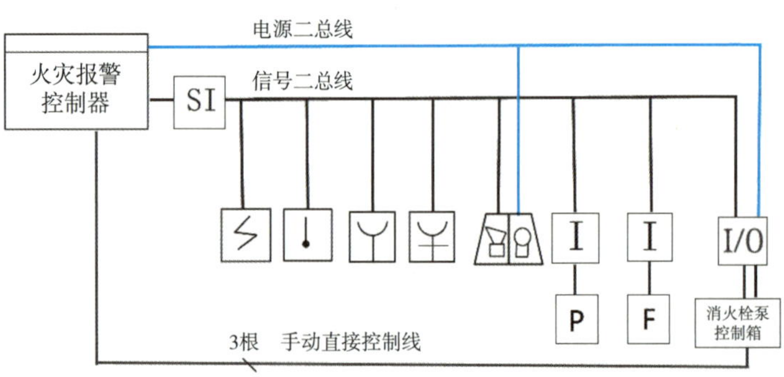

图3.2–6 消火栓系统联动控制系统图

注：图中未标注的线路均为2根线。

续表

2. 填写设备编码定义一览表（表3.2–1）。

设备编码定义一览表　　表3.1–1

序号	设备名称	设备型号	原码	二次码	设备类型	键值
1						
2						
⋮						
n						

3. 写出联动控制逻辑公式。
4. 完成现场设备和火灾报警控制器的连接，并进行设备的一次编码。
5. 完成火灾报警控制器的调试，并写出调试步骤。

四、实训中出现的故障及解决方法

五、思考题

消火栓系统和湿式自动喷水灭火系统联动控制的比较。

3.2.4 问题思考

1. 填空题

（1）消火栓系统中，__________、__________、流量开关、消火栓泵的启动和停止的动作信号应反馈至消防联动控制器。

（2）消火栓泵的联动触发信号是__________动作信号与火灾探测器或手动火灾报警按钮的报警信号组成的__________逻辑关系。

2．判断题

（1）消火栓泵需要配置输入/输出模块完成联动控制与反馈。 （ ）

（2）在消防控制室内，消火栓泵只有总线联动控制方式启动。 （ ）

3.2.5 知识拓展

资源名称	3.2拓-1　消火栓系统的安装	3.2拓-2　消火栓按钮的安装
资源类型	视频	视频
资源二维码		

任务 3.3 气体灭火系统的联动控制

3.3.1 教学目标与思路

【教学目标】

知识目标	能力目标	素养目标
1．能够描述气体灭火系统的组成及工作原理； 2．能够归纳气体灭火系统的控制方式	1．具有识别气体灭火系统组件技术特征的能力； 2．具有分析、设计气体灭火系统联动控制方式的能力	1．勇于奋斗、乐观向上； 2．具有健康的心理和健全的人格
安全小谈：气体灭火系统中的安全泄放装置用来防止瓶组和灭火剂管道非正常受压时爆炸。当遇到生活和学习压力时，我们要学会释放和排解压力，将压力变成前进的动力。		

【学习任务】熟悉《火灾自动报警系统设计规范》GB 50116—2013和《气体灭火系统设计规范》GB 50370—2005对气体灭火系统电气控制的相关要求，完成气体灭火系统联动控制方式的分析。

【建议学时】2～4学时。

【思维导图】

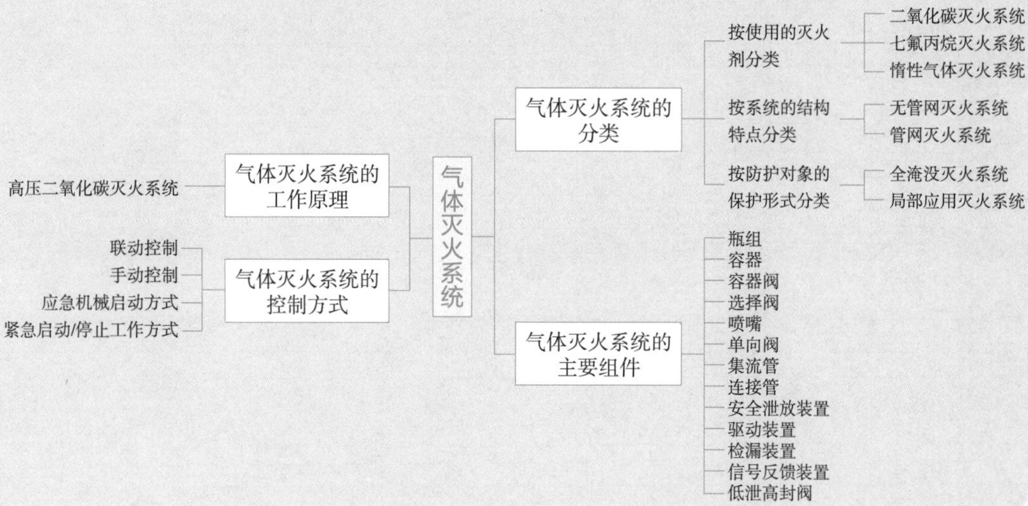

3.3.2 学生任务单

任务名称	气体灭火系统的联动控制				
学生姓名		班级学号		组别	
同组成员					
任务分工					
完成日期		教师评价			

学习任务		
任务实施	完成步骤	
	重点内容	任务实施过程中，用到的专业技能、专业知识、标准规范和方法等
学习反思	收获与不足	任务实施过程中，存在的问题及解决办法等
	待解问题	
	课后学习	

3.3.3 知识与技能

1．知识点——气体灭火系统的分类

3.3-1
气体灭火系统的
联动控制设计

气体灭火系统是指以一种或多种气体作为灭火介质，通过这些气体在整个防护区内或保护对象周围的局部区域建立起灭火浓度实现灭火。气体灭火系统适用于扑救电气火灾、固体表面火灾、液体火灾、灭火前能切断气源的气体火灾。气体灭火系统具有灭火效率高、灭火速度快、保护对象无污损等优点。

（1）按使用的灭火剂分类

1）二氧化碳灭火系统

二氧化碳灭火系统是以二氧化碳作为灭火介质的气体灭火系统。二氧化碳是一种惰性气体，对燃烧具有良好的窒息和冷却作用。

二氧化碳灭火系统按灭火剂储存压力不同可分为高压系统（指灭火剂在常温下储存的系统）和低压系统（指将灭火剂在–20 ~ –18℃低温下储存的系统）两种应用形式。管网起点计算压力（绝对压力）：高压系统应取5.17MPa，低压系统应取2.07MPa。

2）七氟丙烷灭火系统

七氟丙烷灭火系统是以七氟丙烷作为灭火介质的气体灭火系统。七氟丙烷灭火剂属于卤代烷灭火剂系列，具有灭火能力强、灭火剂性能稳定的特点。但七氟丙烷灭火剂及分解产物对人有毒性危害，一旦使用人要立即撤离。

3）惰性气体灭火系统

惰性气体灭火系统包括IG–01（氩气）灭火系统、IG–100（氮气）灭火系统、IG–55（氩气、氮气）灭火系统、IG–541（氩气、氮气、二氧化碳）灭火系统。由于惰性气体纯粹来自自然，是一种无毒、无色、无味、惰性及不导电的纯“绿色”压缩气体，故又称之为“洁净气体灭火系统”。

（2）按系统的结构特点分类

1）无管网灭火系统

无管网灭火系统是指按一定的应用条件，将灭火剂储存装置和喷放组件等预先设计、组装成套且具有联动控制功能的灭火系统，又称为预制灭火系统。该系统可分为柜式气体灭火装置和悬挂式气体灭火装置两种类型，适用于较小的、无特殊要求的防护区。

采用预制灭火系统时，一个防护区的面积不宜大于$500m^2$，且容积不宜大于$1600m^3$。同一防护区内的预制灭火系统装置多于1台时，必须能同时启动，其动作响应时差不得大于2s。一个防护区设置的预制灭火系统，其装置数量不宜超过10台。

2）管网灭火系统

管网灭火系统是指按一定的应用条件进行设计计算，将灭火剂从储存装置经由干

管、支管输送至喷放组件实施喷放的灭火系统。采用管网灭火系统时，一个防护区的面积不宜大于800m^2，且容积不宜大于3600m^3；同一防护区，当设计两套或三套管网时，集流管可分别设置，系统启动装置必须共用。各管网上喷头流量均应按同一灭火设计浓度、同一喷放时间进行设计。

管网系统可分为组合分配系统和单元独立系统：

①组合分配系统是指用一套气体灭火剂储存装置通过管网的选择分配，保护两个或两个以上防护区的灭火系统。组合分配系统的灭火剂设计用量是按最大的一个防护区或保护对象来确定的。两个或两个以上的防护区采用组合分配系统时，一个组合分配系统所保护的防护区不应超过8个。这种灭火系统的优点是储存容器数和灭火剂用量可以大幅度减少，有较高的应用价值。

②单元独立系统是指用一套灭火剂储存装置保护一个防护区的灭火系统。

（3）按防护对象的保护形式

1）全淹没灭火系统

全淹没灭火系统是指在规定的时间内，向防护区喷放设计规定用量的灭火剂，并使其均匀地充满整个防护区的灭火系统。全淹没灭火系统的喷头均匀布置在防护区的顶部，当发生火灾时，喷射的灭火剂与空气的混合气体，迅速在此空间内建立有效扑灭火灾的浓度，并将灭火剂浓度保持一段所需要的时间，即通过灭火剂气体将封闭空间淹没实施灭火。

2）局部应用灭火系统

局部应用灭火系统是指在规定时间内向保护对象以设计喷射率直接喷射气体，在保护对象周围形成局部高浓度，并持续一定时间的灭火系统。局部应用灭火系统的喷头均匀布置在保护对象的四周，当发生火灾时，将灭火剂直接而集中地喷射到保护对象上，使其笼罩整个保护对象外表面，即在保护对象周围局部范围内达到较高的灭火剂气体浓度实施灭火。

2．知识点——气体灭火系统的主要组件

气体灭火系统一般由灭火剂瓶组、驱动气体瓶组、单向阀、选择阀、减压装置、驱动装置、集流管、连接管、喷嘴、信号反馈装置、安全泄放装置、控制盘、检漏装置、低泄高封阀、管路管件等部件组成，如图3.3–1所示。不同的气体灭火系统其结构形式和组成部件的数量也不完全相同。

（1）瓶组

瓶组（图3.3–2）一般由容器、容器阀、安全泄放装置、虹吸管、取样口、检漏装置和充装介质等组成，用于储存灭火剂和控制灭火剂的释放。

（2）容器

容器（图3.3–3）是用来储存灭火剂和启动气体的重要组件，分为钢质无缝容器和钢质焊接容器。

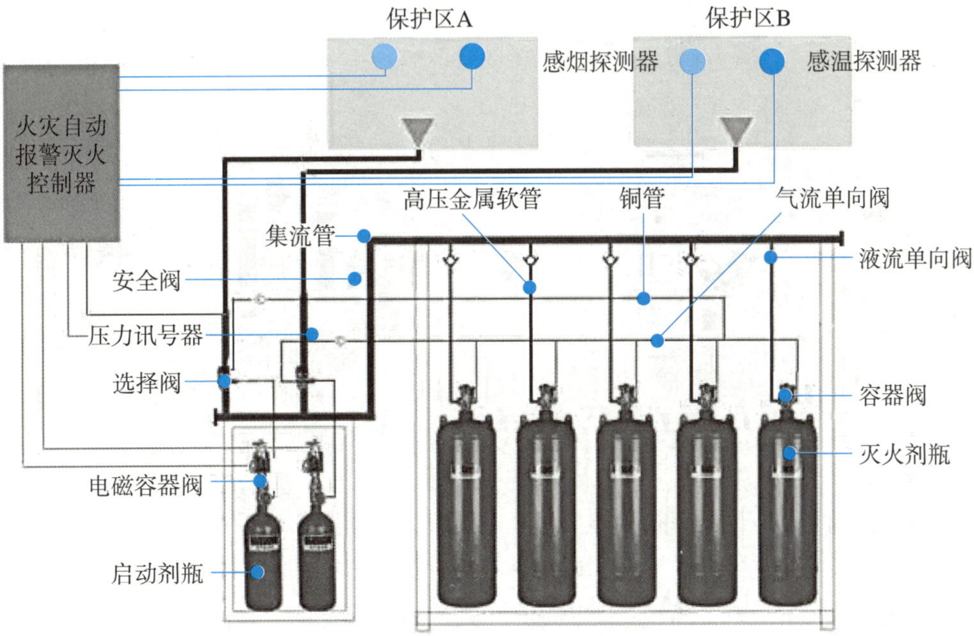

图3.3-1　气体灭火系统的组成

图3.3-2　瓶组

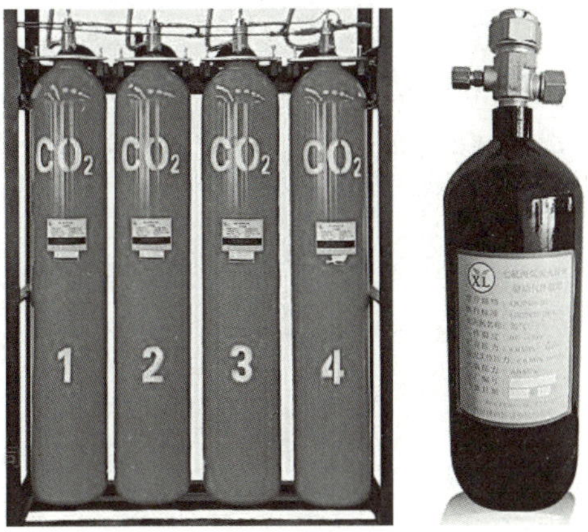

图3.3-3　容器

二氧化碳储存装置设计压力均为5.17MPa，高压系统的储存容器的设计压力不应小于15MPa；低压系统的储存容器的设计压力不应小于2.5MPa。

（3）容器阀

容器阀又称瓶头阀（图3.3-4），安装在容器上，具有封存、释放、充装、超压泄放（部分结构）等功能。

（4）选择阀

选择阀（图3.3-5）是在组合分配系统中，用于控制灭火剂经管网释放到预定防护

图3.3-4　容器阀

图3.3-5　选择阀

区或保护对象的阀门，选择阀和防护区一一对应。选择阀的位置宜靠近储存容器，并应便于手动操作，方便检查维护。选择阀上应设有标明防护区的铭牌。

选择阀的工作压力：高压系统不应小于12MPa，低压系统不应小于2.5MPa。

系统启动时，选择阀应在容器阀动作之前或同时打开。

（5）喷嘴

喷嘴（图3.3–6）是用于控制灭火剂的流速和喷射方向的组件，是气体灭火系统的一个关键部件。喷嘴可分为全淹没灭火方式和局部应用灭火方式。

喷嘴的布置应满足喷放后气体灭火剂在防护区内均匀分布的要求。当保护对象属可燃液体时，喷嘴射流方向不应朝向液体表面。

（6）单向阀

单向阀（图3.3–7）按安装在管路中的位置可分为灭火剂流通管路单向阀和驱动气体控制管路单向阀。

灭火剂流通管路单向阀装于连接管与集流管之间，防止灭火剂从集流管向灭火剂瓶组反流。驱动气体控制管路单向阀装于启动管路上，用来控制气体流动方向，启动特定的阀门。

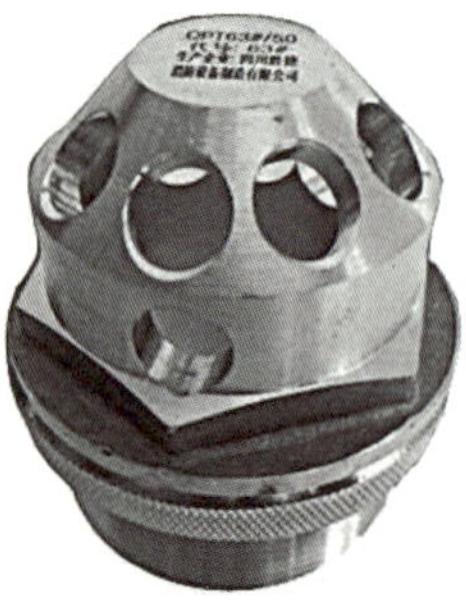
图3.3-6　喷嘴

图3.3-7　单向阀

（7）集流管

集流管（图3.3-8）是将多个灭火剂瓶组的灭火剂汇集在一起，再分配到各防护区的汇流管路。同一集流管上的储存容器，其规格、充压压力和充装量应相同。

（8）连接管

连接管（图3.3-9）可分为容器阀与集流管之间的连接管和控制管路连接管。容器阀与集流管之间的连接管按材料分为高压不锈钢连接管和高压橡胶连接管。

图3.3-8　集流管

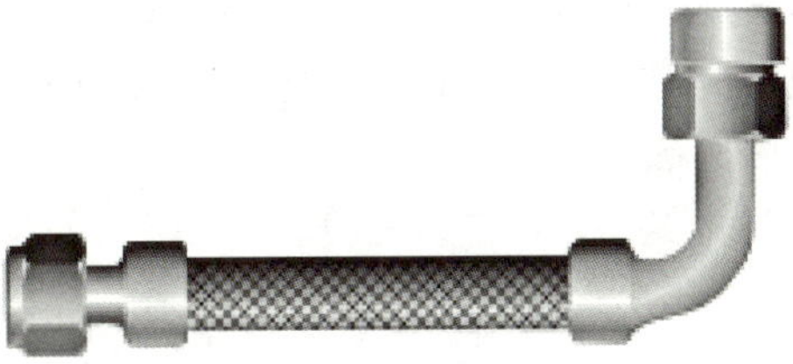

图3.3-9　连接管

（9）安全泄放装置

安全泄放装置装于瓶组和集流管上，以防止瓶组和灭火剂管道非正常受压时爆炸。瓶组上的安全泄放装置可装在容器上或容器阀上。

安全泄放装置可分为灭火剂瓶组安全泄放装置、驱动气体瓶组安全泄放装置和集流管安全泄放装置。

（10）驱动装置

驱动装置（图3.3-10）用于驱动容器阀、选择阀使其动作。它可分为气动型驱动器、引爆型驱动器、电磁型驱动装置、机械型驱动器和燃气型驱动器等类型。

（11）检漏装置

检漏装置用于监测瓶组内介质的压力或质量损失。它包括压力显示器、称重装置和液位测量装置等。图3.3-11所示为气体灭火系统称重装置。

图3.3-10　驱动装置

图3.3-11　气体灭火系统称重装置

（12）信号反馈装置

信号反馈装置（图3.3–12）是安装在灭火剂释放管路或选择阀上，将灭火剂释放的压力或流量信号转换为电信号，并反馈到控制中心的装置。常见的是把压力信号转换为电信号的信号反馈装置，一般也称为压力开关。

（13）低泄高封阀

低泄高封阀（图3.3–13）是为了防止系统由于驱动气体泄漏的累积从而引起系统的误动作，在管路中设置的阀门。它安装在系统启动管路上，正常情况下处于开启状态，只有进口压力达到设定压力时才关闭，其主要作用是排除由于气体泄漏积聚在启动管路内的气体。

图3.3–12　信号反馈装置

图3.3–13　低泄高封阀

3．知识点——气体灭火系统的工作原理

气体灭火系统的工作原理因其灭火剂种类、灭火方式、结构特点、加压方式和控制方式的不同而各不相同，下面列举高压二氧化碳灭火系统进行介绍。

高压二氧化碳灭火系统工作原理为：当防护区发生火灾时，产生烟雾、高温或光辐射，使感烟、感温、感光等探测器探测到火灾信号，探测器将火灾信号转变为电信号传送到气体灭火控制器，控制器自动发出声光报警并经逻辑判断后，启动联动装置，经过一段时间延时，发出系统启动信号，启动驱动气体瓶组上的容器阀释放驱动气体，打开通向发生火灾的防护区的选择阀，同时打开灭火剂瓶组的容器阀，各瓶组的灭火剂经连接管汇集到集流管，通过选择阀到达安装在防护区内的喷头上进行喷放灭火，同时安装在管道上的信号反馈装置动作，将信号传送到控制器，由控制器启动防护区外的释放警示灯和警铃。

此外，通过压力开关监测系统运行是否正常工作，若启动指令发出，而压力开关的信号未反馈，则说明系统存在故障，值班人员应在听到事故报警后尽快到储瓶间，手动开启储存容器上的容器阀，实施人工启动灭火。

4. 知识点——气体灭火系统的控制方式

气体灭火系统主要有联动、手动、应急机械启动和紧急启动/停止四种控制方式。因灭火剂种类、灭火方式结构特点不同，其控制方式各不相同。例如，管网灭火系统应设自动控制、手动控制和机械应急操作三种启动方式；预制灭火系统应设自动控制和手动控制两种启动方式。

（1）联动控制方式

气体灭火控制器应由同一防护区域内两只独立的火灾探测器的报警信号、一只火灾探测器与一只手动火灾报警按钮的报警信号或防护区外的紧急启动信号，作为系统的联动触发信号，探测器的组合宜采用感烟火灾探测器和感温火灾探测器。控制器上有控制方式选择锁，当将其置于“自动”位置时，灭火控制器处于自动（联动）控制状态。控制流程图如图3.3–14所示。

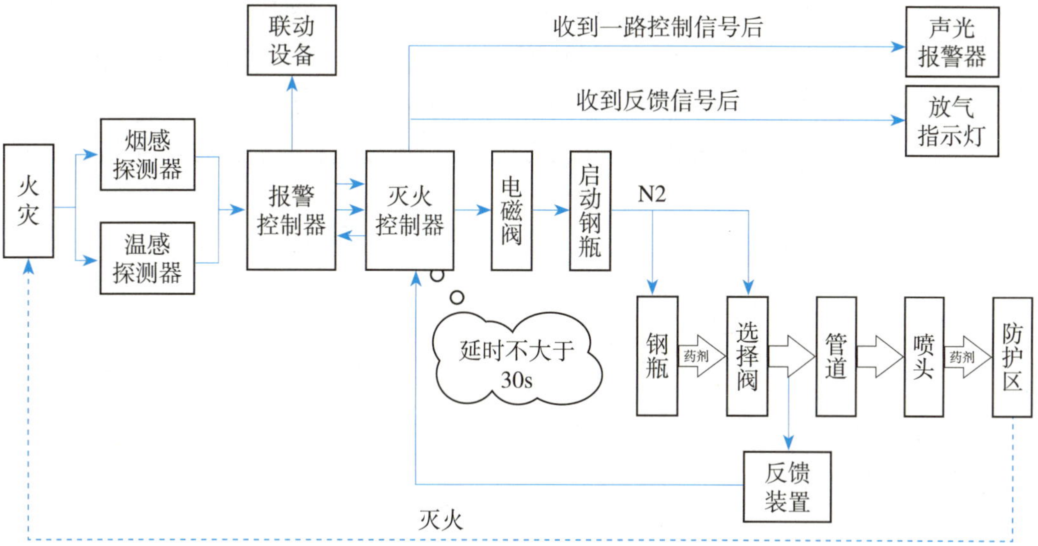

图3.3–14　气体灭火系统自动控制方式

1）当控制器接收到满足联动逻辑关系的首个触发信号后，应启动设置在该防护区内的火灾声光警报器，警示处于防护区域内的人员撤离。其联动触发信号应为任一防护区域内设置的感烟火灾探测器、其他类型火灾探测器或手动火灾报警按钮的首次报警信号。若此时通知有异常情况发生，则不启动灭火装置。

2）当气体灭火控制器在接收到第二个联动触发信号后，应发出联动控制信号，且联动触发信号应为同一防护区域内与首次报警的火灾探测器或手动火灾报警按钮相邻的感温火灾探测器、火焰探测器或手动火灾报警按钮的报警信号。联动控制信号包括：

①关闭防护区域的送（排）风机及送（排）风阀门；

②停止通风和空气调节系统及关闭设置在该防护区域的电动防火阀；

③联动控制防护区域中开口封闭装置的启动，包括关闭防护区域的门、窗；

④启动气体灭火装置，可设定不大于30s的延迟喷射时间。若平时无人工作的防护区，可设置为无延迟的喷射。

3）气体灭火防护区出口外上方，应设置表示气体喷洒的火灾声光警报器，指示气体释放的声信号，应与该保护对象中设置的火灾声警报器的声信号有明显区别。启动气体灭火装置的同时，应启动设置在防护区入口处表示气体喷洒的火灾声光警报器。

4）气体灭火装置启动及喷放各阶段的联动控制及系统的反馈信号，应反馈至消防联动控制器。系统的联动反馈信号应包括气体灭火控制器直接连接的火灾探测器的报警信号、选择阀的动作信号、压力开关的动作信号。

（2）手动控制方式

将气体灭火控制器上的控制方式选择锁置于“手动”位置时，即处于手动控制状态。这时，当火灾探测器发出火警信号时，控制器即发出火灾声光报警信号，而不启动灭火装置，需经人员观察，确认火灾已发生时，可按下保护区外或控制器操作面板上的“紧急启动按钮”，即可启动灭火装置释放灭火剂，实施灭火，但报警信号仍存在。无论装置处于自动或手动状态，按下任何紧急启动按钮，都可启动灭火装置，释放灭火剂，实施灭火，同时控制器立即进入灭火报警状态。控制流程图如图3.3–15所示。

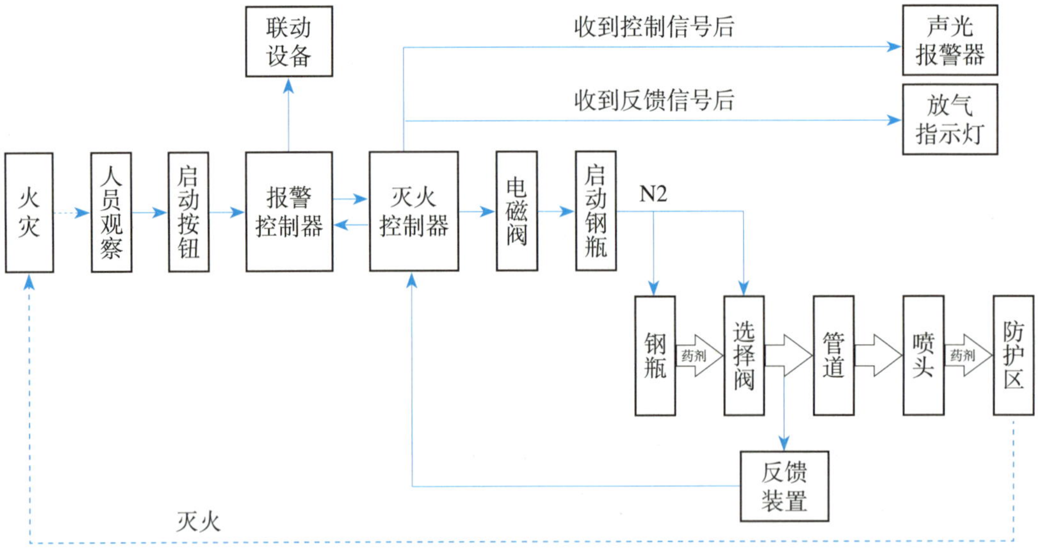

图3.3–15　气体灭火系统手动控制方式

（3）应急机械启动控制方式

在气体灭火控制器失效且值守人员判断为火灾时，应立即通知现场所有人员撤离，在确定所有人员撤离现场后，方可按以下步骤实施应急机械启动：手动关闭联动设备并切断电源→打开对应保护区选择阀→成组或逐个打开对应保护区储瓶组上的瓶头阀，即刻实施灭火。控制流程如图3.3–16所示。

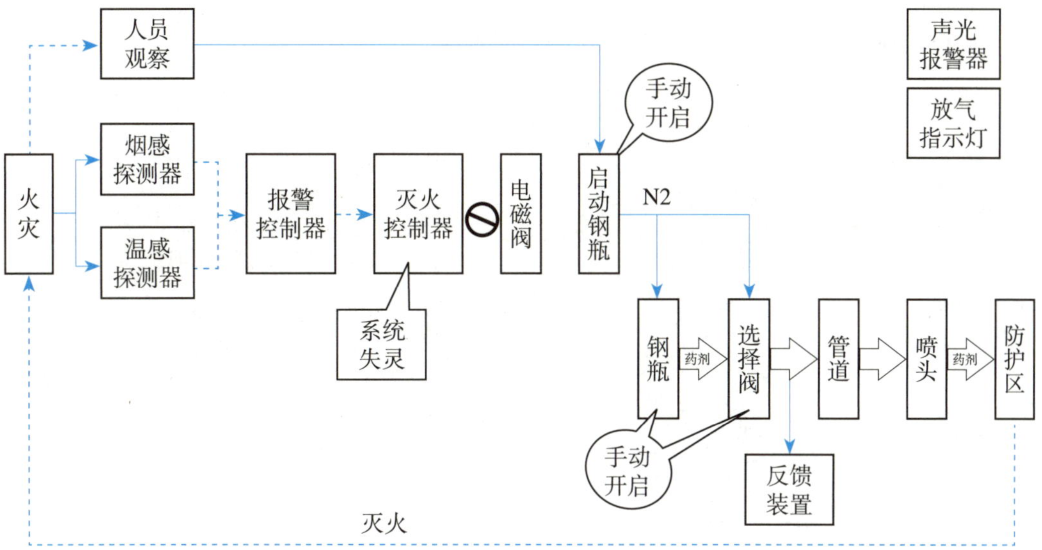

图3.3–16　气体灭火系统应急机械启动控制方式

（4）紧急启动/停止控制方式

该方式一般用于紧急状态。情况一：当值守人员发现火情而气体灭火控制器未发出声光报警信号时，应立即通知现场所有人员撤离，在确定所有人员撤离现场后，方可按下紧急启动/停止按钮，系统立即实施灭火操作；情况二：当气体灭火装置发出声光报警信号并正处于延时阶段，如发现为误报火警时，可立即按下紧急启动/停止按钮，系统将停止实施灭火操作，避免不必要的损失。

3.3.4 问题思考

1. 填空题

（1）管网灭火系统应设__________、__________和__________三种启动方式。

（2）气体灭火系统按防护对象的保护形式可以分为__________和__________。

2. 选择题

（1）某通信机房设置七氟丙烷预制灭火系统，该系统应有（　　）种启动方式。

A. 1　　B. 2　　C. 3　　D. 4

（2）（　　）是在组合分配系统中，用来控制灭火剂经管网释放到预定防护区或保护对象的阀门，该组件与防护区一一对应。

A．选择阀　　B．瓶头阀　　C．单向阀　　D．安全泄放装置

3．案例题

分析气体灭火系统的联动控制方式是如何实现的。

3.3.5 知识拓展

资源名称	3.3拓–1　单元独立式气体灭火系统联动控制示意图	3.3拓–2　气体灭火系统的联动控制练习题
资源类型	文档	文档
资源二维码		

任务 3.4 防排烟系统的联动控制

3.4.1 教学目标与思路

【教学目标】

知识目标	能力目标	素养目标
1．能够描述防排烟系统的组成及工作原理； 2．能够归纳防排烟系统的控制要求	1．具有识别防排烟系统组件技术特征的能力； 2．具有分析、设计防排烟系统联动控制电路的能力	1．尊重生命，具有社会责任感； 2．树立安全意识与质量意识
安全小谈：据统计，在火灾伤亡事故中约有80%是由于烟气所致。引导同学们敬畏生命、尊重科学。既要掌握正确的火灾逃生方法，更要树立质量安全意识。建立有效的防排烟系统，才能确保人员的安全疏散和消防扑救的顺利展开。		

【学习任务】熟悉《火灾自动报警系统设计规范》GB 50116—2013、《消防设施通用规范》GB 55036—2022和《建筑防烟排烟系统技术标准》GB 51251—2017对防排烟系统控制的相关要求，完成防排烟系统联动控制电路的分析与设计。

【建议学时】4～6学时。

【思维导图】

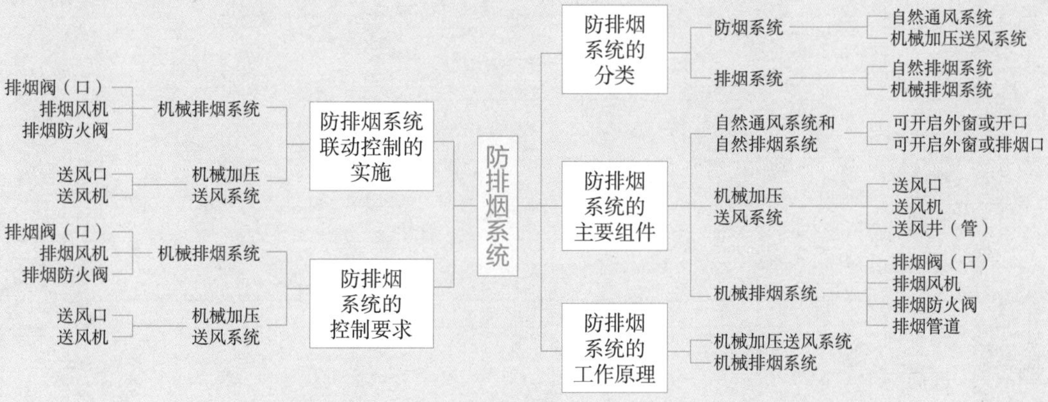

3.4.2 学生任务单

<table>
<tr><td>任务名称</td><td colspan="5">防排烟系统的联动控制</td></tr>
<tr><td>学生姓名</td><td></td><td>班级学号</td><td></td><td>组别</td><td></td></tr>
<tr><td>同组成员</td><td colspan="5"></td></tr>
<tr><td>任务分工</td><td colspan="5"></td></tr>
<tr><td>完成日期</td><td></td><td>教师评价</td><td colspan="3"></td></tr>
</table>

<table>
<tr><td>学习任务</td><td colspan="2"></td></tr>
<tr><td rowspan="2">任务实施</td><td>完成步骤</td><td></td></tr>
<tr><td>重点内容</td><td>任务实施过程中，用到的专业技能、专业知识、标准规范和方法等</td></tr>
<tr><td rowspan="3">学习反思</td><td>收获与不足</td><td>任务实施过程中，存在的问题及解决办法等</td></tr>
<tr><td>待解问题</td><td></td></tr>
<tr><td>课后学习</td><td></td></tr>
</table>

3.4.3 知识与技能

1. 知识点——防排烟系统的分类

3.4-1 防排烟系统的分类

火灾事故中造成人员伤亡的主要因素之一是火灾产生的烟气。这是因为烟气中含有二氧化碳、一氧化碳、氢氯化合物等多种成分，极易致人死亡，同时烟气有遮光作用，使人员在疏散时难辨方向，再加之高层建筑的烟囱效应，使得高温烟气在建筑内部迅速传播，导致火灾蔓延。为及时排除烟气，确保人员的安全疏散和消防扑救的顺利展开，应结合建筑所处环境和建筑自身特点，设置合理的防排烟系统。防排烟系统是防烟和排烟系统的总称。

（1）防烟系统的主要功能是通过采用自然通风方式，防止火灾烟气在楼梯间、前室、避难层（间）等空间内积聚，或通过采用机械加压送风方式阻止火灾烟气侵入楼梯间、前室、避难层（间）等空间，分为自然通风系统和机械加压送风系统。防烟楼梯间及其前室、消防电梯间前室或合用前室、避难走道的前室、避难层（间）应设置防烟设施。

（2）排烟系统的主要功能是采用自然排烟或机械排烟的方式，将房间、走道等空间的火灾烟气排至建筑物外，分为自然排烟系统和机械排烟系统。民用建筑的下列场所或部位应设置排烟设施：

1）设置在一、二、三层且房间建筑面积大于100m^{2}的歌舞娱乐放映游艺场所，设置在四层及以上楼层、地下或半地下的歌舞娱乐放映游艺场所。

2）中庭。

3）公共建筑内建筑面积大于100m^{2}且经常有人停留的地上房间。

4）公共建筑内建筑面积大于300m^{2}且可燃物较多的地上房间。

5）建筑内长度大于20m的疏散走道。

2. 知识点——防排烟系统的主要组件及工作原理

3.4-2 防排烟系统的组成

（1）自然通风系统和自然排烟系统是以热压作用和风压作用的、不消耗机械动力的、经济适用且有效的防排烟方式。自然通风系统的设施主要是可开启外窗或开口，自然排烟系统的设施主要是可开启外窗以及专门设置的排烟口。可开启外窗或开口、排烟口的面积、数量和位置应符合《建筑防烟排烟系统技术标准》GB 51251—2017的要求，如图3.4–1、图3.4–2所示。

（2）机械加压送风系统

当建筑不具备自然通风条件时，机械加压送风系统是确保火灾中疏散楼梯间、前室、避难层等空间安全的主要措施。机械加压送风系统主要由送风口、送风机、送风井（管）道组成，如图3.4–3所示。机械加压送风系统通过送风机所产生的气体流动和压力差送入足够的新鲜空气至需要防烟的空间，使其维持高于建筑物其他部位的压力，从而

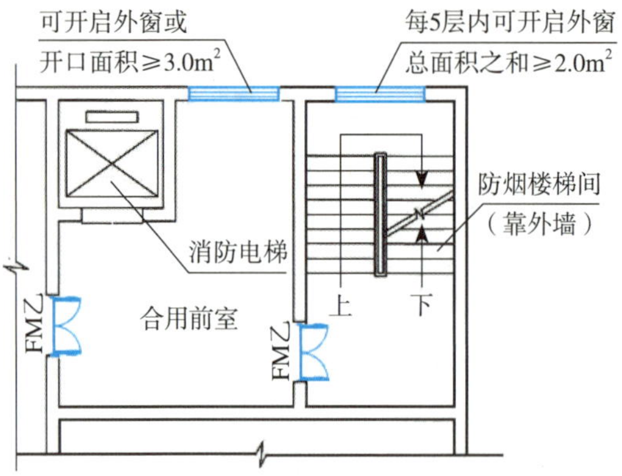

图3.4-1 合用前室自然通风设施

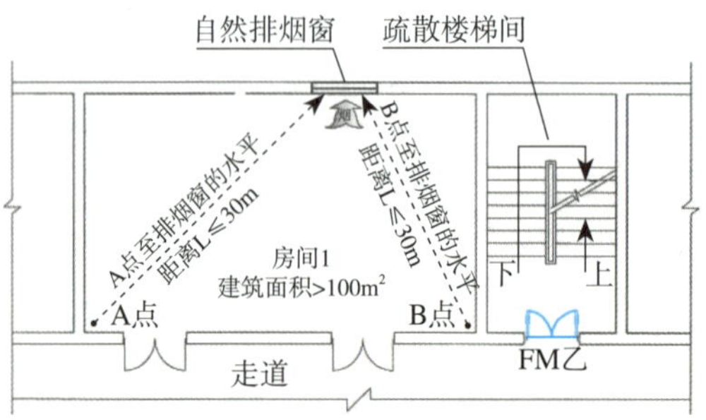

图3.4-2 自然排烟设施

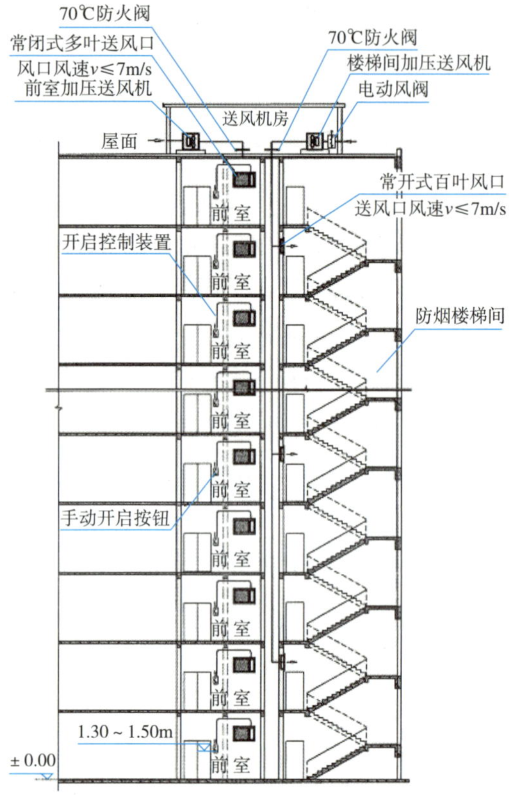

图3.4-3 机械加压送风系统

把着火区域所产生的烟气堵截于防烟空间之外，为人员疏散提供安全保障。

1）送风口。送风口分自垂百叶加压送风口和电动加压送风口两种类型。

自垂百叶加压送风口由阀体、叶片组成，如图3.4-4所示。平时常开，正常情况下送风口靠风口的百叶自重而自然下垂，隔绝室内外空气交换，当发生火灾开启加压送风机后，气流将百叶吹开向楼梯间送入室外空气。除直灌式加压送风方式外（直灌式送风是采用安装在建筑顶部或底部的风机，不通过风道，直接向楼梯间送风的一种防烟形式），防烟楼梯间宜每隔2～3层设一个常开式百叶送风口。

图3.4-4 自垂百叶加压送风口

电动加压送风口由阀体、叶片、电动执行机构、装饰口等部件组成，如图3.4-5所示。平时常闭，火灾时由消防联动控制器发送DC24V电信号使得电动执行机构动作，阀门自动开启进行送风，送风口可输出动作信号，联动送风机开启。电动加压送风口除电动开启方式外，还应设手动开启装置。机械加压送风系统在前室的每层应设一个常闭式加压送风口。

图3.4-5　电动加压送风口

2）送风机。送风机是将室外不受火灾烟气污染的空气送入疏散楼梯间、前室、避难层等空间，使其保持一定的正压，以防烟气窜入，给人们逃生创造条件。由于机械加压送风系统的风压通常在中、低压范围，所以机械加压送风风机宜采用轴流风机或中、低压离心风机，如图3.4-6所示。为保证加压送风机不受风、雨、异物等侵蚀损坏，在火灾时能可靠运行，送风机应放置在专用机房内。

图3.4-6　送风机

3）送风井（管）道。送风井（管）道采用不燃性材料，且管道的内表面应光滑，管道的密闭性能应满足火灾时加压送风的要求。竖向设置的送风管道应独立设置在管道井内，当确有困难时，未设置在管道井内或与其他管道合用管道井的送风管道，其耐火极限不应低于1.00h；水平设置的送风管道，当设置在吊顶内时，其耐火极限不应低于0.50h；当未设置在吊顶内时，其耐火极限不应低于1.00h。

（3）机械排烟系统

当建筑不具备自然排烟条件时，机械排烟系统能将火灾中房间、走道内的烟气和热量排出建筑，为人员安全疏散和灭火救援行动创造条件。机械排烟系统主要由排烟阀（口）、排烟风机、排烟防火阀、排烟道组成，如图3.4-7所示。

1）排烟阀（口）。排烟阀分板式排烟阀和多叶排烟阀两种类型。排烟口是指带有装饰口或进行过装饰处理的排烟阀，如图3.4-8、图3.4-9所示。通常安装在机械排烟系统各支管端部（烟气吸入口）处，平时呈关闭状态，可电动和远程手动开启。排烟阀一般由阀体、叶片、执行机构等部件组成。

2）排烟风机。排烟风机可采用轴流或离心式风机且应满足在280℃时连续工作30min的耐温要求，宜设置在排烟系统的最高处。当排烟风道内烟气温度达到280℃时，烟气中已带火，若不停止排烟，烟火扩散到其他部位会造成新的危害。因此在排烟风机入口处应设置能自行关闭的排烟防火阀，当该阀关闭时，应连锁控制排烟风机，使排烟风机停止运转。

3）排烟防火阀。排烟防火阀是安装在机械排烟系统的管道上，平时呈开启状态，

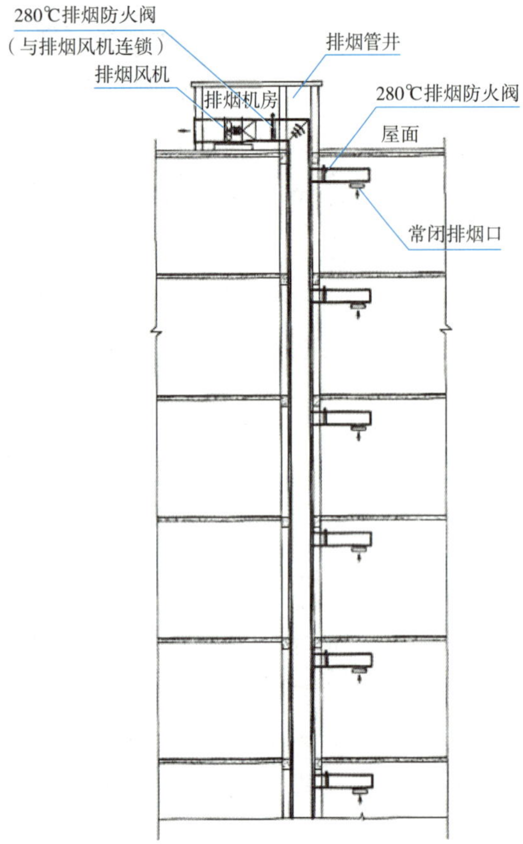

图3.4-7 机械排烟系统

图3.4-8 板式排烟口

图3.4-9 多叶排烟口

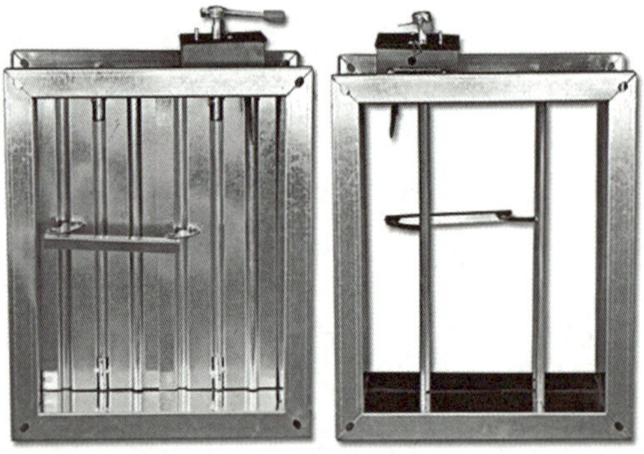

图3.4-10 排烟防火阀

火灾时当排烟管道内烟气温度达到280℃时关闭，并在一定时间内能满足漏烟量和耐火完整性要求，起隔烟阻火作用的阀门。排烟防火阀一般由阀体、叶片、执行机构和温感器等部件组成，如图3.4-10所示。垂直主排烟管道与每层水平排烟管道连接处的水平管段上、一个排烟系统负担多个防烟分区的排烟支管上、排烟风机入口处、排烟管道穿越防火分区处应设置排烟防火阀，以防止火灾通过排烟管道蔓延到其他区域，如图3.4-11所示。

需要注意的是防火阀和排烟防火阀使用场所不同。防火阀是指安装在通风、空气调节系统的送回风管道上，平时呈开启状态，火灾时当管道内烟气温度达到70℃时关闭，并在一定时间内能满足漏烟量和耐火完整性要求，起隔烟阻火作用的阀门。

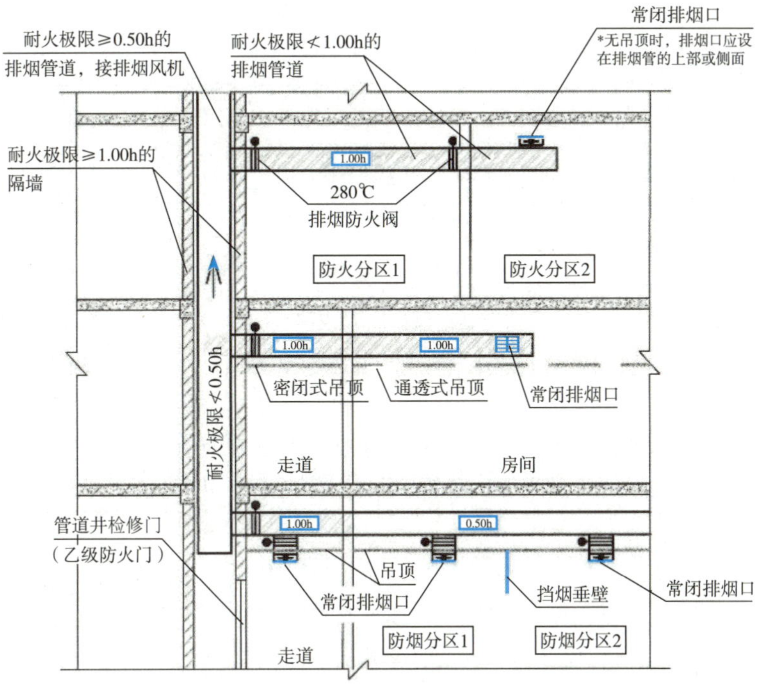

图3.4-11　设置排烟防火阀的示意图

4）排烟管道。机械排烟管道适用于高温气流通过的管道，为了防止引发管道的燃烧，应使用不燃管材且内壁应光滑。排烟管道及其连接部件应能在280℃时连续30min保证其结构完整性。竖向设置的排烟管道应设置在独立的管道井内，排烟管道的耐火极限不应低于0.50h。水平设置的排烟管道应设置在吊顶内，其耐火极限不应低于0.50h；当确有困难时，可直接设置在室内，但管道的耐火极限不应小于1.00h。

3. 知识点——防排烟系统的控制要求

（1）机械加压送风系统

机械加压送风系统应与火灾自动报警系统联动，其产生联动控制关系的主要是加压送风口和送风机，相关规范的控制要求见表3.4–1。

3.4–3
防排烟系统的控制要求

机械加压送风系统相关规范的控制要求　　表3.4–1

序号	名称	控制要求	规范及条文号
1	加压送风口	应能在防火分区内的火灾信号确认后15s内联动，同时开启该防火分区的全部疏散楼梯间、该防火分区所在着火层及其相邻上下各一层疏散楼梯间及其前室或合用前室的常闭加压送风口和加压送风机	《消防设施通用规范》GB 55036—2022中11.2.6
		消防控制设备应显示阀门启闭状态	《建筑防烟排烟系统技术标准》GB 51251—2017中5.1.5

续表

序号	名称	控制要求	规范及条文号
1	加压送风口	应由加压送风口所在防火分区内的两只独立的火灾探测器或一只火灾探测器与一只手动火灾报警按钮的报警信号，作为送风口开启的联动触发信号，并应由消防联动控制器联动控制相关层前室等需要加压送风场所的加压送风口开启	《火灾自动报警系统设计规范》GB 50116—2013中4.5.1第1款
		防烟系统的手动控制方式，应能在消防控制室内的消防联动控制器上手动控制送风口启动或停止	《火灾自动报警系统设计规范》GB 50116—2013中4.5.3
		送风口开启和关闭的动作信号，均应反馈至消防联动控制器	《火灾自动报警系统设计规范》GB 50116—2013中4.5.4
2	送风机	加压送风机应具有现场手动启动、与火灾自动报警系统联动启动和在消防控制室手动启动的功能。当系统中任一常闭加压送风口开启时，相应的加压风机均应能联动启动	《消防设施通用规范》GB 55036—2022中11.1.5
		消防控制设备应显示送风机启闭状态	《建筑防烟排烟系统技术标准》GB 51251—2017中5.1.5
		应由加压送风口所在防火分区内的两只独立的火灾探测器或一只火灾探测器与一只手动火灾报警按钮的报警信号，作为加压送风机启动的联动触发信号，并应由消防联动控制器联动控制加压送风机启动	《火灾自动报警系统设计规范》GB 50116—2013中4.5.1第1款
		防烟系统的手动控制方式，应能在消防控制室内的消防联动控制器上手动控制防烟风机启动或停止，防烟风机的启动、停止按钮应采用专用线路直接连接至设置在消防控制室内的消防联动控制器的手动控制盘，并应直接手动控制防烟风机的启动、停止	《火灾自动报警系统设计规范》GB 50116—2013中4.5.3
		防烟风机启动和停止的动作信号，均应反馈至消防联动控制器	《火灾自动报警系统设计规范》GB 50116—2013中4.5.4

（2）机械排烟系统

机械排烟系统应与火灾自动报警系统联动，与联动控制相关的设施是排烟口、排烟风机和排烟防火阀，相关规范的控制要求见表3.4–2。

机械排烟系统相关规范的控制要求　　表3.4–2

序号	名称	控制要求	规范及条文号
1	排烟阀（口）	机械排烟系统中的常闭排烟阀或排烟口应具有火灾自动报警系统自动开启、消防控制室手动开启和现场手动开启功能，其开启信号应与排烟风机联动。当火灾确认后，火灾自动报警系统应在15s内联动开启相应防烟分区的全部排烟阀、排烟口、排烟风机和补风设施，并应在30s内自动关闭与排烟无关的通风、空调系统	《建筑防烟排烟系统技术标准》GB 51251—2017中5.2.3

续表

序号	名称	控制要求	规范及条文号
1	排烟阀（口）	当火灾确认后，担负两个及以上防烟分区的排烟系统，应仅打开着火防烟分区的排烟阀或排烟口，其他防烟分区的排烟阀或排烟口应呈关闭状态	《建筑防烟排烟系统技术标准》GB 51251—2017中5.2.4
		应由同一防烟分区内的两只独立的火灾探测器的报警信号，作为排烟口或排烟阀开启的联动触发信号，并应由消防联动控制器联动控制排烟口或排烟阀的开启，同时停止该防烟分区的空气调节系统	《火灾自动报警系统设计规范》GB 50116—2013中4.5.2第1款
		排烟系统的手动控制方式，应能在消防控制室内的消防联动控制器上手动控制排烟口、排烟阀的开启或关闭	《火灾自动报警系统设计规范》GB 50116—2013中4.5.3
		排烟口或排烟阀开启和关闭的动作信号，均应反馈至消防联动控制器	《火灾自动报警系统设计规范》GB 50116—2013中4.5.4
2	排烟风机	排烟风机、补风机应具有现场手动启动、与火灾自动报警系统联动启动和在消防控制室手动启动的功能。当任一排烟阀或排烟口开启时，相应的排烟风机、补风机均应能联动启动	《消防设施通用规范》GB 55036—2022中11.1.5
		消防控制设备应显示排烟系统的排烟风机、补风机、阀门等设施启闭状态	《建筑防烟排烟系统技术标准》GB 51251—2017中5.2.7
		应由排烟口或排烟阀开启的动作信号，作为排烟风机启动的联动触发信号，并应由消防联动控制器联动控制排烟风机的启动	《火灾自动报警系统设计规范》GB 50116—2013中4.5.2第2款
		排烟系统的手动控制方式，应能在消防控制室内的消防联动控制器上手动控制排烟风机启动或停止，排烟风机的启动、停止按钮应采用专用线路直接连接至设置在消防控制室内的消防联动控制器的手动控制盘，并应直接手动控制排烟风机的启动、停止	《火灾自动报警系统设计规范》GB 50116—2013中4.5.3
		排烟风机启动和停止的动作信号，均应反馈至消防联动控制器	《火灾自动报警系统设计规范》GB 50116—2013中4.5.4
3	排烟防火阀	排烟风机入口处的总管上设置的280℃排烟防火阀，在关闭后应直接联动控制风机停止，排烟防火阀的动作信号应反馈至消防联动控制器	《火灾自动报警系统设计规范》GB 50116—2013中4.5.5
		排烟防火阀应具有在280℃时自行关闭和联锁关闭相应排烟风机、补风机的功能	《消防设施通用规范》GB 55036—2022中11.3.5

4．技能点——防排烟系统联动控制的实施

（1）机械加压送风系统

3.4-4
防排烟系统联动控制的实施

1）送风口。根据表3.4-1机械加压送风系统相关规范的控制要求，送风口要能实现联动控制，实质是对送风口的电动执行器（图3.4-12）实现控制。这就需要在送风口处配置一个输入/输出模块，其联动控制流程如3.4-13所示。当加压送风口所

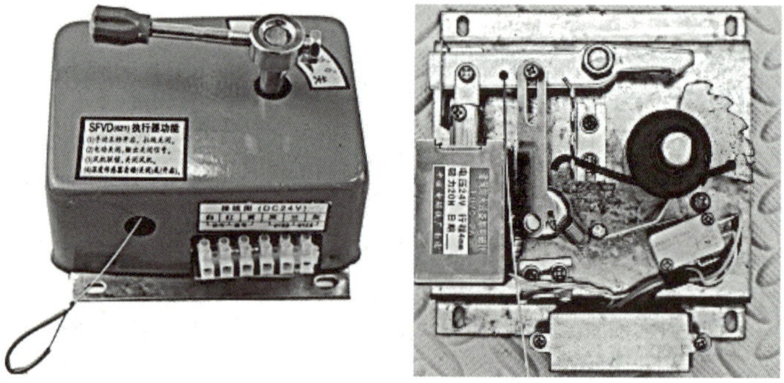

（a）　　　　　　　　（b）

图3.4-12　送风口电动执行器

（a）电动执行器的外观；（b）电动执行器的内部机构

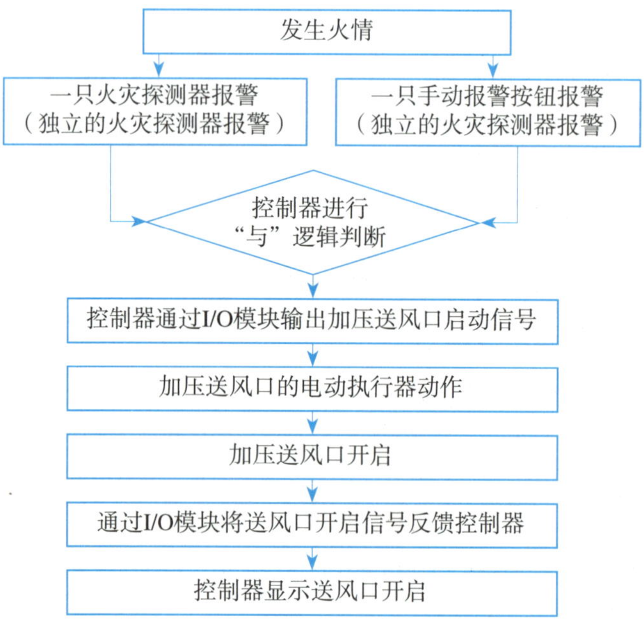

图3.4-13　常闭加压送风口联动控制流程

在防火分区内的一只火灾探测器与一只手动火灾报警按钮或两只独立的火灾探测器同时发出报警信号时，控制器按照预定的联动控制逻辑关系发出启动信号，通过信号总线（Z1、Z2），使得输入/输出模块的COM和NO由无源常开输出状态变为闭合状态，从而电动执行器内部的电磁铁接收到控制器发送的电信号（DC24V），在电磁力的作用下，风阀自动开启。同时灰色和黑色接线端子处导通，将其接至输入/输出模块I、G端子处，即可在控制器上显示送风口的开启状态。送风口的电动执行器与输入/输出模块的接线如图3.4-14所示。

2）送风机。根据表3.4-1机械加压送风系统相关规范的控制要求，送风机需要同时具备三种电气控制启动方式，见表3.4-3。

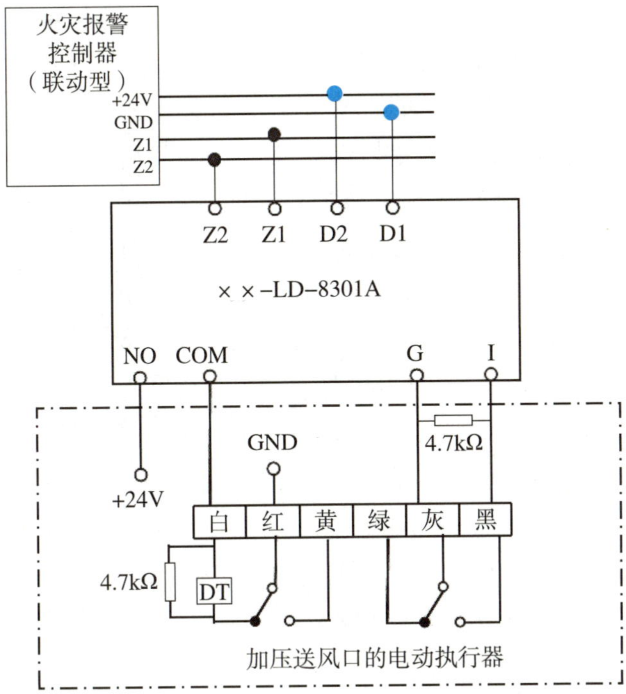

图3.4–14　常闭加压送风口电动执行器与输入/输出模块接线示意图

加压送风机电气控制启动方式　　表3.4–3

序号	控制方式	操作地点	操作平台	控制类别
1	现场手动启动	风机间或风机附近	加压送风机的控制箱（硬件）	就地+手动
2	火灾自动报警系统联动控制	消防控制室	火灾报警控制器（联动型）（硬件+软件）	远程+自动
3	消防控制室手动直接启动	消防控制室	手动直接控制盘（硬件）	远程+手动

（2）机械排烟系统

1）排烟口。排烟阀（口）的控制参见加压送风口，硬件配置上也需要在每个排烟口处安装一个输入/输出模块，在编写联动控制逻辑关系时要注意当火灾确认后，仅开启火灾层的排烟口，其他楼层的排烟口应呈关闭状态。这一点和加压送风系统要同时开启火灾层和上下层加压送风口有不同的要求。

2）排烟防火阀。在排烟风机排风口处设有常开280℃熔断排烟防火阀，正常情况下是常开状态，当温度高于280℃时，防火阀叶片上的易熔片熔断，叶片在弹簧拉力或叶片自重的作用下自动关闭，同时带动防火阀KH的微动开关闭合，连锁排烟风机停止工作，防止火势蔓延，如图3.14–15所示。根据表3.4–2，应在280℃熔断防火阀处设置1个输入模块，将其工作状态反馈给控制器。

3）排烟风机。根据表3.4–2机械排烟系统相关规范的控制要求，排烟风机除需要具备现场手动启动、联动控制、消防控制室手动直接控制三种电气控制启动方式外，还能实现连锁停动，即通过280℃排烟防火阀熔断关闭的反馈信号，接入排烟风机的电气控制回路中，实现排烟风机的停动。请读者自行分析图3.4–16。

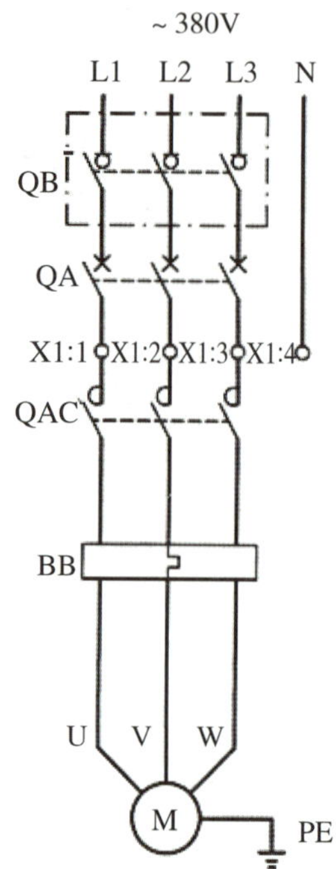

图3.4–15　排烟风机主回路

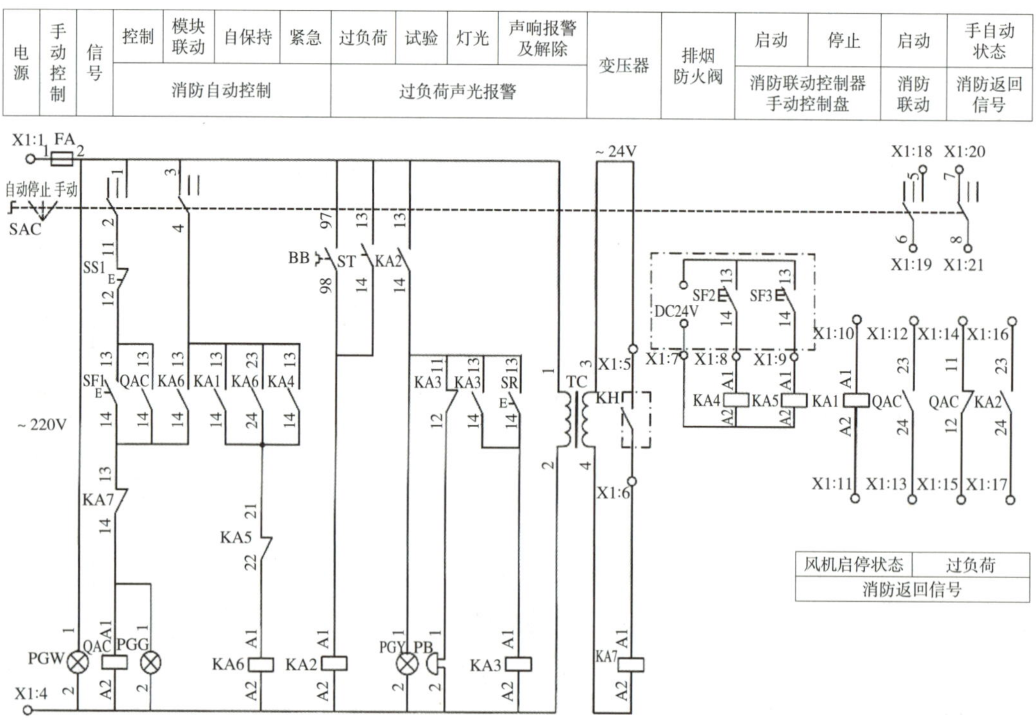

图3.4–16　排烟风机控制回路

5．技能点——防排烟系统联动控制设备的安装与调试

实训：防排烟系统联动控制设备的安装与调试

班级：__________　　姓名：__________　　学号：__________　　日期：________年____月____日
组别：__________　　小组成员：______________________________

项目名称	防排烟系统联动控制设备的安装与调试	课程名称	火灾自动报警系统	成绩	
实训目的	1．熟悉火灾自动报警系统的组成和工作原理。 2．能够使用编码器对火灾探测器、手动火灾报警按钮、现场模块等设备编码。 3．能够在火灾报警控制器上完成设备的注册、定义、联动公式编写等调试内容。 4．能够模拟发生火灾时，实现声光警报器的自动报警。 5．能够模拟发生火灾时，实现防排烟系统的联动控制。				

一、实训设备

1．火灾报警控制器（联动型）1台。

2．短路隔离器1个、感烟火灾探测器4个、手动火灾报警按钮4个、声光警报器4个、输入/模块1个、输入/输出模块5个。

3．模拟280℃防火阀1个、模拟排烟口4个、模拟排烟风机1个、控制装置1套。

4．电子编码器1个、万用表1个、插接线等。

二、实训要求

某建筑物共四层，走廊设有机械排烟系统，每层设有1个常闭型排烟口，在屋面设有1个排烟风机。

1．按下智能手动操作按键1～4，分别启动一层～四层声光警报器。

2．当任一楼层发生火灾时，所有声光警报器立即启动。

3．按下手动直接控制按键3，启动排烟风机。

4．当二楼发生火灾时，立即联动开启相应楼层排烟口，并联动启动排烟风机。

三、实训内容

1．按照火灾自动报警系统图（图3.4–17），完成现场设备的安装与接线。

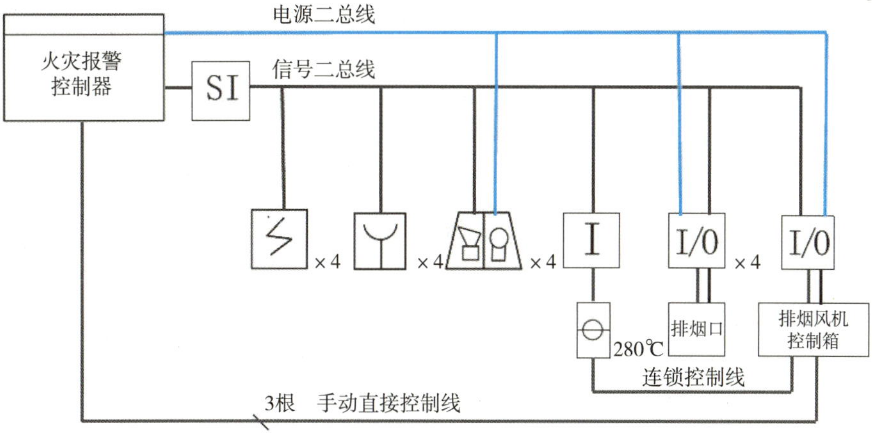

图3.4–17　机械排烟系统联动控制系统图

注：图中未标注的线路均为2根线。

2．填写设备编码定义一览表（表3.4–4）。

设备编码定义一览表　　表3.4–4

序号	设备名称	设备型号	原码	二次码	设备类型	键值
1						
2						
⋮						
n						

3．写出联动控制逻辑公式。

4．完成现场设备和火灾报警控制器的连接，并进行设备的一次编码。

5．完成火灾报警控制器的调试，并写出调试步骤。

四、实训中出现的故障及解决方法

五、思考题

某建筑物四层，在楼梯间设有机械防烟系统，每层设有一个自垂百叶送风口，如何实现防烟风机的控制？

3.4.4 问题思考

1．选择题

（1）在不具备自然排烟条件的疏散楼梯、电梯前室、避难层，为不受烟气干扰，火灾时采用（　　）。

A．机械加压送风　　B．机械加压送风和机械排烟

C．机械排烟　　D．用防火阀开启排烟口

（2）火灾时，对空调系统的处理方法是（　　）。

A．用70℃防火阀切断管路，并停空调机

B．用280℃防火阀切断管路，并停空调机

C．用防火阀切断管路，可以不停空调机

D．用防火阀停空调机，可以不切断管路

（3）排烟机旁的排烟防火阀，常开，当火灾时，在280℃关，（　　）。

A．用输入输出模块配合　　B．用输入模块配合

C．用输出模块配合　　D．用双输入输出模块配合

2．判断题

（1）需要火灾自动报警系统联动控制的排烟风机，其联动触发信号为任一只火灾探测器发出报警信号。（　　）

（2）发生火灾时，应开启火灾层及其相邻上下层前室及合用前室的排烟口。（　　）

3.4.5 知识拓展

资源名称	3.4拓-1　防排烟系统组件的安装与接线	3.4拓-2　余压监控系统
资源类型	视频	文档
资源二维码		

任务 3.5 防火门及防火卷帘系统的联动控制

3.5.1 教学目标与思路

【教学目标】

知识目标	能力目标	素养目标
1．能够描述防火门及防火卷帘系统的组成及工作原理； 2．能够归纳防火门及防火卷帘系统的控制方式	1．具有分析防火门及防火卷帘系统工作原理的能力； 2．具有分析防火卷帘电气控制图的能力	1．崇德向善、尊重生命； 2．具有社会责任感和社会参与意识
安全小谈：在某改编歌曲“冲进浓烟、对峙烈火；任身边行色匆匆，我自坚守一方岿然不动，只为窗外万家灯火依旧”的歌声中，感悟消防员坚定的逆行信念。通过讲述消防员在危难之中以血肉之躯为人民竖起安全之门的大无畏精神，诠释新时代青年人正确的人生观和价值观。引导学生作为新时代的建设者，要具有优良品德，明确青年人奋斗的意义所在，报效祖国，回馈社会。		

【学习任务】熟悉《火灾自动报警系统设计规范》GB 50116—2013对防火门及防火卷帘门联动控制的相关要求，完成防火门及防火卷帘门联动控制方式的分析。

【建议学时】2～4学时。

【思维导图】

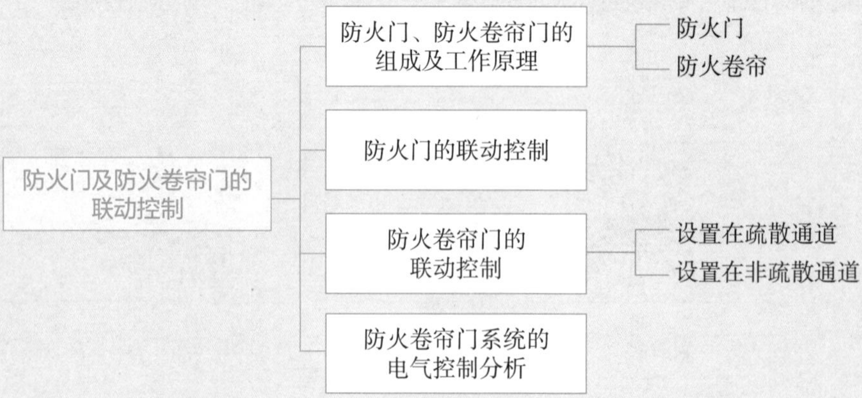

3.5.2 学生任务单

任务名称	防火门及防火卷帘系统的联动控制				
学生姓名		班级学号		组别	
同组成员					
任务分工					
完成日期		教师评价			

学习任务		
任务实施	完成步骤	
	重点内容	任务实施过程中，用到的专业技能、专业知识、标准规范和方法等
学习反思	收获与不足	任务实施过程中，存在的问题及解决办法等
	待解问题	
	课后学习	

3.5.3 知识与技能

1．知识点——防火门、防火卷帘的组成及工作原理

（1）防火门

3.5-1
防火门及防火卷帘系统的联动控制设计

防火门是建筑物防火分隔的措施之一。建筑内设置防火门的部位，一般为火灾危险性大或性质重要房间的门以及防火墙、楼梯间及前室上的门等。防火门对防止烟、火的扩散和蔓延及减少火灾损失起重要作用。

防火门按其耐火极限分为甲、乙、丙三级，其最低耐火极限为甲级防火门1.5h、乙级防火门1h、丙级防火门0.5h。

防火门由防火锁、手动及自动环节组成。其控制原理是：在平时，防火门闭门器被电磁锁的固定销锁住而呈开启状态；当发生火灾时，由防火门监控器发出控制指令给电磁锁通电动作使闭门器释放，闭门器在弹簧力作用下使门关闭，或手动拉防火门使固定销掉下而关闭防火门。

（2）防火卷帘

防火卷帘主要用于需要进行防火分隔的墙体，特别用于当防火墙、防火隔墙上因生产、使用等需要开设较大开口而又无法设置防火门时的防火分隔。防火卷帘门主要由电动机、变速箱、控制箱及卷闸门帘（卷帘门）等构成。

当发生火灾时，可根据消防控制室中心联动信号指令，也可就地手动操作控制，使卷帘下降至预定点；经一定延时后，卷帘降至地面，从而达到人员紧急疏散、灾区隔烟隔火、控制火灾蔓延的目的。

2．知识点——防火门的控制要求

3.5-2
防火门监控器的设置

疏散通道上的防火门有常闭型和常开型。常闭型防火门在有人通过后，闭门器将门关闭，不需要联动。常开型防火门平时开启，防火门任一侧所在防火分区内两个独立的火灾探测器或一个火灾探测器与一个手动火灾报警按钮报警信号的“与”逻辑，作为常开防火门关闭的联动触发信号，消防联动控制器发出控制防火门闭合的信号，并由防火门监控器控制防火门关闭。疏散通道上各防火门的开启、关闭及故障状态信号应反馈至防火门监控器。防火门监控系统图如图3.5-1所示，其中形式Ⅰ适用于设置了电磁释放器与门磁开关的常开防火门；形式Ⅱ适用于设置了电动闭门器的常开防火门；形式Ⅲ适用于设置了门磁开关的常闭防火门。

3．知识点——防火卷帘的控制要求

防火卷帘有设置在疏散通道上的，也有设置在非疏散通道上的。设置在疏散通道上的防火卷帘，主要用于防烟、人员疏散和防火分隔，因此需要两步降落方式。非疏散通道上设置的防火卷帘大多仅用于建筑的防火分隔作用，建筑共享大厅回廊楼层间等处

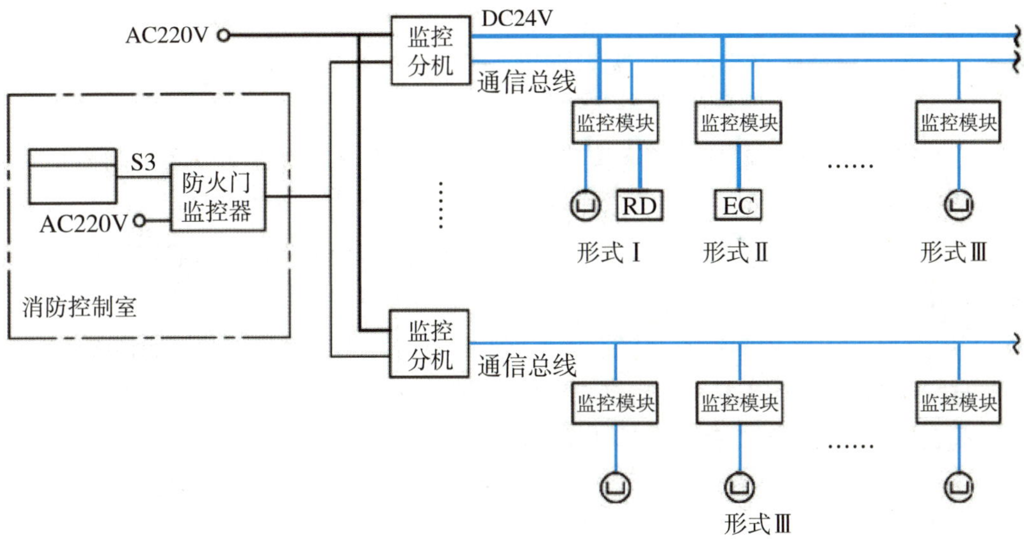

图3.5-1　防火门监控系统图

设置的防火卷帘不具有疏散功能，仅用作防火分隔。因此，可以一步降到楼板面。

（1）疏散通道上设置的防火卷帘的联动控制设计，应符合下列规定：

1）联动控制方式，防火分区内任两只独立的感烟火灾探测器或任一只专门用于联动防火卷帘的感烟火灾探测器的报警信号，应联动控制防火卷帘下降至距楼板面1.8m处；任一只专门用于联动防火卷帘的感烟火灾探测器的报警信号，应联动控制防火卷帘下降到楼板面；在卷帘的任一侧距卷帘纵深0.5～5m内，应设置不少于两只专门用于联动防火卷帘的感烟火灾探测器。

2）手动控制方式，应由防火卷帘两侧设置的手动控制按钮控制防火卷帘的升降。

（2）非疏散通道上设置的防火卷帘的联动控制设计，应符合下列规定：

1）联动控制方式，应由防火卷帘所在防火分区内任两只独立的火灾探测器的报警信号，作为防火卷帘下降的联动触发信号，并应联动控制防火卷帘直接下降到楼板面。

2）手动控制方式，应由防火卷帘两侧设置的手动控制按钮控制防火卷帘的升降，并应能在消防控制室内的消防联动控制器上手动控制防火卷帘的降落。

（3）联动反馈信号

防火卷帘下降至距楼板面1.8m处、下降到楼板面的动作信号和防火卷帘控制器直接连接的感烟、感温火灾探测器的报警信号，应反馈至消防联动控制器。

4．技能点——防火卷帘联动控制的实施

防火卷帘的升降通常由专用的防火卷帘控制器进行控制。防火卷帘控制器由主机（包括外设的手动控制装置）和速放控制装置构成。其具备以下基本功能：

3.5-3
防火卷帘控制器接线端子说明

（1）能为与其相连且要求其供电的部件供电。

（2）能通过手动控制装置控制防火卷帘执行上升、停止、下降动作，接收防火卷帘限位器的反馈信号、控制防火卷帘执行相应动作，并发出卷帘动作声、光指示信号。

（3）当防火卷帘控制器直接连接由一只点型感烟火灾探测器或一只点型感烟火灾探测器和一只点型感温火灾探测器组成的火灾探测器组时，防火卷帘控制器应按照防火卷帘的控制要求，输出控制防火卷帘完成相应动作的信号，并发出防火卷帘动作声、光指示信号。

（4）当防火卷帘控制器不直接连接火灾探测器时，先由消防联动控制器按照防火卷帘的控制要求，向防火卷帘控制器发出下降的联动控制信号，再由防火卷帘门控制器在3s内发出控制防火卷帘完成相应动作的信号。

（5）能向消防控制中心发送与其相关的火灾探测器组的火灾报警信号和防火卷帘的门位状态信号。

（6）现场手动控制装置、与防火卷帘控制器相关的火灾探测器组（如连接）、消防联动控制设备的控制优先级是由高到低排序。在有火灾报警信号或来自消防联动控制设备的控制信号存在的情况下，现场手动控制装置的下降按键失效。

（7）防火卷帘控制器能控制速放控制装置，产生足够的推（拉）力和行程，开启卷门机制动机构，使卷帘能依靠自重下降，并可控制卷帘在某一预设位置停留。

（8）当控制器发生主电源掉电、备用电源故障、电源缺相、错相以及控制器与速放控制装置间连接线断线、短路等故障时，能发出与防火卷帘动作指示信号有明显区别的声、光故障信号并向消防联动控制设备发送故障信号。

防火卷帘控制器的示意图和接线图如3.5–2和图3.5–3所示。若防火卷帘控制器接收来自与其相连的消防联动控制器的联动控制信号，则需要在CZ3和CZ4端子处与双输入输出或单输入输出模块进行连接。

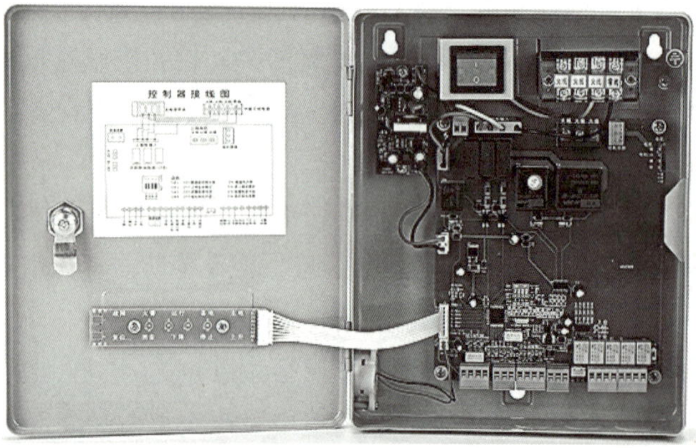

图3.5–2　防火卷帘控制器示意图

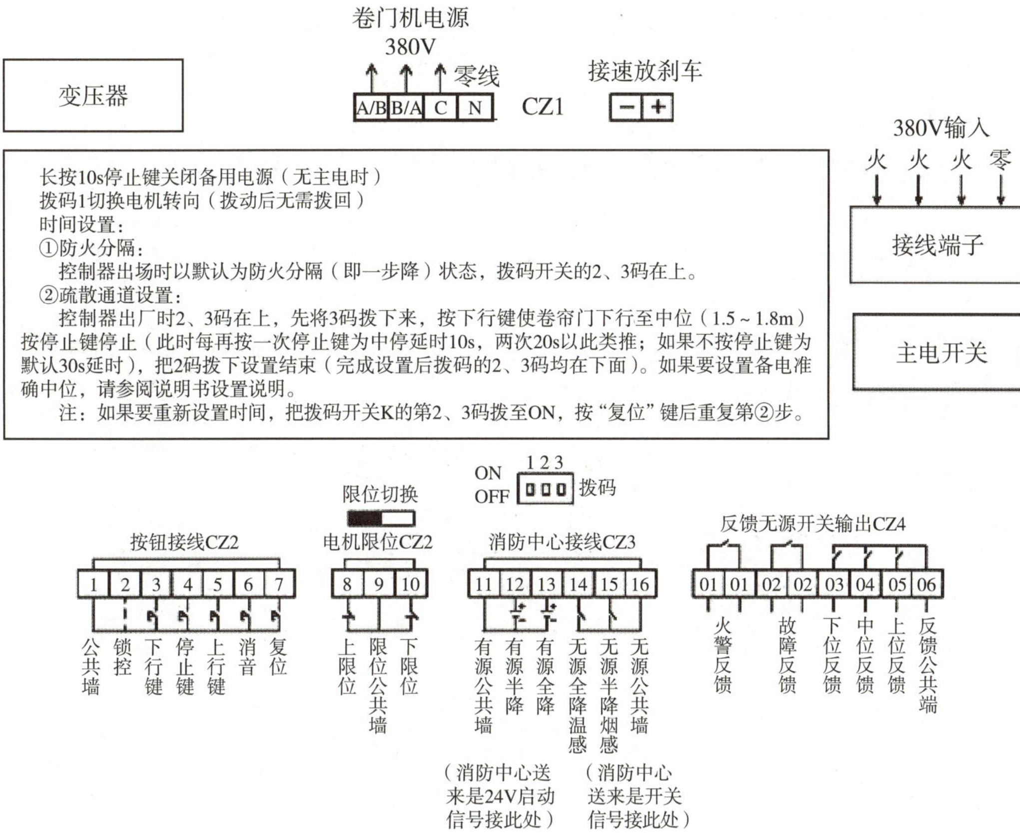

图3.5-3　防火卷帘控制器接线图

3.5.4 问题思考

1．选择题

（1）在某商业建筑的疏散走道上设置的防火卷帘，其联动控制程序应是（　　）。

A．专门用于联动防火卷帘的感烟火灾探测器动作用，防火卷帘下降至距楼板高1.8m处；专门用于联动防火卷帘的感温火灾探测器动作后，防火卷帘下降到楼板面

B．专门用于联动防火卷帘的感温火灾探测器动作后，防火卷帘下降至距楼板面1.8m处；专门用于联动防火卷帘的感烟火灾探测器动作后，防火卷帘下降到楼板面

C．专门用于联动防火卷帘的感烟火灾探测器动作后，防火卷帘下降至距楼板面1.5m处；专门用于联动防火卷帘的感温火灾探测器动作后，防火卷帘下降到楼板面

D．专门用于联动防火卷帘的感温火灾探测器动作后，防火卷帘下降至距楼板面1.5m处；专门用于联动防火卷帘的感温火灾探测器动作后，防火卷帘下降到楼板面

（2）由常开防火门所在防火分区内的两只独立的火灾探测器或一只火灾探测器与一只手动火灾报警按钮的报警信号（　　）逻辑，作为常开防火门关闭的联动触发信号，消防联动控制器在接收到满足逻辑关系的联动触发信号后，联动控制防火门关闭或向防

火门监控器发出联动触发信号，由防火门监控器联动控制防火门关闭。

A．或　　B．与　　C．非　　D．任意

2．简答题

非疏散通道上设置的防火卷帘的联动控制设计应符合哪些规定？

3.5.5 知识拓展

资源名称	3.5拓-1　安装防火卷帘门	3.5拓-2　拓展习题	3.5拓-3　防火门监控系统图
资源类型	视频	文档	文档
资源二维码			

任务 3.6 消防广播及消防电话的联动控制

3.6.1 教学目标与思路

【教学目标】

知识目标	能力目标	素养目标
1. 能够描述消防广播及消防电话系统的组成及工作原理； 2. 能够归纳消防广播及消防电话系统的控制要求	1. 具有分析消防应急广播系统联动控制要求的能力； 2. 具有分析消防电话系统联动控制要求的能力	1. 具有社会责任感和社会参与意识； 2. 具有一定的语言表达能力
安全小谈：和1998版对比，2013版《火灾自动报警系统设计规范》关于消防广播的设置有重大改变。从中可以看到国家制定各类标准时，更加注重“以人为本”的导向，这和国家坚持“以人民为中心，为人民服务”的发展思想是一脉相承的。引导同学们今日努力学习，明日报效祖国，服务社会。		

【学习任务】熟悉《火灾自动报警系统设计规范》GB 50116—2013对消防广播及消防电话系统联动控制及设置的相关要求，完成消防广播及消防电话系统联动控制要求的分析。

【建议学时】2~4学时。

【思维导图】

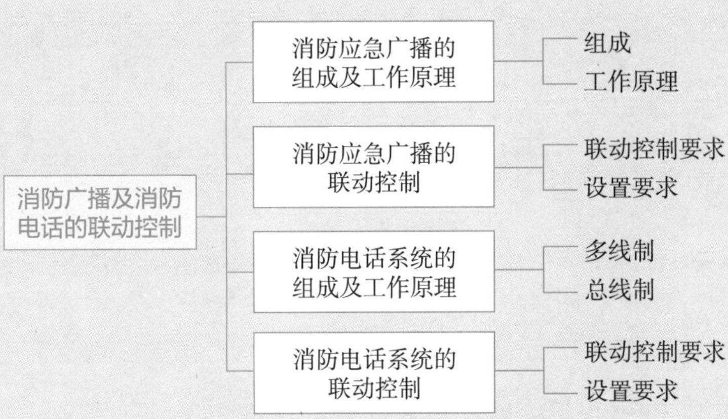

3.6.2 学生任务单

任务名称	消防广播及消防电话的联动控制				
学生姓名		班级学号		组别	
同组成员					
任务分工					
完成日期		教师评价			

学习任务		
任务实施	完成步骤	
	重点内容	任务实施过程中，用到的专业技能、专业知识、标准规范和方法等
学习反思	收获与不足	任务实施过程中，存在的问题及解决办法等
	待解问题	
	课后学习	

3.6.3 知识与技能

1. 知识点——消防应急广播系统的组成及工作原理

3.6-1
消防应急广播的设置

消防应急广播系统是火灾逃生疏散和灭火指挥的重要设备，在整个消防控制管理系统中起着极其重要的作用。当发生火灾时，应急广播信号通过音源设备发出，经过功率放大后，由模块切换到广播指定区域的音箱实现应急广播。系统主要由音源设备、广播控制盘、广播功率放大器、消防联动控制器及监视模块、扬声器等设备构成。消防应急广播系统如图3.6–1所示。

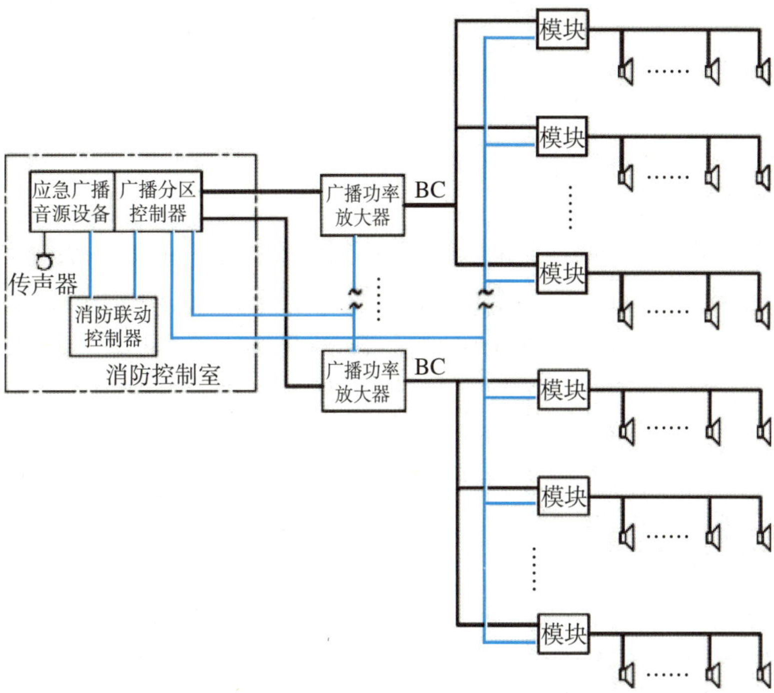

图3.6–1　消防应急广播系统示意图

（1）消防应急广播控制盘

消防应急广播控制盘通过RS485串行总线与消防控制器相连接，实现广播系统的消防联动控制。为了兼顾普通广播或背景音乐广播的需要，设有SD卡接口，可播放SD卡中MP3格式音频。当有火情时，广播系统必须能够无条件切换至消防应急广播状态。××–GBFB–200A广播控制盘如图3.6–2所示。与JB–QB–××200联动控制器配接时，每个控制器最多配接1台××–GBFB–200A广播控制盘。

（2）消防应急广播功率放大器

消防应急广播功率放大器与相应的广播音源设备和广播终端设备等配合，实现消防现场的应急广播功能。××-GF500WA型广播功率放大器如图3.6-3所示。根据《公共广播系统工程技术标准》GB/T 50526—2021的要求，消防应急广播功率放大器的输出功率不应小于其所驱动的现场扬声器额定功率总和的1.5倍。××-GBFB-200A广播控制盘可级联最多15台功率放大器，级联多个功率放大器时，需通过每个功率放大器的拨码开关按顺序设置地址。

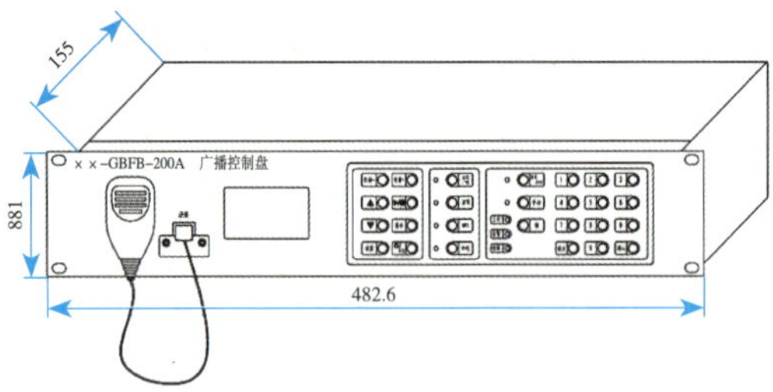

图3.6-2 ××-GBFB-200A广播控制盘

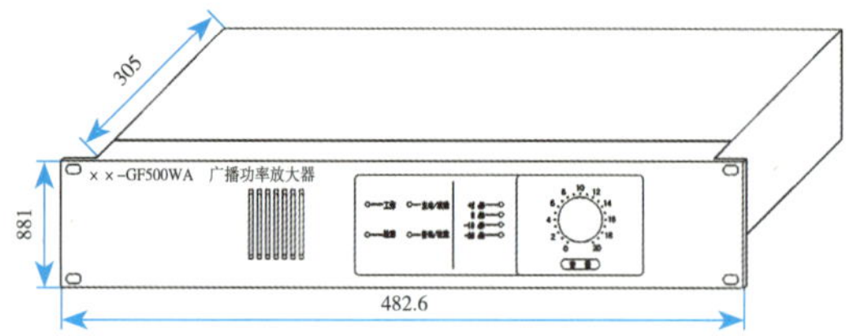

图3.6-3 ××-GF500WA型广播功率放大器

（3）扬声器监视模块

扬声器监视模块用于总线制消防广播系统中正常广播和消防广播间的切换，如图3.6-4所示。模块在切换到消防广播后自动回答，并将切换信息传回消防联动控制器，以表明切换成功。每个××-LD-8305A模块最多可配接50个扬声器，在总线制消防广播系统中的连接方法如图3.6-5所示。

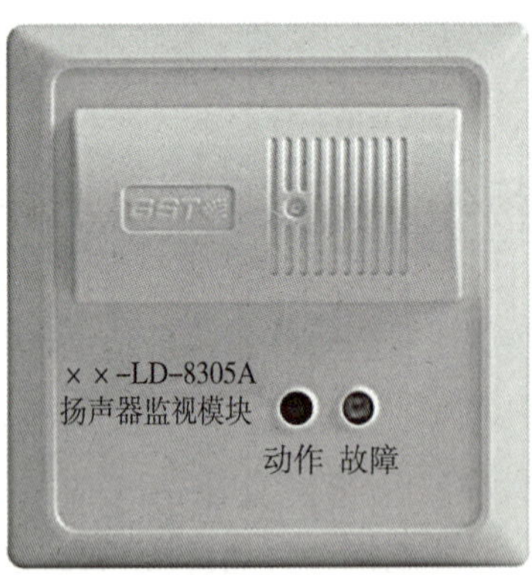

图3.6-4 ××-LD-8305A监视输出模块

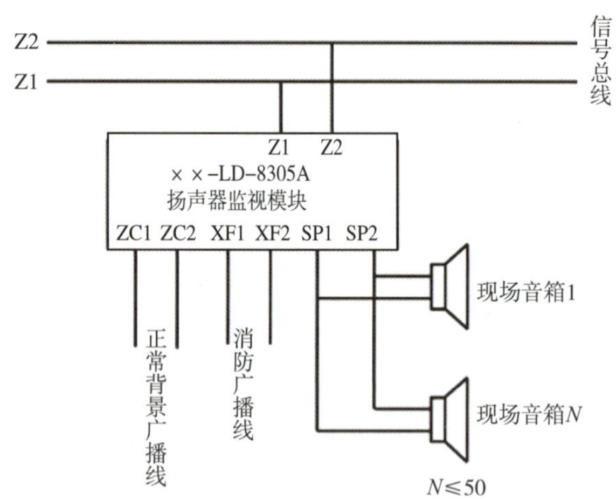

图3.6-5 ××-LD-8305A监视输出模块的连接

（4）扬声器

根据工程现场情况，扬声器可以选择壁挂式或吸顶式进行安装。其工作电压120V，功率以3W为多。

2．技能点——消防应急广播系统的联动控制

（1）消防应急广播系统的联动控制要求

集中报警系统和控制中心报警系统应设置消防应急广播。消防应急广播系统的联动控制信号应由消防联动控制器发出。当确认火灾后，应同时向全楼广播。消防应急广播的单次语音播放时间宜为10～30s，应与火灾声警报器分时交替工作，可采取1次火灾声警报器播放、1次或2次消防应急广播播放的交替工作方式循环播放。在消防控制室应能手动或按预设控制逻辑联动控制选择广播分区、启动或停止应急广播系统，并应能监听消防应急广播。在通过传声器进行应急广播时，应自动对广播内容进行录音。同时消防控制室内应能显示消防应急广播分区的工作状态。具有消防应急广播功能的多用途公共广播系统，应具有强制切入消防应急广播的功能。

（2）消防应急广播扬声器的设置要求

消防应急广播扬声器的设置，应符合下列规定：

①民用建筑内扬声器应设置在走道和大厅等公共场所。每个扬声器的额定功率不应小于3W，其数量应能保证从一个防火分区内的任何部位到最近一个扬声器的直线距离不大于25m，走道末端距最近的扬声器距离不应大于12.5m。

②在环境噪声大于60dB的场所设置的扬声器，在其播放范围内最远点的播放声压级应高于背景噪声15dB。

③客房设置专用扬声器时，其功率不宜小于1W。

④壁挂扬声器的底边距地面高度应大于2.2m。

3．知识点——消防专用电话系统的组成及工作原理

3.6-2
消防专用电话的设置

消防电话系统是消防通信的专用设备，当发生火灾报警时，它可以提供方便快捷的通信手段，是消防控制及其报警系统中不可缺少的通信设备。消防电话系统有专用的通信线路，现场人员可以通过现场设置的固定电话和消防控制室进行通话，也可以用便携式电话插入插孔式手动火灾报警按钮或者电话插孔与控制室直接进行通话。

消防电话系统按照电话布线方式可以分为总线制和多线制两类系统，如图3.6–6所示。总线制消防电话系统由消防电话总机、消防电话接口模块、固定消防电话分机、消防电话插孔、手提消防电话分机等设备构成。而多线制消防电话系统由多线制电话主机、多线制消防电话分机及多线制消防电话插孔组成。

（1）消防电话总机

消防电话总机通过RS485串行总线与消防控制器相连接，实现电话系统的消防联动控制。当发生火灾时，消防电话总机面板上的呼叫操作键可以和现场电话分机形成一对一的按键操作，使得呼叫通话操作方便快捷。总机使用固体录音技术，可存储呼叫通话记录。每台××–TS–Z01A型总机可以连接512路消防电话分机或51200个消防电话插

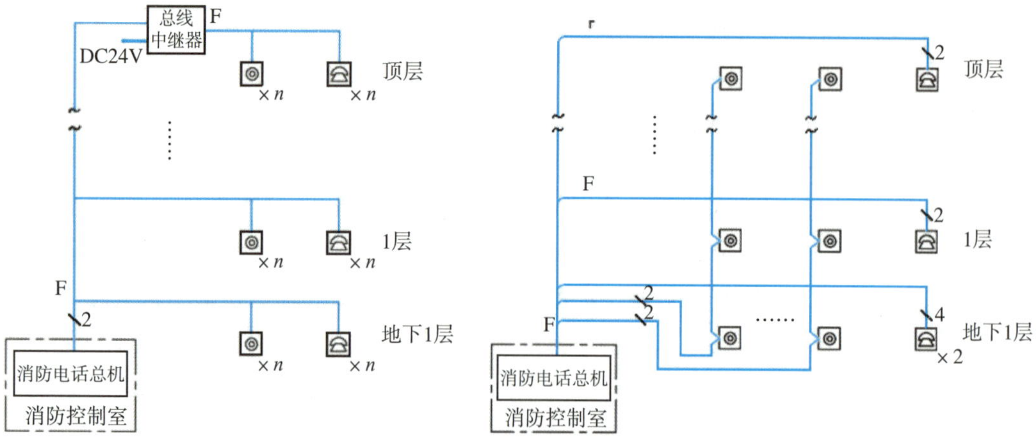

（a）　　（b）

图3.6-6　消防专用电话系统示意图

（a）总线制；（b）多线制

注：图中插孔和电话数量仅为示意

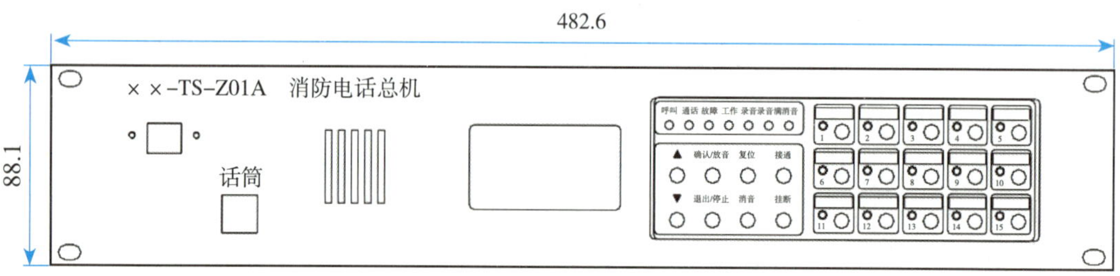

图3.6-7　××-TS-Z01A型消防电话总机

孔。××-TS-Z01A型消防电话总机如图3.6-7所示。

（2）消防电话分机和消防电话插孔

1）通过消防电话分机可迅速实现对火灾的人工确认，并可及时掌握火灾现场情况，便于指挥灭火工作。××-TS-100A型消防电话分机为固定式，摘机即呼叫电话主机；××-TS-100B型消防电话分机为手提式，可直接插入电话插孔呼叫电话主机，如图3.6-8所示。每个××-TS-100A固定式消防电话分机需要配接1个××-LD-8304型消防电话接口。

2）消防电话插孔是非编码设备，主要用于将手提消防电话分机连入消防电话系统。需通过消防电话接口模块将手提消防电话分机连入消防电话系统。每100个××-LD-8312型消防电话插孔需要配接1个××-LD-8304型消防电话接口模块。

（3）消防电话接口模块

消防电话接口模块主要用于将手提或固定消防电话分机连入总线制消防电话系统。它占用一个编码点，与控制器进行通信实现消防电话总机和消防电话分机的驳接，同时也实现消防电话总线断、短检线功能。当消防电话分机的话筒被提起时，消防电话

（a）　　　　（b）

图3.6-8　消防电话分机

（a）××-TS-100A固定式；（b）××-TS-100B手提式

图3.6-9　消防电话插孔

分机通过消防电话接口自动向消防电话总机请求接入，接受请求后，由控制器向该接口发出启动命令，将消防电话分机接入消防电话总线。当消防电话总机呼叫时，通过控制器向电话接口模块发启动命令，电话接口将消防电话总线接到消防电话分机。

××-LD-8304型消防电话接口可连接1台固定消防电话分机或连接100只消防电话插孔。与消防电话分机采用水晶头四线连接，与消防电话插孔采用无极性两线连接。消防电话系统接线图如图3.6-10所示。

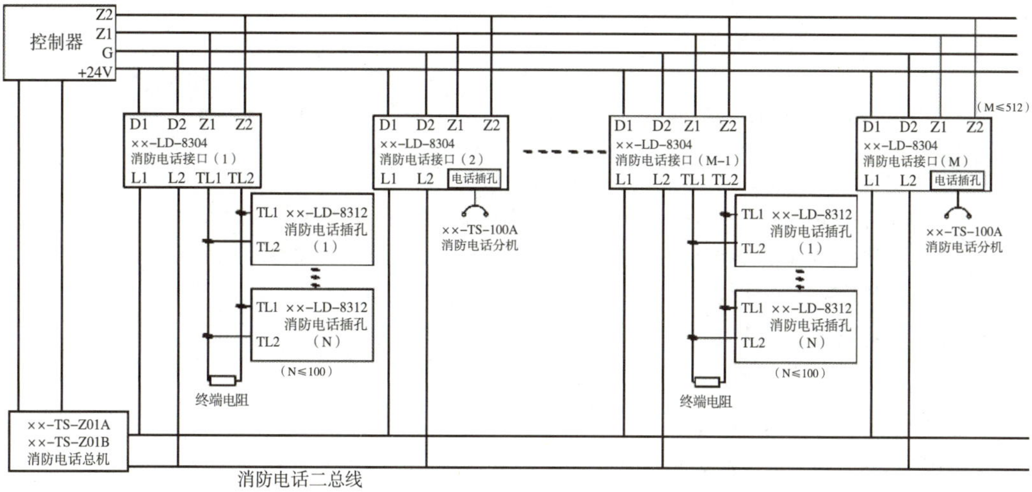

图3.6-10　消防电话系统接线图

4．技能点——消防专用电话系统的联动控制

（1）消防专用电话系统的联动控制要求

消防专用电话线路的可靠性，关系到火灾时消防通信指挥系统是否畅通，故消防

专用电话网络应为独立的消防通信系统。就是说不能利用一般电话线路或综合布线网络（PDS系统）代替消防专用电话线路，消防专用电话网络应独立布线。消防控制室应设置消防专用电话总机和可直接报火警的外线电话。为了确保消防专用电话的可靠性，多线制消防专用电话系统中的每个电话分机应与总机单独连接，宜选用共电式直通电话机或对讲电话机。

（2）消防专用电话系统的设置要求

电话分机或电话插孔的设置，应符合下列规定：

1）消防水泵房、发电机房、配变电室、计算机网络机房、主要通风和空调机房、防排烟机房、灭火控制系统操作装置处或控制室、企业消防站、消防值班室、总调度室、消防电梯机房及其他与消防联动控制有关的且经常有人值班的机房，应设置消防专用电话分机。消防专用电话分机，应固定安装在明显且便于使用的部位，并应有区别于普通电话的标识。

2）设有手动火灾报警按钮或消火栓按钮等处，宜设置电话插孔，并宜选择带有电话插孔的手动火灾报警按钮。

3）各避难层应每隔20m设置一个消防专用电话分机或电话插孔。

4）电话插孔在墙上安装时，其底边距地面高度宜为1.3～1.5m。

5．技能点——消防广播及消防电话系统的安装与调试

实训：消防广播及消防电话系统的安装与调试

班级：__________　姓名：__________　学号：__________　日期：________年____月____日

组别：__________　小组成员：______________________________

<table>
<tr><td>项目名称</td><td>消防广播及消防电话系统的安装与调试</td><td>课程名称</td><td>火灾自动报警系统</td><td>成绩</td><td></td></tr>
<tr><td>实训目的</td><td colspan="5">1. 熟悉火灾自动报警系统的组成和工作原理。
2. 能够使用编码器对火灾探测器、手动火灾报警按钮、现场模块等设备编码。
3. 能够在火灾报警控制器上完成设备的注册、定义、联动公式编写等调试内容。
4. 能够模拟发生火灾时，系统实现声光警报器的自动报警。
5. 能够模拟发生火灾时，系统实现消防广播及消防电话系统的联动控制。</td></tr>
<tr><td colspan="6">一、实训设备
1. 火灾报警控制器（联动型）1台。
2. 消防广播设备1套（含音源设备、消防应急广播控制盘、消防应急广播功率放大器）。
3. 消防电话总机1套。
4. 短路隔离器1个、感烟火灾探测器1个、手动火灾报警按钮1个、声光警报器1个、扬声器监视模块1个、消防电话接口模块2个。
5. 扬声器1个、固定式消防电话分机1个、手提式消防电话分机1个、消防电话插孔2个。
6. 电子编码器1个、万用表1个、插接线等。</td></tr>
</table>

续表

二、实训要求

1. 按下智能手动操作按键6，启动声光警报器。

2. 触发感烟探测器和手动报警按钮，声光警报器立即启动。

3. 当发生火灾时，消防广播能自动切换到扬声器进行系统预录的应急广播信号播报，同时能使用话筒进行人工语音播报。

4. 当发生火灾时，消防电话总机面板上的呼叫操作键能够和消防电话分机形成一对一的按键操作。

5. 当发生火灾时，固定式消防电话分机摘机即可呼叫电话主机，手提式消防电话分机插入电话插孔呼叫电话主机。

三、实训内容

1. 按照火灾自动报警系统图（图3.6–11），完成现场设备的安装与接线。

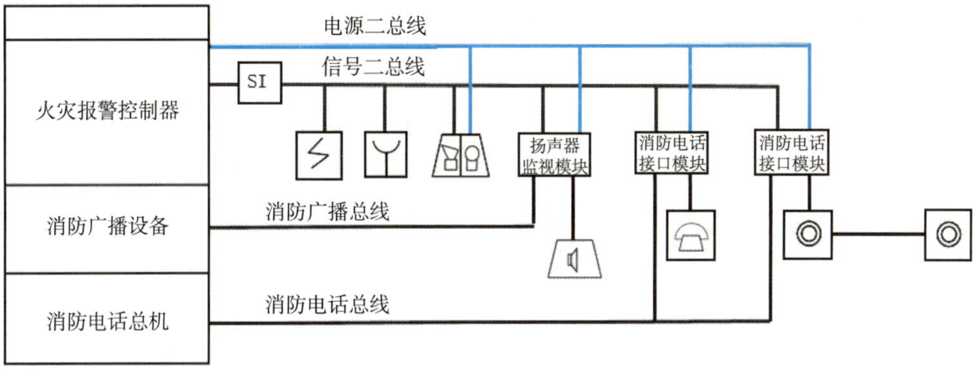

图3.6–11　消防广播及消防电话系统联动控制系统图

注：图中未标注的线路均为2根线。

2. 填写设备编码定义一览表（表3.6–1）。

设备编码定义一览表　　表3.6–1

序号	设备名称	设备型号	原码	二次码	设备类型	键值		
						手动盘	广播盘	电话盘
1								
2								
⋮								
n								

续表

3．写出联动控制逻辑公式。 4．完成现场设备和火灾报警控制器的连接，并进行设备的一次编码。 5．完成火灾报警控制器的调试，并写出调试步骤。 四、实训中出现的故障及解决方法   五、思考题 当有多个报警区域时，如何实现手动选择广播分区，启动或停止应急广播系统？

3.6.4 问题思考

1．填空题

（1）消防电话系统按照电话布线方式可以分为__________和__________两类系统。

（2）每个扬声器的额定功率不应小于__________W，其数量应能保证从一个防火分区内的任何部位到最近一个扬声器的直线距离不大于__________m，走道末端距最近的扬声器距离不应大于__________m。

（3）当消防应急广播与普通广播或背景音乐广播合用时，应具有__________消防应急广播的功能。

2．选择题

（1）消防应急广播系统的联动控制信号应由消防联动控制器发出。当确认火灾后，应同时向（　　）进行广播。

A．本层　　B．全楼

C．楼上楼下各一层　　D．视情况而定

（2）消防电话插孔在墙上安装时，其底边距地面高度宜为（　　）m。

A．1.3 ~ 1.5　　B．2.2

C．1　　D．0.3

3.6.5 知识拓展

资源名称	3.6拓–1 消防应急广播设备调试	3.6拓–2 消防应急广播设置方案	3.6拓–3 拓展习题
资源类型	文档	文档	文档
资源二维码			

任务 3.7 应急照明和疏散指示系统及电梯的联动控制

3.7.1 教学目标与思路

【教学目标】

知识目标	能力目标	素养目标
1．能够描述消防应急照明和疏散指示系统的组成及工作原理； 2．能够归纳消防应急照明和疏散指示系统常用的控制方式	1．具有识别各类消防应急照明和疏散指示系统的技术特征能力； 2．具有分析、设计消防应急照明和疏散指示系统、消防电梯系统联动控制要求的能力	1．养成认真严谨的工作态度； 2．树立安全意识、集体意识与创新意识

安全小谈：当发生火灾时，在烟雾弥漫的疏散通道，消防应急照明和疏散指示系统无疑起到了指路明灯的作用。引导学生，树立远大理想，成为社会主义现代化建设者和接班人。

【学习任务】熟悉《火灾自动报警系统设计规范》GB 50116—2013和《消防应急照明和疏散指示系统技术标准》GB 51309—2018对消防应急照明和疏散指示系统控制的相关要求，完成消防应急照明和疏散指示系统、消防电梯系统联动控制要求的分析。

【建议学时】2 ~ 4学时。

【思维导图】

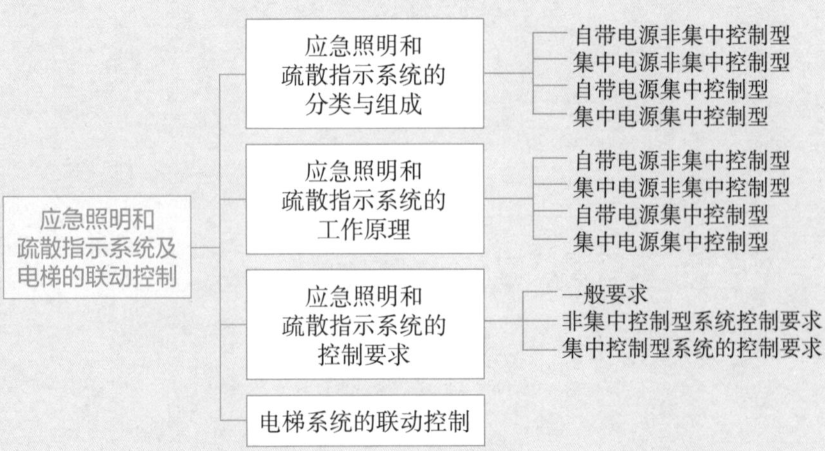

3.7.2 学生任务单

<table>
<tr><td>任务名称</td><td colspan="5">应急照明和疏散指示系统及电梯的联动控制</td></tr>
<tr><td>学生姓名</td><td></td><td>班级学号</td><td></td><td>组别</td><td></td></tr>
<tr><td>同组成员</td><td colspan="5"></td></tr>
<tr><td>任务分工</td><td colspan="5"></td></tr>
<tr><td>完成日期</td><td></td><td>教师评价</td><td colspan="3"></td></tr>
</table>

<table>
<tr><td>学习任务</td><td colspan="2"></td></tr>
<tr><td rowspan="2">任务实施</td><td>完成步骤</td><td></td></tr>
<tr><td>重点内容</td><td>任务实施过程中，用到的专业技能、专业知识、标准规范和方法等</td></tr>
<tr><td rowspan="3">学习反思</td><td>收获与不足</td><td>任务实施过程中，存在的问题及解决办法等</td></tr>
<tr><td>待解问题</td><td></td></tr>
<tr><td>课后学习</td><td></td></tr>
</table>

3.7.3 知识与技能

1．知识点——消防应急灯具的分类

消防应急照明和疏散指示系统是指为人员疏散和发生火灾时仍需工作的场所提供照明和疏散指示的系统，主要由消防应急灯具和相关装置构成，是建筑中不可缺少的重要消防设施。消防应急灯具的分类如图3.7–1所示。

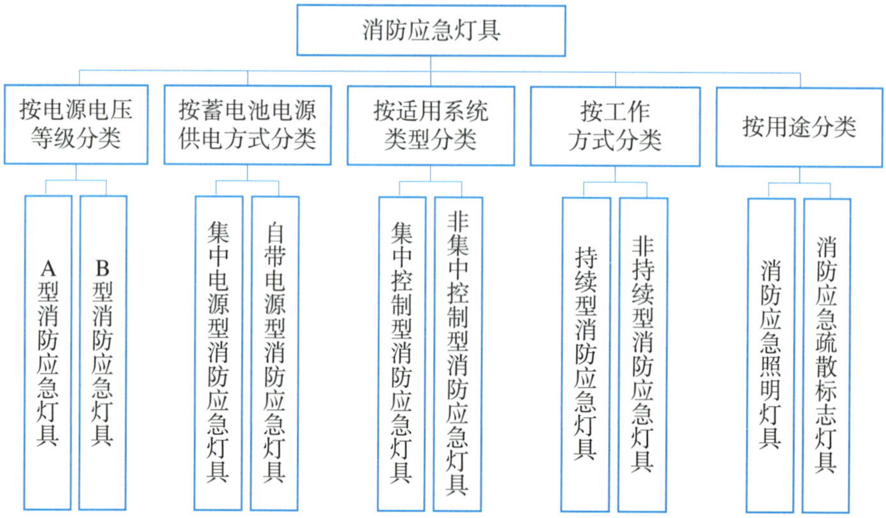

图3.7–1　消防应急灯具分类

（1）A型消防应急灯具是指主电源和蓄电池电源额定工作电压均不大于DC36V的消防应急灯具。B型消防应急灯具是指主电源和蓄电池电源额定工作电压大于DC36V或AC36V的消防应急灯具。

（2）自带电源型消防应急灯具的电池、光源及相关电路安装在灯具内部，一般分为两种：一种是电池、光源和相关电路为一体；另一种是电池和相关电路为一体，光源为分体。集中电源型消防应急灯具由应急集中电源提供，自身无独立的电池，不能独立工作。

（3）集中控制型消防应急灯具是指通过应急照明控制器按预设逻辑和时序集中控制并显示的消防应急灯具。非集中控制型消防应急灯具的控制则不通过应急照明控制器进行控制。

（4）持续型消防应急灯具是指光源在主电源或应急电源工作时，均处于点亮状态的消防应急灯具。非持续型消防应急灯具的光源在主电源工作时不点亮，仅在应急电源工作时处于点亮状态。

（5）消防应急照明灯具是为人员疏散和发生火灾时仍需工作的场所提供照明的灯具。消防应急疏散标志灯具是用图形、文字指示疏散方向，指示疏散出口、安全出口、楼层、避难层（间）、残疾人通道的灯具。

2. 知识点——消防应急照明和疏散指示系统分类与组成

3.7-1
消防应急照明和疏散指示
系统概述

消防应急照明和疏散指示系统按照灯具的应急供电方式和控制方式的不同，分为自带电源非集中控制型、自带电源集中控制型、集中电源非集中控制型、集中电源集中控制型四种系统。

（1）自带电源非集中控制型系统

自带电源非集中控制型系统主要由应急照明配电箱、消防应急灯具和配电线路等组成。消防应急灯具均为自带电源型，灯具内部自带蓄电池，工作方式为独立控制，无集中控制功能，系统组成如图3.7–2所示。由应急照明配电箱向消防应急灯具供电。

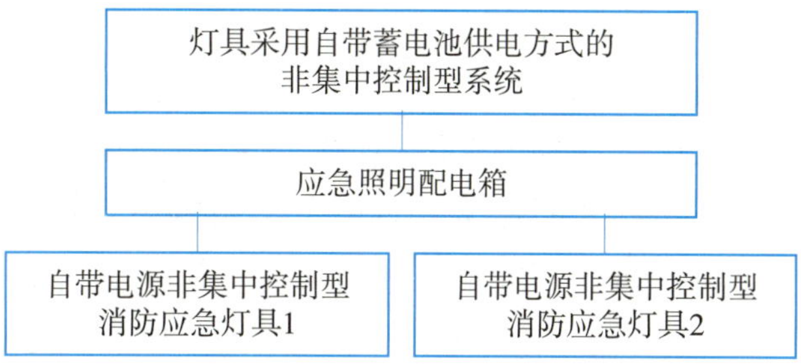

图3.7–2　自带电源非集中控制型系统组成

（2）自带电源集中控制型系统

自带电源集中控制型系统主要由应急照明控制器、应急照明配电箱、消防应急灯具和配电线路等组成。消防应急灯具均为自带电源型，灯具内部自带蓄电池，但是消防应急灯具的应急转换由应急照明控制器控制，系统组成如图3.7–3所示。由应急照明配电箱向消防应急灯具供电，消防应急灯具的工作状态受应急照明控制器控制和管理。

（3）集中电源非集中控制型系统

集中电源非集中控制型系统主要由应急照明集中电源、消防应急灯具和配电线路

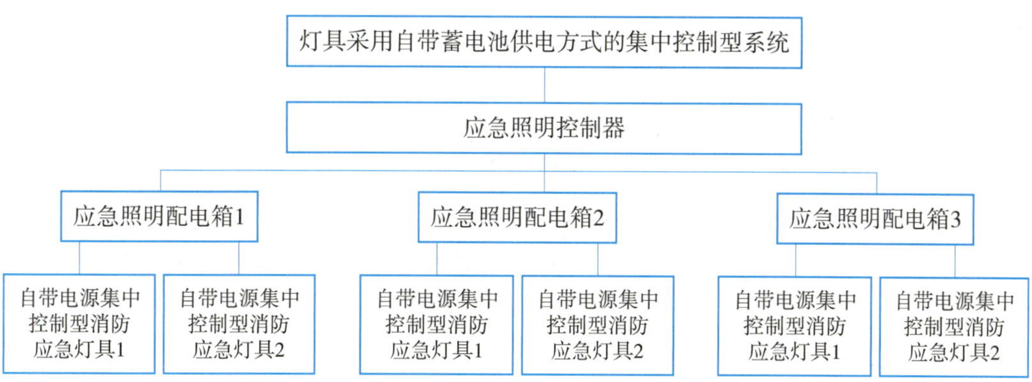

图3.7–3　自带电源集中控制型系统组成

等组成。消防应急灯具自身不带电源，工作电源由应急照明集中电源提供，工作方式为独立控制，无集中控制功能，系统组成如图3.7–4所示。

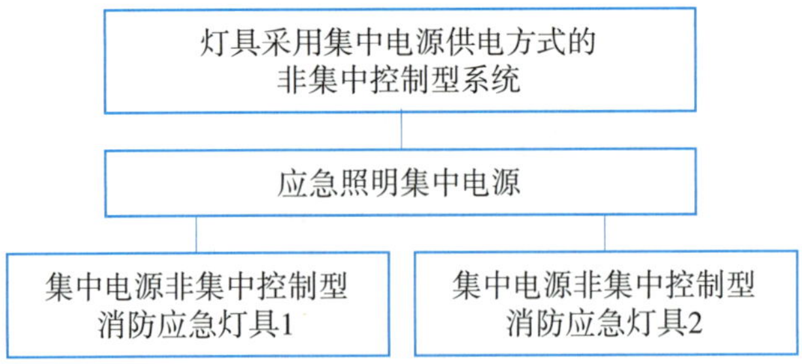

图3.7–4　集中电源非集中控制型系统组成

（4）集中电源集中控制型系统

集中电源集中控制型系统主要由应急照明控制器、应急照明集中电源、消防应急灯具和配电线路等组成。消防应急灯具的电源由应急照明集中电源提供，控制方式由应急照明控制器集中控制，系统组成如图3.7–5所示。

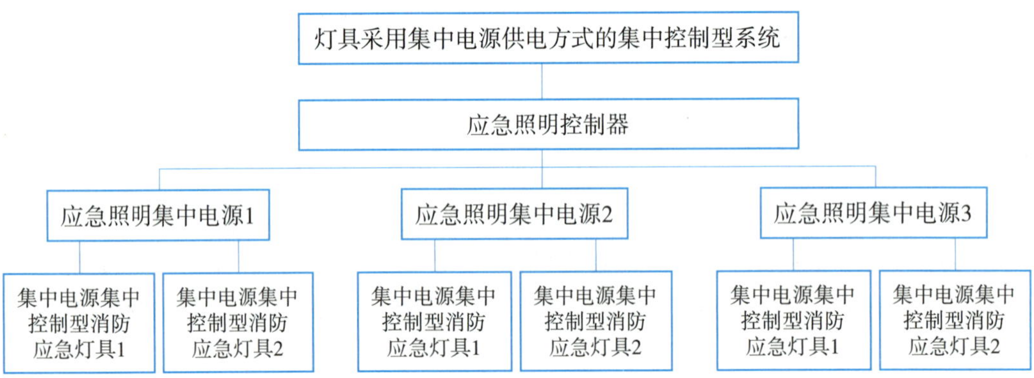

图3.7–5　集中电源集中控制型系统组成

3．知识点——消防应急照明和疏散指示系统的工作原理

（1）自带电源非集中控制型系统

3.7–2
消防应急照明和疏散指示系统及联动控制

自带电源非集中控制型系统在正常工作状态时，市电通过应急照明配电箱为灯具供电，用于正常工作和蓄电池充电。当发生火灾时，消防联动控制器联动控制应急照明配电箱动作，切断消防应急灯具的市电供电线路，内部自带蓄电池的灯具自行进入应急工作状态，为人员疏散和消防作业提供应急照明和疏散指示，如图3.7–6所示。

（2）自带电源集中控制型系统

自带电源集中控制型系统由应急照明控制器对灯具进行集中监测和管理。当发生火灾时，应急照明控制器接收到消防联动信号后，控制应急照明配电箱和消防应急灯具转入应急状态，为人员疏散和消防作业提供照明和疏散指示，如图3.7–7所示。

（3）集中电源非集中控制型系统

集中电源非集中控制型系统在正常工作状态时，市电接入应急照明集中电源，通过应急照明分配电装置将应急照明集中电源按照回路分配给消防应急灯具，用于正常工

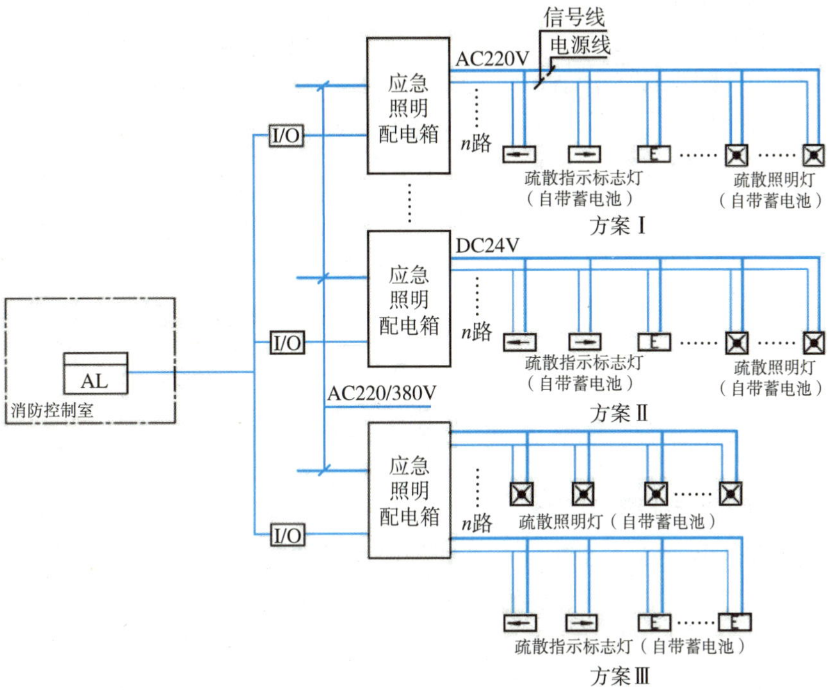

图3.7–6　自带电源非集中控制型系统图

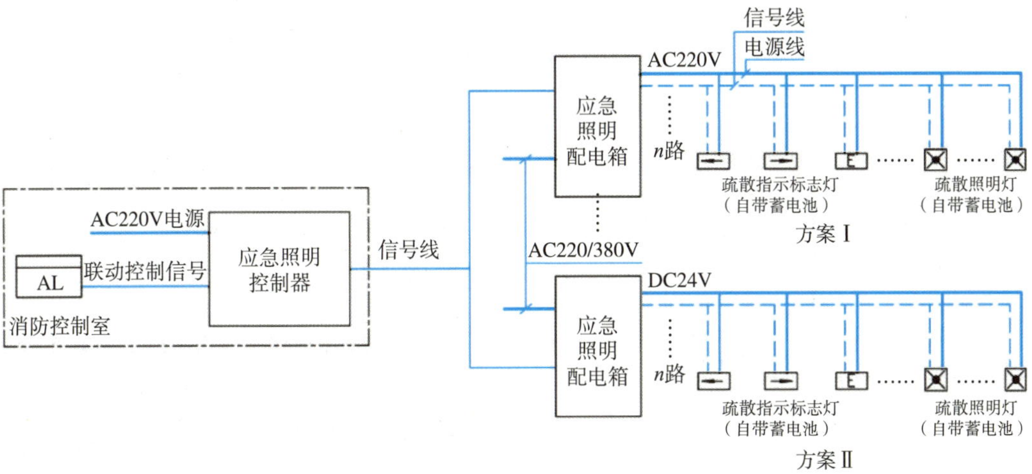

图3.7–7　自带电源集中控制型系统图

作和蓄电池充电。当发生火灾时，消防联动控制器将应急照明集中电源的供电电源由市电切换至蓄电池，集中电源和消防应急灯具进入应急工作状态，为人员疏散和消防作业提供照明和疏散指示，如图3.7–8所示。

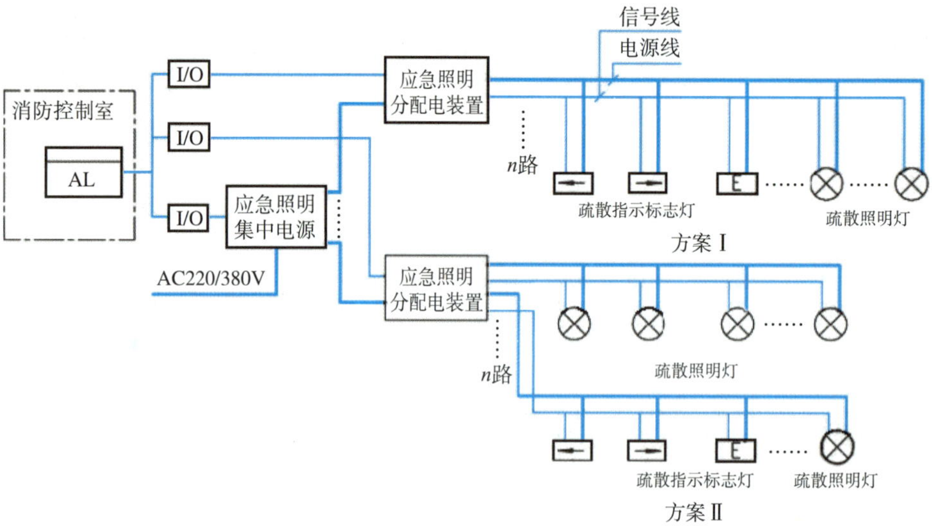

图3.7–8　集中电源非集中控制型系统图

（4）集中电源集中控制型系统

集中电源集中控制型系统由应急照明控制器通过实时监测应急照明集中电源、应急照明分配电装置和消防应急灯具的工作状态，实现系统的集中监测和管理。当发生火灾时，应急照明控制器接收到消防联动信号，控制应急照明集中电源、应急照明分配电装置和消防应急灯具转入应急状态，为人员疏散和消防作业提供照明和疏散指示，如图3.7–9所示。

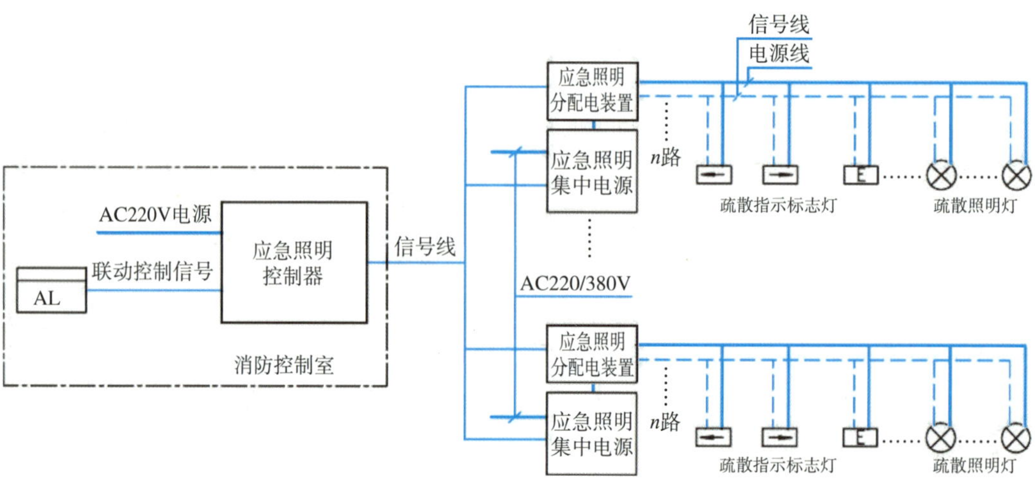

图3.7–9　集中电源集中控制型系统图

4．技能点——消防应急照明和疏散指示系统的控制要求

在发生火灾后，消防应急照明和疏散指示系统控制所有消防应急照明和标志灯具立即转入应急工作状态，帮助人员安全、迅速、有序地逃生，防止发生次生灾害。

（1）一般要求

当确认火灾后，由发生火灾的报警区域开始，顺序启动全楼疏散通道的消防应急照明和疏散指示系统，系统全部投入应急状态的启动时间不应大于5s，高危险区域系统的应急转换时间不应大于0.25s。系统应急启动后，在蓄电池电源供电时的持续工作时间内，应满足下列要求：

1）建筑高度大于100m的民用建筑，不应小于1.5h。

2）医疗建筑、老年人照料设施、总建筑面积大于100000m^2的公共建筑和总建筑面积大于20000m^2的地下、半地下建筑，不应小于1.0h。

3）其他建筑，不应少于0.5h。

（2）集中控制型系统的控制要求

集中控制型系统设有应急照明控制器，它是集中控制型系统的核心控制部件。火灾自动报警系统中，同一报警区域内任两只独立的火灾探测器或任一只火灾探测器和任一只手动火灾报警按钮发出火灾报警信号后，消防联动控制器向应急照明控制器发出应急启动触发信号，由应急照明控制器按预设逻辑联动控制系统的应急启动，并接收、显示、保持其配接的灯具、集中电源或应急照明配电箱的工作状态信息。火灾确认后，应急照明控制器应能按预设逻辑手动、自动控制系统的应急启动。

1）系统手动应急启动控制逻辑

①控制系统所有非持续型照明灯的光源应急点亮，持续型灯具的光源由节电点亮模式转入应急点亮模式；

②控制集中电源转入蓄电池电源输出、应急照明配电箱切断主电源输出。

2）系统自动应急启动控制逻辑

①应急照明控制器控制系统所有非持续型照明灯的光源应急点亮，持续型灯具的光源由节电点亮模式转入应急点亮模式；

②应急照明控制器控制B型集中电源转入蓄电池电源输出、B型应急照明配电箱切断主电源输出；

③A型集中电源应保持主电源输出，待接收到其主电源断电信号后，自动转入蓄电池电源输出；A型应急照明配电箱应保持主电源输出，待接收到其主电源断电信号后，自动切断主电源输出。

任一台应急照明控制器直接控制灯具的总数量不应大于3200个。当灯具数量超过3200个需要设置多台应急照明控制器时，应设置一台起集中控制功能的应急照明控制器，起集中控制功能的应急照明控制器应能控制并显示其他应急照明控制器及其配接的灯具、应急照明配电箱或集中电源等系统部件的工作状态。

（3）非集中控制型系统的控制要求

火灾确认后，应能手动控制系统的应急启动；设置区域火灾报警系统的场所，尚应能自动控制系统的应急启动。

1）系统手动应急启动控制逻辑

①灯具采用集中电源供电时，应能手动操作集中电源，控制集中电源转入蓄电池电源输出，同时控制其配接的所有非持续型照明灯的光源应急点亮、持续型灯具的光源由节电点亮模式转入应急点亮模式；

②灯具采用自带蓄电池供电时，应能手动操作切断应急照明配电箱的主电源输出，同时控制其配接的所有灯具转入应急点亮模式。

2）系统自动应急启动控制逻辑

①灯具采用集中电源供电时，集中电源接收到消防联动控制器的火灾报警输出信号后，应自动转入蓄电池电源输出，并控制其配接的所有灯具转入应急点亮模式；

②灯具采用自带蓄电池供电时，应急照明配电箱接收到消防联动控制器的火灾报警输出信号后，应自动切断主电源输出，并控制其配接的所有灯具转入应急点亮模式。

5．技能点——消防电梯系统的联动控制

消防电梯是高层建筑所特有的消防设施。它能节省消防员的体力，使消防员能快速接近着火区域，提高战斗力和灭火救援效果。在确认火灾后，消防联动控制器应具有发出联动控制信号，强制所有电梯停于首层或电梯转换层的功能。电梯运行状态信息和停于首层或转换层的反馈信号，应传送给消防控制室显示，轿厢内应设置能直接与消防控制室通话的专用电话。

下列建筑应设置消防电梯：

1）建筑高度大于33m的住宅建筑；

2）一类高层公共建筑和建筑高度大于32m的二类高层公共建筑、5层及以上且总建筑面积大于3000m^2（包括设置在其他建筑内五层及以上楼层）的老年人照料设施；

3）设置消防电梯的建筑的地下或半地下室，埋深大于10m且总建筑面积大于3000m^{2}的其他地下或半地下建筑（室）。

3.7.4 问题思考

1．填空题

（1）消防应急照明和疏散指示系统按照灯具的应急供电方式和控制方式的不同，分为__________、__________、__________、__________四种系统。

（2）在火灾确认后，消防联动控制器应具有发出联动控制信号，强制所有电梯停于__________的功能。

2. 选择题

（1）高危险场所以外的其他场所灯具光源应急点亮的响应时间不应大于（　　）s。

A. 0.25　　B. 5　　C. 1　　D. 10

（2）消防应急照明和疏散指示系统的联动设计中，自带电源非集中控制型消防应急照明和疏散指示系统，应由消防联动控制器联动（　　）实现。

A. 应急照明控制器　　B. 应急照明集中电源

C. 应急照明分配电装置　　D. 应急照明配电箱

3.7.5 知识拓展

资源名称	3.7拓-1　应急照明和疏散指示系统组件的安装
资源类型	视频
资源二维码	

任务 3.8 火灾预警系统

3.8.1 教学目标与思路

【教学目标】

知识目标	能力目标	素养目标
1. 能够描述电气火灾监控系统和可燃气体探测报警系统的组成及工作原理； 2. 能够归纳电气火灾监控系统和可燃气体探测报警系统的设计要求	1. 具有识别电气火灾监控系统和可燃气体探测报警系统各部件作用的能力； 2. 具有分析电气火灾监控系统和可燃气体探测报警系统工作原理的能力	1. 遵守消防设计相关规范标准要求，敬畏科学规律； 2. 树立预防为主的安全意识
安全小谈：因电气故障引发的火灾居于发生火灾原因的首位，合理设置电气火灾监控系统，可以有效探测供电线路及供电设备故障，以便及时处理，避免电气发生火灾。引导学生理解领会消防方针"预防为主，防消结合"，树立预防为主的安全意识，防患于未然。		

【学习任务】熟悉《火灾自动报警系统设计规范》GB 50116—2013对电气火灾监控系统和可燃气体探测报警系统相关的控制要求，熟悉电气火灾监控系统和可燃气体探测报警系统设计要求。

【建议学时】2学时。

【思维导图】

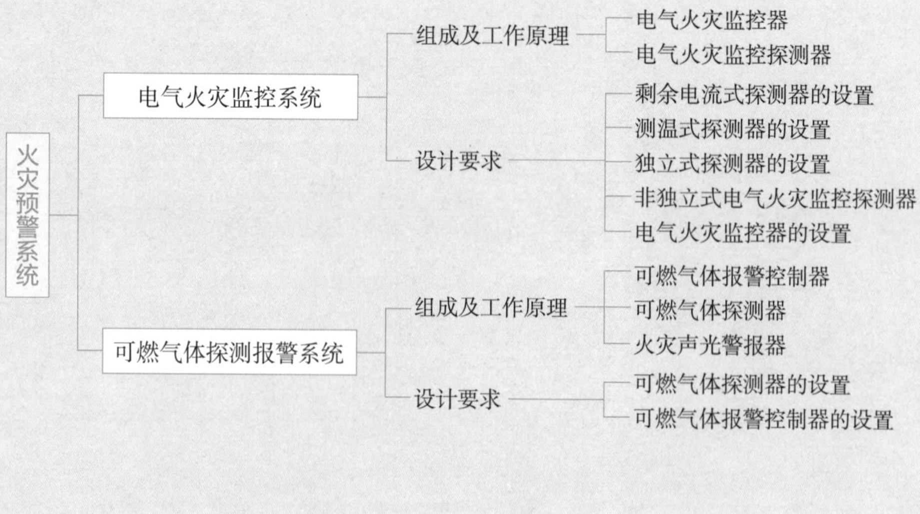

3.8.2 学生任务单

任务名称	火灾预警系统				
学生姓名		班级学号		组别	
同组成员					
任务分工					
完成日期		教师评价			

学习任务		
任务实施	完成步骤	
	重点内容	任务实施过程中，用到的专业技能、专业知识、标准规范和方法等
学习反思	收获与不足	任务实施过程中，存在的问题及解决办法等
	待解问题	
	课后学习	

3.8.3 知识与技能

1．知识点——电气火灾监控系统的组成及分类

3.8-1
电气火灾监控系统设计

电气火灾监控系统是火灾自动报警系统的独立子系统，属于火灾预警系统。电气火灾监控系统适用于具有电气火灾危险场所，尤其是变电站、石油石化、冶金等不能中断供电的重要供电场所的电气故障探测，在产生一定电气火灾隐患的条件下发出报警信号，提醒专业人员排除电气火灾隐患，实现电气火灾的早期预防，避免电气火灾的发生。电气火灾监控系统应独立组成，电气火灾监控探测器的设置不应影响所在场所供配电系统的正常工作。电气火灾监控系统由电气火灾监控器和电气火灾监控探测器组成。其组成示意如图3.8–1所示。

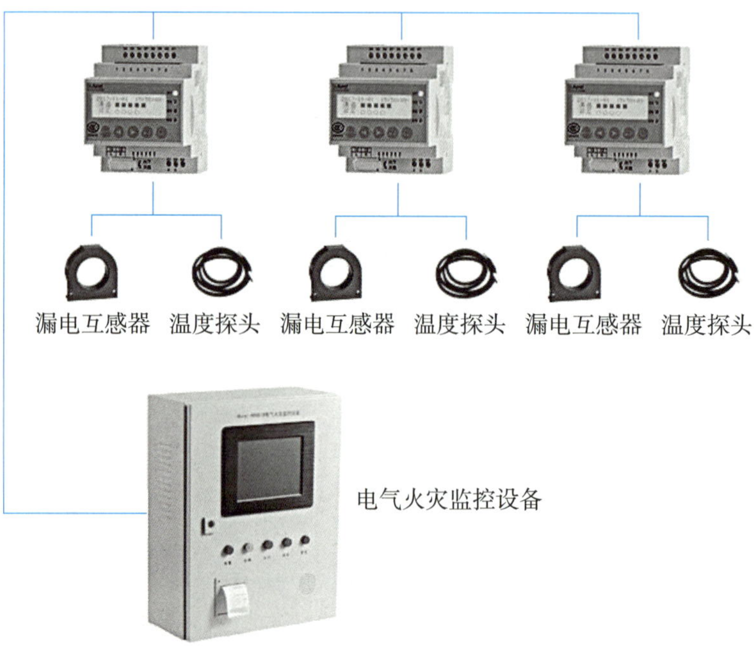

图3.8–1　电气火灾监控系统的组成示意图

（1）电气火灾监控器

电气火灾监控器用于为所连接的电气火灾监控探测器供电，能接收来自电气火灾监控探测器的报警信号，发出声、光报警信号和控制信号，指示报警部位，记录并保存报警信息。

电气火灾监控器按系统连接方式可分为：

1）多线制电气火灾监控器，即采用多线制方式与电气火灾监控探测器连接。

2）总线制电气火灾监控器，即采用总线制方式与电气火灾监控探测器连接。

（2）电气火灾监控探测器

电气火灾监控探测器能够对保护线路中的剩余电流、温度等电气故障参数响应，自动产生报警信号并向电气火灾监控器传输报警信号。

电气火灾监控探测器按工作方式分类：

1）独立式电气火灾监控探测器，即可以自成系统，不需要配接电气火灾监控设备。

2）非独立式电气火灾监控探测器，即自身不具有报警功能，需要配接电气火灾监控设备组成系统。

电气火灾监控探测器按工作原理分类：

1）剩余电流保护式电气火灾监控探测器，即当被保护线路的相线直接或通过非预期负载对大地接通，而产生近似正弦波形且有效值呈缓慢变化的剩余电流。当该电流大于预定数值时，即自动报警的电气火灾监控探测器。

2）测温式电气火灾监控探测器，即当被保护线路的温度高于预定数值时，自动报警的电气火灾监控探测器。

3）故障电弧式电气火灾监控探测器，即当被保护线路上发生故障电弧时，发出报警信号的电气火灾监控探测器。

2．知识点——电气火灾监控系统的工作原理

发生电气故障时，电气火灾监控探测器将保护线路中的剩余电流、温度等电气故障参数信息转变为电信号，经数据处理后，探测器做出报警判断，将报警信息传输到电气火灾监控器。电气火灾监控器在接收到探测器的报警信息后，经确认判断，显示电气故障报警探测器的部位信息，记录探测器报警的时间，同时启动安装在保护区域现场的声光警报装置，发出声光警报，警示人员采取相应的处置措施，排除电气故障、消除电气火灾隐患，防止电气火灾的发生。电气火灾监控系统的工作原理如图3.8–2所示。

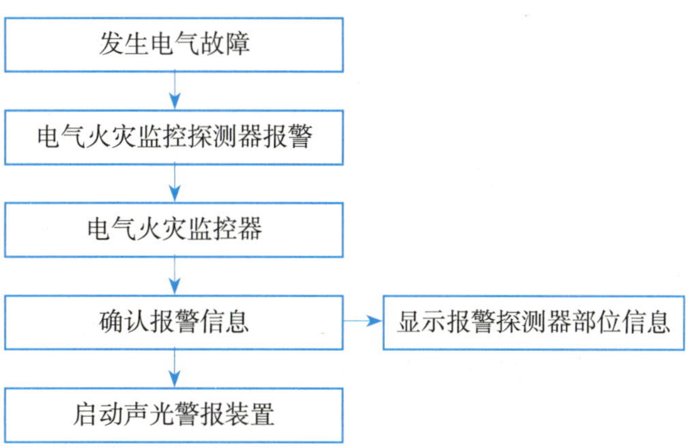

图3.8–2　电气火灾监控系统的工作原理图

3．技能点——电气火灾监控系统的设计要求

电气火灾监控系统应根据建筑物的性质及电气火灾危险性设置，并应根据电气线路敷设和用电设备的具体情况，确定电气火灾监控探测器的形式与安装位置。

（1）剩余电流式电气火灾监控探测器的设置

剩余电流式电气火灾监控探测器应以设置在低压配电系统首端为基本原则，宜设置在第一级配电柜（箱）的出线端。在供电线路泄漏电流大于500mA时，宜在其下一级配电柜（箱）设置，如图3.8–3所示。探测器报警设定值宜为300～500mA。具有探测线路故障电弧功能的电气火灾监控探测器，其保护线路的长度不宜大于100m。在IT系统的配电线路和消防配电线路中不适合选择剩余电流式电气火灾监控探测器。

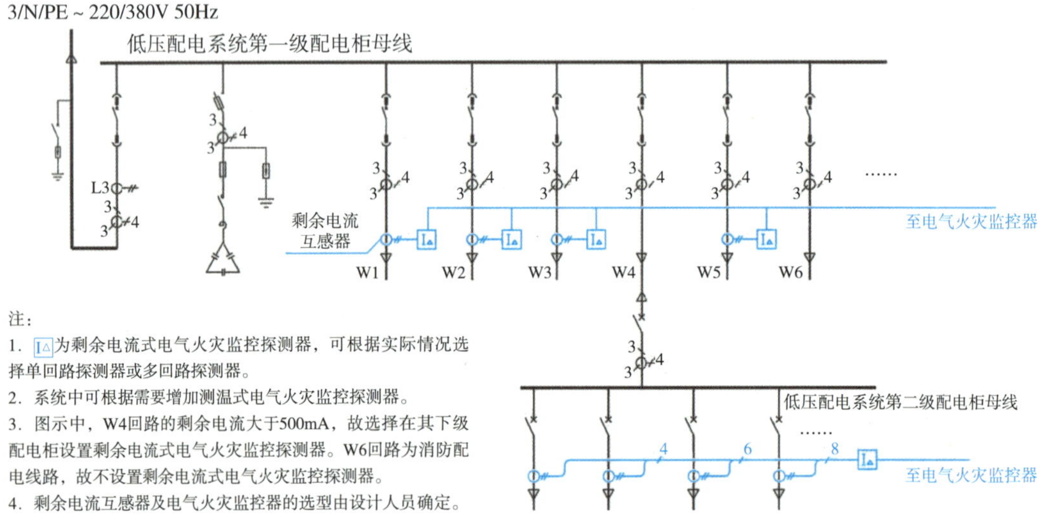

注：

1. I_Δ为剩余电流式电气火灾监控探测器，可根据实际情况选择单回路探测器或多回路探测器。
2. 系统中可根据需要增加测温式电气火灾监控探测器。
3. 图示中，W4回路的剩余电流大于500mA，故选择在其下级配电柜设置剩余电流式电气火灾监控探测器。W6回路为消防配电线路，故不设置剩余电流式电气火灾监控探测器。
4. 剩余电流互感器及电气火灾监控器的选型由设计人员确定。

图3.8–3　剩余电流式电气火灾监控探测器系统示意图

（2）测温式电气火灾监控探测器的设置

测温式电气火灾监控探测器应设置在电缆接头、端子、重点发热部件等部位。保护对象为1000V及以下的配电线路，测温式电气火灾监控探测器应采用接触式布置。保护对象为1000V以上的供电线路，测温式电气火灾监控探测器宜选择光栅光纤测温式或红外测温式电气火灾监控探测器，光栅光纤测温式电气火灾监控探测器应直接设置在保护对象的表面。根据对供电线路发生的火灾统计，在供电线路本身发生过载时，接头部位反应最强烈，因此保护供电线路过载时，应重点监控其接头部位的温度变化。

（3）独立式电气火灾监控探测器的设置

在无消防控制室且电气火灾监控探测器设置数量不超过8只时，可采用独立式电气火灾监控探测器。未设火灾自动报警系统时，独立式电气火灾监控探测器应将报警信号传至有人值班的场所；设有火灾自动报警系统时，独立式电气火灾监控探测器的报警信

息和故障信息应在消防控制室图形显示装置或集中火灾报警控制器上显示，但该类信息与火灾报警信息的显示应有区别。

（4）非独立式电气火灾监控探测器的设置

非独立式电气火灾监控探测器应接入电气火灾监控器，不应接入火灾报警控制器的探测器回路。

（5）电气火灾监控器的设置

设有消防控制室时，电气火灾监控器应设置在消防控制室内或保护区域附近；设置在保护区域附近时，应将报警信息和故障信息传入消防控制室。未设消防控制室时，电气火灾监控器应设置在有人值班的场所。在设置消防控制室的场所，电气火灾监控器的报警信息和故障信息应在消防控制室图形显示装置或起集中控制功能的火灾报警控制器上显示，但该类信息与火灾报警信息的显示应有区别。

4．知识点——可燃气体探测报警系统的组成及工作原理

3.8-2
可燃气体探测报警系统

可燃气体探测报警系统由可燃气体报警控制器、可燃气体探测器和火灾声光警报器等组成。可燃气体探测报警系统适用于使用、生产和聚集可燃气体或可燃液体蒸气场所可燃气体的探测，在泄漏或距离可燃气体浓度达到爆炸下限前发出报警信号，提醒专业人员排除火灾、爆炸隐患，实现火灾的早期预防避免火灾和爆炸事故的发生。

可燃气体探测报警系统是火灾自动报警系统的独立子系统，属于火灾预警系统。可燃气体探测报警系统应独立组成，可燃气体探测器不应直接接入火灾报警控制器的报警总线。可燃气体探测报警系统的组成示意如图3.8–4所示。

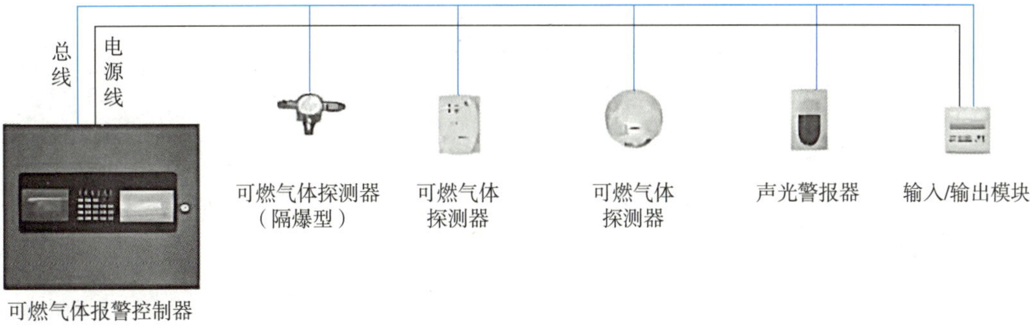

图3.8–4　可燃气体探测报警系统组成示意图

（1）可燃气体报警控制器

可燃气体报警控制器是用于为所连接的可燃气体探测器供电，接收来自可燃气体探测器的报警信息，发出声、光报警信号和控制信号，指示报警部位，记录并保存报警信息的装置。

（2）可燃气体探测器

可燃气体探测器是能对泄漏可燃气体响应，自动产生报警信号并向可燃气体报警控制器传输报警信号和泄漏可燃气体浓度信息的器件。

（3）系统工作原理

发生可燃气体泄漏时，安装在保护区域现场的可燃气体探测器，将泄漏可燃气体的浓度参数转变为电信号，经数据处理后，将可燃气体浓度参数信息传输至可燃气体报警控制器；或直接由可燃气体探测器做出泄漏可燃气体浓度超限报警判断，将报警信息传输到可燃气体报警控制器。可燃气体报警控制器在接收到探测器的可燃气体浓度参数信息或报警信息后，经确认判断，显示泄漏报警探测器的部位并发出泄漏可燃气体浓度信息，记录探测器报警的时间，同时启动安装在保护区域现场的声光警报装置，发出声光警报，警示人员采取相应的处置措施；必要时可以控制并关断燃气的阀门，防止燃气进一步泄漏。可燃气体探测报警系统的工作原理如图3.8–5所示。

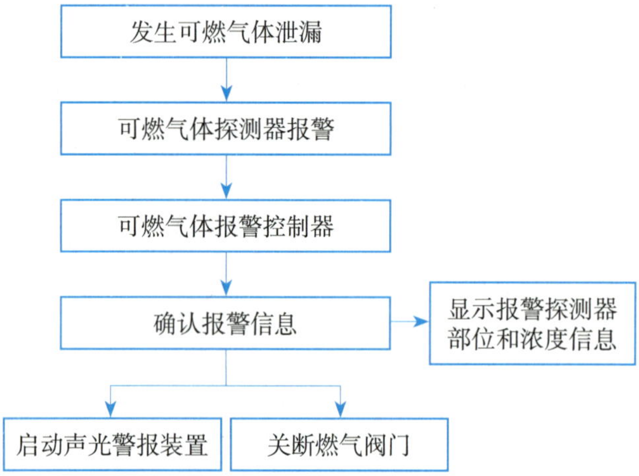

图3.8–5　可燃气体探测报警系统的工作原理

5. 技能点——可燃气体探测报警系统的设计要求

（1）可燃气体探测器的设置

1）探测气体密度小于空气密度时，可燃气体探测器应设置在被保护空间的顶部；探测气体密度大于空气密度时，可燃气体探测器应设置在被保护空间的下部；探测气体密度与空气密度相当时，可燃气体探测器可设置在被保护空间的中间部位或顶部。如图3.8–6所示。

2）可燃气体探测器宜设置在可能产生可燃气体部位附近。点型可燃气体探测器的保护半径，应符合现行国家标准《石油化工可燃气体和有毒气体检测报警设计标准》GB 50493—2019的有关规定。线型可燃气体探测器的保护区域长度不宜大于60m。

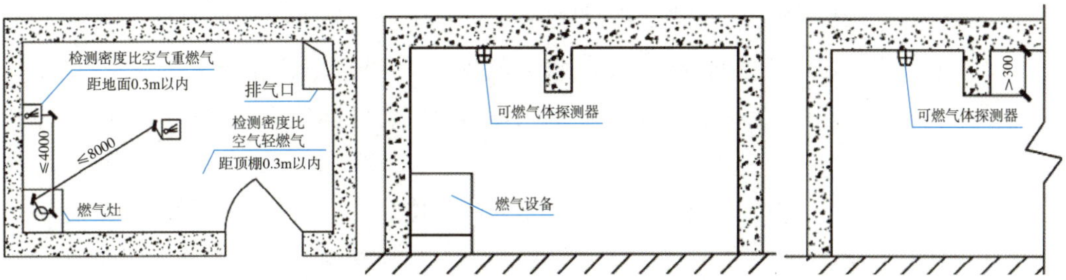

图3.8–6　可燃气体探测器安装位置示意图

注：

1.《城镇燃气设计规范》GB 50028—2006（2020修订版）第10.8.2条规定，当检测比空气轻的燃气时，检测报警器与燃具或阀门的水平距离不得大于8m，安装高度应距顶棚0.3m以内，且不得设在燃具上方。当检测比空气重的燃气时，检测报警器与燃具或阀门的水平距离不得大于4m，安装高度应距地面0.3m以内。如图3.8–6（a）所示。

2．当可燃气体探测器在屋顶安装时，应装于有燃气设备的梁的一侧，如图3.8–6（b）所示。

3．当突出物或梁高超过0.3m时，需将探测器安装在顶板下，如图3.8–6（c）所示。

3）由于可燃气体探测器功耗较大、使用寿命短等原因，可燃气体探测器不能接入火灾报警控制器的探测器回路；当可燃气体的报警信号需接入火灾自动报警系统时，应由可燃气体报警控制器接入。

（2）可燃气体报警控制器的设置

1）当有消防控制室时，可燃气体报警控制器可设置在保护区域附近；当无消防控制室时，可燃气体报警控制器应设置在有人值班的场所。可燃气体报警控制器的设置应符合火灾报警控制器的安装设置要求。

2）可燃气体报警控制器的报警信息和故障信息，应在消防控制室图形显示装置或起集中控制功能的火灾报警控制器上显示，但该类信息与火灾报警信息的显示应有区别。

3.8.4 问题思考

1．填空题

（1）电气火灾监控探测器按工作方式可分为__________和__________。

（2）可燃气体探测报警系统应由__________、__________和__________等组成。

2．选择题

（1）下列关于电气火灾监控系统设置的做法中，错误的是（　　）。

A．将剩余电流式电气火灾监控探测器的报警值设定为400mA

B．对于泄漏电流大于500mA的供电线路，将剩余电流式电气火灾监控探测器设置在下一级配电柜处

C．将非独立式电气火灾监控探测器接入火灾报警探测器的探测回路

D．将线型感温火灾探测器接入电气火灾监控器用于电气火灾监控

（2）探测气体密度小于空气密度的可燃气体探测器应设置在被保护空间的（　　）。

A．顶部　　B．下部　　C．中间位置　　D．不确定

3．画图题

（1）画出电气火灾监控系统的工作原理流程图。

（2）画出可燃气体探测报警系统的工作原理流程图。

3.8.5 知识拓展

资源名称	3.8拓-1　典型场所火灾自动报警系统设计	3.8拓-2　消防电源监控系统
资源类型	文档	文档
资源二维码		

项目 4

火灾自动报警系统的施工

任务4.1 系统设备安装

任务4.2 系统布线与接地

任务4.3 火灾自动报警系统施工图的识读

任务4.4 火灾自动报警系统的施工质量管理

任务 4.1 系统设备安装

4.1.1 教学目标与思路

【教学目标】

知识目标	能力目标	素养目标
1. 能正确描述火灾自动报警系统各设备安装步骤； 2. 能正确归纳火灾自动报警系统设备安装要求	具有正确安装火灾报警系统各设备的能力	1. 树立学生职业荣誉感，培养学生尽职尽责、认真严谨的工作作风； 2. 弘扬劳动光荣，提高学生爱岗敬业意识
安全小谈："全国119消防奖"的获奖者是千千万万个消防人的缩影，正是消防人坚持"人民至上，安全至上"的安全发展理念，才维护了广大人民群众的生命财产安全。引导学生牢固树立安全意识和质量意识，从"知规范、学规范、守规范"做起，确保火灾自动报警系统的施工质量符合规范要求。		

【学习任务】熟悉《火灾自动报警系统施工及验收标准》GB 50166—2019，正确进行火灾自动报警系统控制与现实类设备安装、火灾探测器安装及其他部件安装。

【建议学时】2～4学时。

【思维导图】

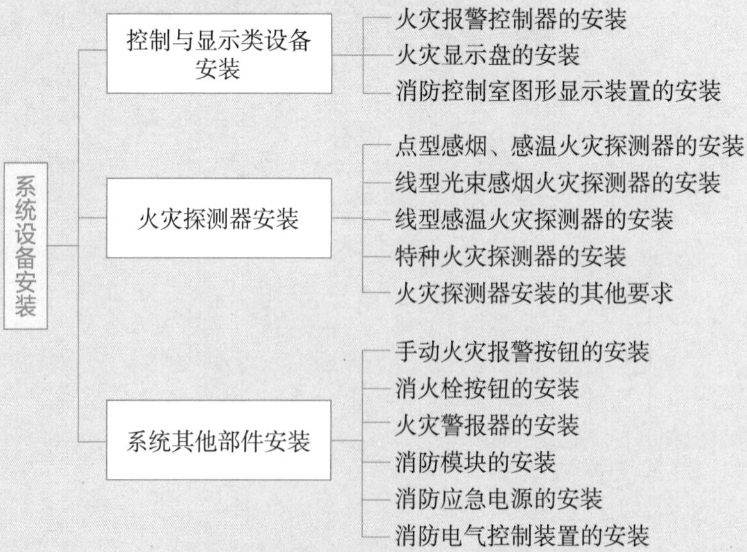

4.1.2 学生任务单

任务名称	系统设备安装				
学生姓名		班级学号		组别	
同组成员					
任务分工					
完成日期		教师评价			

学习任务		
任务实施	完成步骤	
	重点内容	任务实施过程中，用到的专业技能、专业知识、标准规范和方法等
学习反思	收获与不足	任务实施过程中，存在的问题及解决办法等
	待解问题	
	课后学习	

4.1.3 知识与技能

1. 知识点——控制与显示类设备安装要求

4.1-1 控制器类设备安装

控制与显示类设备包括火灾报警控制器、消防联动控制器、火灾显示盘、气体灭火控制器、消防电话总机、可燃气体报警控制器、电气火灾监控设备、防火门监控器、消防设备电源监控器、消防控制室图形显示装置、传输设备、消防应急广播控制装置等。其应安装牢固，不得倾斜。安装在轻质墙上时，应采取加固措施。落地安装时，其底边宜高出地（楼）面0.1～0.2m。火灾报警控制器和消防联动控制器安装在墙上时，其主显示屏高度宜为1.5～1.8m，其靠近门轴的侧面距墙不应小于0.5m，正面操作距离不应小于1.2m。

控制与显示类设备的引入线缆应符合配线整齐、不宜交叉、固定牢靠；线缆芯线的端部均应标明编号，并应与设计文件一致，字迹应清晰且不易褪色：端子板的每个接线端接线不应超过2根；线缆应留有不小于0.2m的余量；线缆应绑扎成束；线缆穿管、槽盒后，应将管口、槽口封堵。

控制与显示类设备的电源应与消防电源、备用电源直接连接，不应使用电源插头。主电源和接地应设置明显的永久性标识。蓄电池需进行现场安装时，应核对蓄电池的规格、型号、容量，并应符合设计文件的规定，蓄电池的安装应满足产品使用说明书的要求。

2. 知识点——火灾探测器的安装要求

4.1-2 火灾探测器的安装

点型火灾探测器的安装要求在本教材“2.1火灾探测器”中已经学习，下面主要介绍线型火灾探测器、特种火灾探测器等探测器的安装要求。

（1）线型光束感烟火灾探测器的安装要求

线型光束感烟火灾探测器的安装应符合下列规定：

1）探测器光束轴线至顶棚的垂直距离宜为0.3～1.0m，距地高度不宜超过20m。

2）发射器和接收器（反射式探测器的探测器和反射板）之间的距离不宜超过100m。

3）相邻两组探测器光束轴线的水平距离不应大于14m，探测器光束轴线至侧墙水平距离不应大于7m，且不应小于0.5m。

4）发射器和接收器（反射式探测器的探测器和反射板）应安装在固定结构上，且应安装牢固，确需安装在钢架等容易发生位移形变的结构上时，结构的位移不应影响探测器的正常运行。

5）发射器和接收器（反射式探测器的探测器和反射板）之间的光路上应无遮挡物。

6）应保证接收器（反射式探测器的探测器）避开日光和人工光源直接照射。

线型光束感烟火灾探测器的安装如图4.1–1和图4.1–2所示。

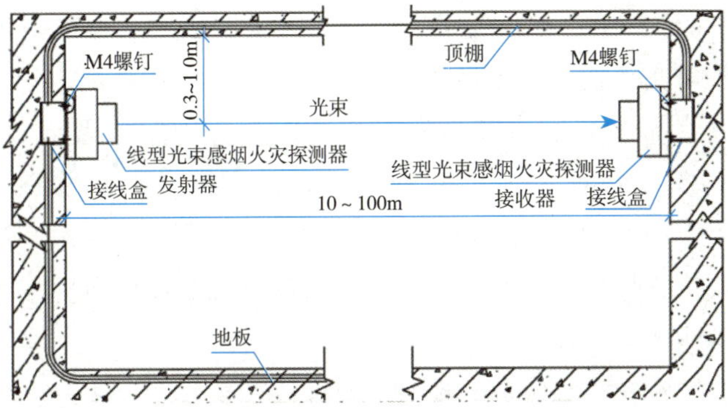

图4.1–1　线型光束感烟火灾探测器立面安装示意图

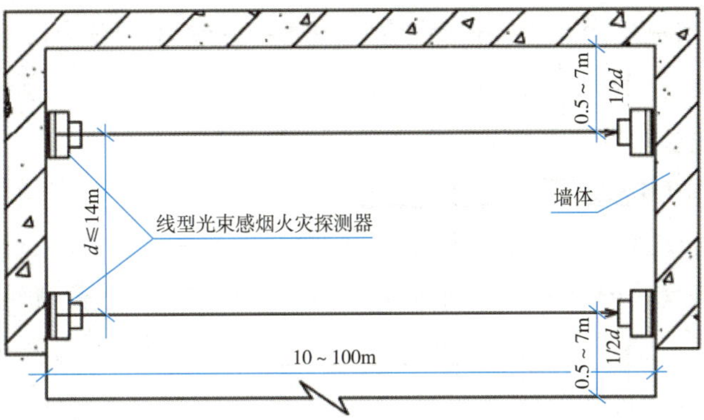

图4.1–2　线型光束感烟火灾探测器平面安装示意图

（2）线型感温火灾探测器的安装要求

线型感温火灾探测器的安装应符合下列规定：

1）敷设在顶棚下方的线型感温火灾探测器至顶棚距离宜为0.1m，相邻探测器之间的水平距离不宜大于5m，探测器至墙壁距离宜为1.0 ~ 1.5m，如图4.1–3所示。

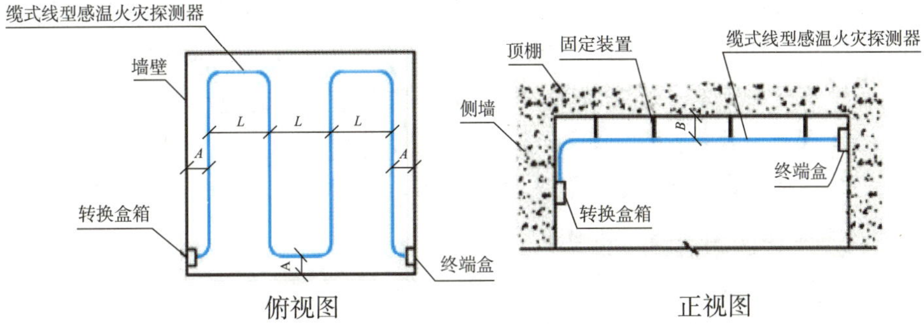

图4.1–3　缆式线型感温火灾探测器在顶棚下方敷设示意图

注：图中尺寸标注，A：1 ~ 1.5m；L≤7.2m；B：0.1m。

2）在电缆桥架、变压器等设备上安装时，宜采用接触式布置，在各种皮带输送装置上敷设时，宜敷设在装置的过热点附近。

3）探测器敏感部件应采用产品配套的固定装置固定，固定装置的间距不宜大于2m。

4）缆式线型感温火灾探测器的敏感部件应采用连续无接头方式安装，如确需中间接线，应采用专用接线盒连接，敏感部件安装敷设时应避免重力挤压冲击，不应硬性折弯、扭转，探测器的弯曲半径宜大于0.2m。

5）分布式线型光纤感温火灾探测器的感温光纤不应打结，光纤弯曲时，弯曲半径应大于50mm，每个光通道配接的感温光纤的始端及末端应各设置不小于8m的余量段，感温光纤穿越相邻的报警区域时，两侧应分别设置不小于8m的余量段。

6）光栅光纤线型感温火灾探测器的信号处理单元安装位置不应受强光直射，光纤光栅感温段的弯曲半径应大于0.3m。

（3）特种火灾探测器的安装要求

1）管路采样式吸气感烟火灾探测器的安装要求

管路采样式吸气感烟火灾探测器的安装应符合下列规定：

①高灵敏度吸气式感烟火灾探测器可安装在顶棚高度大于16m的场所，并应保证至少有两个采样孔低于16m；非高灵敏度的吸气式感烟火灾探测器因灵敏度较低，不宜安装在顶棚高度大于16m的场所。

②由于吸气式感烟火灾探测器的一个采样孔相当于一个点型感烟火灾探测器，所以每个采样孔的保护面积、保护半径应满足点型感烟火灾探测器的保护面积、保护半径的要求。

③一个探测单元的采样管总长不宜超过200m，单管长度不宜超过100m，同一根采样管不应穿越防火分区。采样孔总数不宜超过100个，单管上的采样孔数量不宜超过25个，如图4.1–4所示。

④当采样管道布置形式为垂直采样时，每2℃温差间隔或3m间隔（取最小者）应设置一个采样孔，采样孔不应背对气流方向。

⑤采样孔的直径应根据采样管的长度及敷设方式、采样孔的数量等因素确定，并应满足设计文件和产品使用说明书的要求，采样孔需要现场加工时，应采用专用打孔工具。

⑥当采样管道采用毛细管布置方式时，毛细管长度不宜超过4m，如图4.1–5所示。

⑦采样管应牢固安装在过梁、空间支架等建筑结构上。

⑧采样管和采样孔应设置明显的火灾探测器标识。

2）图像型火灾探测器的安装要求

图像型火灾探测器的安装应符合下列规定：

①安装位置应保证其视场角覆盖探测区域，并应避免光源直接照射在探测器的探测窗口，如图4.1–6所示。

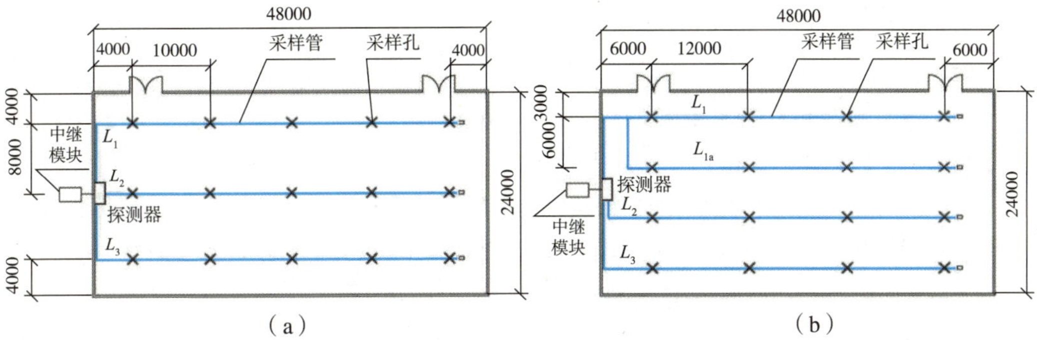

图4.1-4　管路采样式吸气感烟火灾探测器的设置

（a）方案Ⅰ；（b）方案Ⅱ

注：1. 设计采样管和采样孔布局时应注意：在符合规范要求的前提下，一个采样孔的保护面积相当于一个点型感烟式火灾探测器的保护面积，应合理设计采样管、采样孔的布局，确保系统可以覆盖整个探测区域。

2. 图中$L=L_1+L_2+L_3\leqslant 200$m，$L_1$、$L_2$、$L_3\leqslant 100$m（$L$：采样管总长，$L_1$、$L_2$、$L_3$：采样管主管的单管长度，$L_{1a}$：采样管支管的单管长度）。

3. 同一根采样管不应穿越防火分区。采样管（L）上采样孔总数不宜超过100个，单管（L_1、L_2、L_3）上的采样孔数量不宜超过25个。

4. 采样管的长度和采样孔的数量不应超过产品检验报告中的描述值。

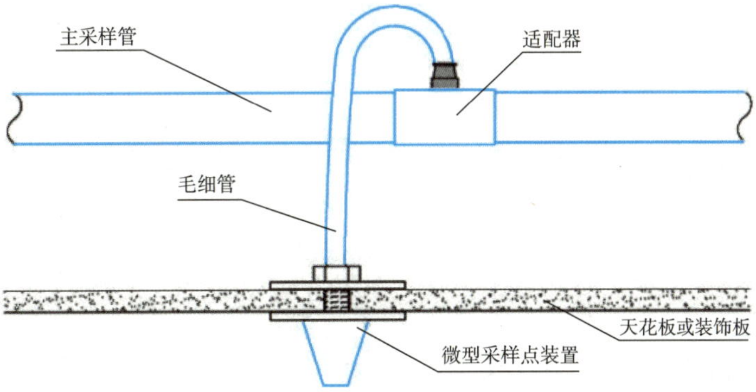

图4.1-5　毛细管采样示意图

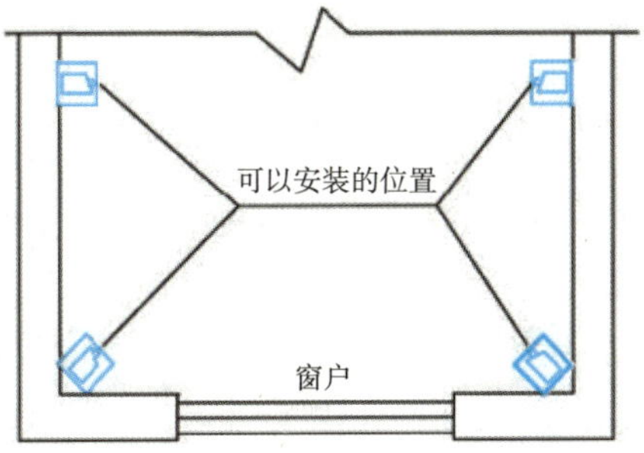

图4.1-6　图像型探测器在有窗户房间安装位置示意图

②探测器的探测视角内不应存在遮挡物。

③在室外或交通隧道场所安装时，应采取防尘、防水措施。

（4）可燃气体探测器安装要求

可燃气体探测器的安装应符合下列规定：

1）安装位置应根据探测气体密度确定，若其密度小于空气密度，探测器应位于可能出现泄漏点的上方或探测气体的最高可能聚集点上方，若其密度大于或等于空气密度，探测器应位于可能出现泄漏点的下方。

2）可燃气体探测器的气敏元件有一定的寿命周期，需要定期进行标定，应在探测器周围适当留出更换和标定的作业空间。

3）线型可燃气体探测器在安装时，应使发射器和接收器的窗口避免日光直射，且在发射器与接收器之间不应有遮挡物，发射器和接收器的距离不宜大于60m，两组探测器之间的轴线距离不应大于14m。

4）可燃气体探测器在住宅厨房安装时，应注意探测器的安装部位和用户选择的燃气有关。使用天然气的用户应选择甲烷探测器，使用液化气的用户应选择丙烷探测器，使用煤制气的用户应选择一氧化碳探测器。甲烷探测器设置在厨房顶部，丙烷探测器设置在厨房下部，一氧化碳探测器可设置在厨房下部，也可设置在其他部位。可燃气体探测器不宜设置在灶具正上方。连接燃气灶具的软管及接头在橱柜内部时，探测器宜设置在橱柜内部，如图4.1–7所示。

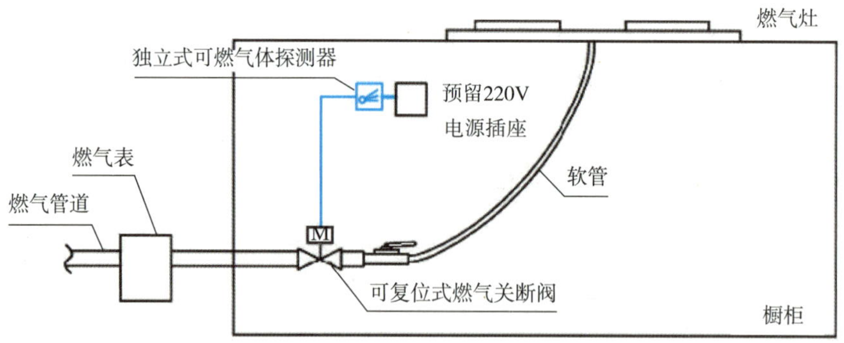

图4.1–7 可燃气体探测器在橱柜中安装位置示意图

（5）电气火灾监控探测器

1）探测器周围应适当留出更换与标定的作业空间。

2）剩余电流式电气火灾监控探测器负载侧的中性线不应与其他回路共用，且不应重复接地。

3）测温式电气火灾监控探测器应采用产品配套的固定装置，固定在保护对象上。

（6）火灾探测器安装的其他要求

探测器底座的安装应符合下列规定：

1）应安装牢固，与导线连接应可靠压接或焊接，当采用焊接时，不应使用带腐蚀性的助焊剂。

2）连接导线应留有不小于150mm的余量，且在其端部应设置明显的永久性标识。

3）穿线孔宜封堵，安装完毕的探测器底座应采取保护措施。

探测器报警确认灯应朝向便于人员观察的主要入口方向。探测器在即将调试时方可安装，在调试前应妥善保管并应采取防尘、防潮、防腐蚀措施。

3. 知识点——系统其他部件的安装要求

4.1-3 消防设备应急电源安装

（1）手动火灾报警按钮、消火栓按钮及其他现场启动和停止按钮的安装要求

手动火灾报警按钮、消火栓按钮、防火卷帘手动控制装置、气体灭火系统手动与自动控制转换装置、气体灭火系统现场启动和停止按钮的安装，应符合下列规定：

1）手动火灾报警按钮、防火卷帘手动控制装置、气体灭火系统手动与自动控制转换装置、气体灭火系统现场启动和停止按钮应设置在明显和便于操作的部位，其底边距地（楼）面的高度宜为1.3～1.5m，且应设置明显的永久性标识，消火栓按钮应设置在消火栓箱内，疏散通道设置的防火卷帘两侧均应设置手动控制装置。

2）应安装牢固，不应倾斜。

3）连接导线应留有不小于150mm的余量，且在其端部应设置明显的永久性标识。

（2）模块或模块箱的安装要求

模块或模块箱的安装应符合下列规定：

1）每个报警区域内的模块宜相对集中设置在本报警区域内的金属模块箱中。

2）联动控制模块严禁设置在配电柜（箱）内。

3）一个报警区域内的模块不应控制其他报警区域的设备。

4）应独立安装在不燃材料或墙体上，安装牢固，并应采取防潮、防腐蚀等措施。

5）模块的连接导线应留有不小于150mm的余量，其端部应有明显的永久性标识。

6）模块的终端部件应靠近连接部件安装。

7）隐蔽安装时，在安装处附近应设置检修孔和尺寸不小于100mm×100mm的永久性标识。

（3）消防应急广播扬声器、火灾警报器及其他警报与状态显示装置的安装要求

消防应急广播扬声器、火灾警报器、喷洒光警报器、气体灭火系统手动与自动控制状态显示装置的安装，应符合下列规定：

1）扬声器和火灾警报器装置宜在报警区域内均匀安装。

2）气体灭火系统手动与自动控制状态显示装置应安装在防护区域内的明显部位；喷洒光警报器应安装在防护区域外，且应安装在出口门的上方。

3）采用壁挂方式安装时，底边距地面高度应大于2.2m。

4）应安装牢固，表面不应有破损。

（4）消防设备应急电源和备用电源蓄电池的安装要求

消防设备应急电源和备用电源蓄电池的安装，应符合下列规定：

1）应安装在通风良好的场所，当安装在密封环境中时，应有通风措施，电池安装场所的环境温度不应超出电池标称的工作温度范围。

2）不应安装在火灾爆炸危险场所。

3）酸性电池不应安装在带有碱性介质的场所，碱性电池不应安装在带有酸性介质的场所。

（5）防火门监控模块与电动闭门器、释放器、门磁开关等现场部件的安装要求

防火门监控模块与电动闭门器、释放器、门磁开关等现场部件的安装应符合下列规定：

1）防火门监控模块至电动闭门器、释放器、门磁开关等现场部件之间连接线的长度不应大于3m。

2）防火门监控模块、电动闭门器、释放器、门磁开关等现场部件应安装牢固。

3）门磁开关的安装不应破坏门扇与门框之间的密闭性。

（6）消防电气控制装置的安装要求

消防电气控制装置用于对建筑消防给水设备、自动灭火设备、室内消火栓设备、防排烟设备、防火门窗、防火卷帘等各类自动消防设施的控制，具有控制受控设备执行预定动作、接收受控设备的反馈信号、监视受控设备状态、与上级监控设备进行信息通信、向使用人员发出声光提示信息等功能。消防电气控制装置的安装应符合下列规定：

1）消防电气控制装置在安装前应进行功能检查，检查结果不合格的装置不应安装。

2）消防电气控制装置外接导线的端部应设置明显的永久性标识。

3）消防电气控制装置应安装牢固，不应倾斜，安装在轻质墙体上时应采取加固措施。

4.1.4 问题思考

1．填空题

（1）控制器要求安装__________，不得倾斜，其目的是美观和避免运行时因墙不坚固而脱落影响使用。

（2）对控制与显示类设备的引入线缆进行规定，要求标明编号，是为了便于__________。

（3）在进行火灾探测器底座安装时，进行底座安装孔封堵的目的是防止潮气、灰尘进管，影响__________。

（4）消防模块的终端部件一般指与模块匹配的终端__________等部件，该部件一般用于检测模块与连接部件连线的短路、断路。

2．判断题

（1）消防设备的电源插头可以经常插拔。（　　）

（2）探测器报警确认灯面向便于人员观察的主要入口，是为了让值班人员能迅速找到哪只探测器报警，便于及时处理事故。（　　）

3．问答题

（1）请分析为何消防系统的备用电源蓄电池需要安装在通风良好的场所。

（2）请分析为何探测器需要在调试时方可安装。

4.1.5 知识拓展

资源名称	4.1拓–1　联动盘现场接口的安装与接线	4.1拓–2　应急广播系统的安装与接线	4.1拓–3　线型光束感烟探测器在高度大于12m空间场所的设置	4.1拓–4　管路吸气式感烟探测器在高度大于12m空间场所的设置
资源类型	视频	视频	文档	文档
资源二维码				

任务 4.2 系统布线与接地

4.2.1 教学目标与思路

【教学目标】

知识目标	能力目标	素养目标
1．能正确归纳系统布线与接地的要求； 2．能正确描述火灾自动报警系统布线与接地的步骤	具有正确进行火灾自动报警系统布线与接地的能力	1．具有精益求精的工匠精神； 2．具有复兴强国的责任感
安全小谈：火灾自动报警系统的布线起着传递火警、控制等信号的作用，相当于人体的神经系统。通过展示实际工程中不合理的布线所引发的后果，引导学生潜心练就本领，始终保持“严守规范”的精神，从每一条施工布线做起，确保系统安全、可靠地实现预定消防功能。		

【学习任务】熟悉《火灾自动报警系统施工及验收标准》GB 50166—2019，正确进行系统布线与接地装置的安装。

【建议学时】2～4学时。

【思维导图】

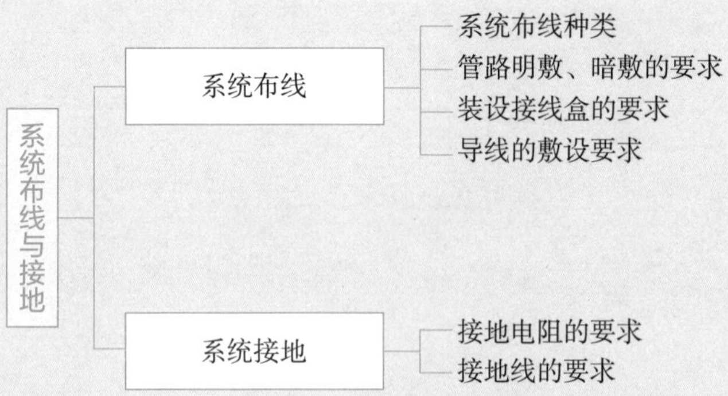

4.2.2 学生任务单

任务名称	系统布线与接地				
学生姓名		班级学号		组别	
同组成员					
任务分工					
完成日期		教师评价			

学习任务		
任务实施	完成步骤	
	重点内容	任务实施过程中，用到的专业技能、专业知识、标准规范和方法等
学习反思	收获与不足	任务实施过程中，存在的问题及解决办法等
	待解问题	
	课后学习	

4.2.3 知识与技能

1. 知识点——系统布线的要求

（1）系统布线种类

火灾自动报警系统布线包括供电线路和传输线路，传输线路包括报警总线（信号总线）、控制线、消防应急广播线、消防专用电话线、通信线等，见表4.2–1。

4.2–1
系统施工一般规定及布线

火灾自动报警系统布线种类　　表4.2–1

<table>
<tr><th colspan="3">布线种类</th><th>电压等级（V）</th><th>可否与本表中其他线路共管敷设</th></tr>
<tr><td rowspan="4">供电线路</td><td colspan="2">系统供电</td><td>220/380</td><td>应单独敷设</td></tr>
<tr><td colspan="2" rowspan="2">应急照明系统电源线路</td><td>220</td><td>应单独敷设</td></tr>
<tr><td>24</td><td rowspan="7">可共管</td></tr>
<tr><td colspan="2">消防联动系统电源线路</td><td>24</td></tr>
<tr><td rowspan="10">传输线路</td><td rowspan="5">通信线</td><td>报警总线（仅报警）</td><td>24</td></tr>
<tr><td>消防联动控制线路（联动总线）</td><td>24</td></tr>
<tr><td>控制器之间</td><td rowspan="3">—</td></tr>
<tr><td>图形显示装置之间</td></tr>
<tr><td>控制器与图形显示装置之间</td></tr>
<tr><td rowspan="3">控制线</td><td>手动控制专用线路</td><td>24</td><td>宜单独敷设</td></tr>
<tr><td rowspan="2">连锁控制线</td><td>24</td><td>宜单独敷设</td></tr>
<tr><td>220</td><td>应单独敷设</td></tr>
<tr><td colspan="2">消防应急广播线</td><td rowspan="2">具体电压值参见产品说明书</td><td>应单独敷设</td></tr>
<tr><td colspan="2">消防专用电话线</td><td>应单独敷设</td></tr>
</table>

注：表中控制器包括火灾报警控制器、消防联动控制器、火灾显示盘及气体灭火控制器、可燃气体报警控制器、电气火灾监控器、防火门监控器等。

（2）系统布线要求

火灾自动报警系统应单独布线。火灾自动报警系统的供电线路和传输线路明敷设时，应采用金属管、可挠（金属）电气导管或金属封闭线槽保护；各类管路明敷时，应采用单独的卡具吊装或支撑物固定，吊杆直径不应小于6mm。线路暗敷设时，应采用金属管、可挠（金属）电气导管或B_1级以上的刚性塑料管保护；各类管路暗敷时，应敷设在不燃烧体的结构层内，且保护层厚度不应小于30mm。

管路经过建筑物的沉降缝、伸缩缝、防震缝等变形缝处，应采取补偿措施，线缆跨越变形缝的两侧应固定，并应留有适当余量。敷设在多尘或潮湿场所管路的管口和管路连接处，均应做密封处理。符合下列条件时，管路应在便于接线处装设接线盒：

1）管路长度每超过30m且无弯曲时。

2）管路长度每超过20m且有1个弯曲时。

3）管路长度每超过10m且有2个弯曲时。

4）管路长度每超过8m且有3个弯曲时。

金属管路入盒，外侧应套锁母，内侧应装护口，在吊顶内敷设时，盒的内外侧均应套锁母；塑料管入盒，应采取相应固定措施。槽盒接口应平直、严密，槽盖应齐全、平整、无翘角。并列安装时，槽盖应便于开启。为了增加机械强度，防止弧垂过大，槽盒敷设时，应在槽盒始端、终端及接头处；槽盒转角或分支处；直线段不大于3m处设置吊点或支点。

当采用电缆竖井时，火灾自动报警系统布线宜与电力、照明用的低压配电线路电缆竖井分别设置。受条件限制必须合用时，应将火灾自动报警系统用的电缆和电力、照明用的低压配电线路电缆分别布置在竖井的两侧。

火灾自动报警系统的供电线路、消防联动控制线路应采用燃烧性能不低于B_2级的耐火铜芯电线电缆，报警总线、消防应急广播和消防专用电话等传输线路应采用燃烧性能不低于B_2级的铜芯电线电缆。火灾自动报警系统的传输线路和50V以下供电的控制线路，应采用电压等级不低于交流300V/500V的铜芯绝缘导线或铜芯电缆。采用交流220V/380V的供电和控制线路，应采用电压等级不低于交流450V/750V的铜芯绝缘导线或铜芯电缆。火灾自动报警系统传输线路的线芯截面选择，除应满足自动报警装置技术条件的要求外，还应满足机械强度的要求。多芯铜芯电缆线芯的最小截面面积不应小于0.5mm^2；穿管敷设时铜芯绝缘导线最小截面面积不应小于1.0mm^2，线槽内敷设时不应小于0.75mm^2。需要注意的是在一类高层建筑、人员密集场所及重要的公共场所（如大型博物馆、大型和中型商店、特等和甲等剧场、老年人照料设施建筑）等防火要求高的建筑物，以上所述铜芯电线电缆应采用低烟无卤阻燃耐火交联聚乙烯绝缘型电线电缆。

在管内或槽盒内的布线，应在建筑抹灰及地面工程结束后进行，管内或槽盒内不应有积水及杂物。同一工程中的导线，应根据不同用途选择不同颜色加以区分，相同用途的导线颜色应一致。系统内不同电压等级、不同电流类别的线路应敷设在不同线管内或同一线槽的不同槽孔内。线缆在管内或槽盒内不应有接头或扭结。导线应在接线盒内采用焊接、压接、接线端子可靠连接。从接线盒、槽盒等处引到探测器底座、控制设备、扬声器的线路，当采用可拱曲（金属）电气导管保护时，其长度不应大于2m。可拱曲（金属）电气导管应入盒，盒外侧应套锁母，内侧应装护口。系统导线敷设结束后，应用500V兆欧表测量每个回路导线对地的绝缘电阻，且绝缘电阻值不应小于20MΩ。

2. 知识点——系统接地的要求

火灾自动报警系统接地装置的接地电阻值，当采用共用接地装置时，接地电阻值不应大于1Ω；当采用专用接地装置时，接地电阻值不应大于4Ω。消防控制室内的电气和电子设备的金属外壳、机柜、机架和金属管、槽等，应采用等电位连接。交流供电和36V以上直流供电的消防用电设备的金属外壳应有接地保护，其接地线应与电气保护接地干线（PE）相连接。由消防控制室接地板引至各消防电子设备的专用接地线应选用铜芯绝缘导线，其线芯截面面积不应小于4mm^2。消防控制室接地板与建筑接地体之间，应采用线芯截面面积不小于25mm^{2}的铜芯绝缘导线连接。

4.2.4 问题思考

1．填空题

（1）在明敷管路时，采用卡具吊装或支撑物固定是为了确保__________顺利，防止跑管现象发生。

（2）管线通过建筑物的变形缝采取补偿措施，导线留有适当余量，是为了使线路不至于断裂，从而提高系统运行的__________。

2．判断题

（1）因为火灾探测器是弱电设备，所以消防设备可以不接地。（　　）

（2）在同一工程中相同用途的绝缘导线颜色应一致。（　　）

3．问答题

（1）请分析为何在穿线前必须将管槽中的积水及杂物清除干净。

（2）请分析线缆在管内或者槽盒内出现扭结或接头会有什么隐患。

4.2.5 知识拓展

资源名称	4.2拓-1 暗配线布管的方法	4.2拓-2 管内穿线的方法	4.2拓-3 桥架吊装的方法	4.2拓-4 桥架接地的方法
资源类型	视频	视频	视频	视频
资源二维码				

任务 4.3 火灾自动报警系统施工图的识读

4.3.1 教学目标与思路

【教学目标】

知识目标	能力目标	素养目标
1．能正确描述火灾自动报警系统施工图的组成； 2．能正确识读火灾自动报警系统施工图的图例	具有识读火灾自动报警系统施工图的能力，为按图施工做好准备	1．遵守消防施工相关规范标准要求，养成按图施工的素养； 2．树立安全意识、质量意识
安全小谈：施工图是设计者用专业语言描绘的工程蓝图，是工程建设的主要依据。一个团队、一个企业、一个国家的建设也离不开发展蓝图，要锚定宏伟蓝图，咬定青山不放松，同学们要为建设中国式现代化强国宏伟蓝图、为实现中华民族伟大复兴的中国梦而接续奋斗！		

【学习任务】熟悉《火灾自动报警系统施工及验收标准》GB 50166—2019和《火灾自动报警系统设计规范》GB 50116—2013，正确识读火灾自动报警系统施工图，为按图施工做好准备。

【建议学时】4 ~ 6学时。

【思维导图】

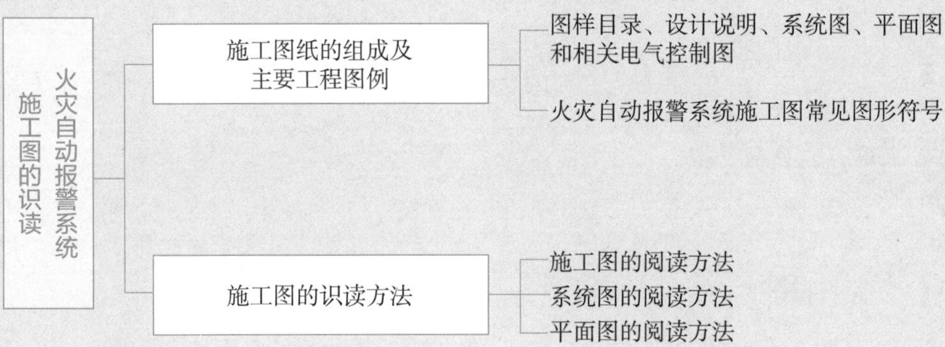

4.3.2 学生任务单

任务名称	火灾自动报警系统施工图的识读				
学生姓名		班级学号		组别	
同组成员					
任务分工					
完成日期		教师评价			

学习任务		
任务实施	完成步骤	
	重点内容	任务实施过程中，用到的专业技能、专业知识、标准规范和方法等
学习反思	收获与不足	任务实施过程中，存在的问题及解决办法等
	待解问题	
	课后学习	

4.3.3 知识与技能

1. 知识点——火灾自动报警系统施工图的组成

一套完整的火灾自动报警系统施工图，主要由图样目录、设计说明、系统图、平面图和相关设备的控制电路图等组成。这些图的绘制都是由图形符号、文字标注及必要的说明来实现。这类图均属于简图。

（1）图样目录：包括每张图样的名称、内容和图样编号等，图样目录表明该工程施工图由哪几个专业的图样及哪些图样所组成，以便查找。

（2）设计说明：主要说明工程的概况和要求。内容一般应包括：设计依据（如设计规模、建筑面积以及有关的地质、气象资料等）；施工要求（如施工技术、材料、要求以及采用新技术、新材料或有特殊要求的做法说明）等。

（3）系统图：主要反映系统的组成及设备间的相互连接关系。随所选火灾报警控制器的类型、性能不同，系统图也有所差别。

（4）平面图：主要反映设备平面布置、线路走向、敷设部位、敷设方式及导线型号、规格和数量等。

2. 知识点——火灾自动报警系统常用图形符号

火灾自动报警系统施工图绘制时，一般采用国家标准规定使用的图形符号。常用的图形符号见表4.3–1。

火灾自动报警系统常用的图形符号　　表4.3–1

序号	图形符号	名称	序号	图形符号	名称
1		火灾报警控制器	11		消防电话插孔
2	D	火灾显示盘	12		手动火灾报警按钮
3		点型感温火灾探测器	13		带消防电话插孔的 手动火灾报警按钮
4		点型感烟火灾探测器	14		消火栓按钮
5		点型复合式感烟感温火灾探测器	15	I/O	输入/输出模块
6		点型感光火灾探测器	16	I	输入模块
7		点型可燃气体探测器	17	O	输出模块
8		火警电铃	18	M	模块箱
9		火灾声光警报器	19	CRT	火灾计算机图形显示系统
10		火警电话	20	 70℃	常开防火阀 （70℃熔断关闭）

续表

序号	图形符号	名称	序号	图形符号	名称
21	 280℃	常开排烟防火阀（280℃熔断关闭）	27	WYB	稳压泵控制箱
22	 280℃	常闭排烟防火阀（电控开启，280℃熔断关闭）	28	KTJ	空调机控制箱
23	SQ	双切换盒	29	ZYF	正压风机控制箱
24	JL	防火卷帘控制箱	30	XFJ	新风机控制箱
25	XFB	消防泵控制箱	31		信号阀（带监视信号的检修阀）
26	PLB	喷淋泵控制箱	32		扬声器

3. 知识点——火灾自动报警系统施工图的识读内容

火灾自动报警系统施工图的主要识读内容包括：

（1）应按识读建筑电气工程图的一般顺序进行识读。首先应识读系统图，了解整个系统的基本组成、相互关系，做到心中有数。

（2）阅读设计说明。平面图常附有设计或施工说明，以表达图中无法表示或不易表示，但又与施工有关的问题。有时还给出设计所采用的非标准图形符号。了解这些内容对进一步读图是十分必要的。

（3）了解建筑物的基本情况，如房屋结构、房间分布与功能等。因管线的敷设及设备安装与房屋的结构直接有关。

（4）熟悉火灾探测器、手动火灾报警按钮、消防电话、消防广播、火灾报警控制器及消防联动设备等在建筑物内的分布及安装位置，同时要了解它们的型号、规格、性能、特点和安装技术要求。对于设备的性能、特点及安装技术要求，往往要通过阅读相关技术资料及施工验收规范来了解。如手动火灾报警按钮距地的高度等。

（5）了解线路的走线及连接情况。在了解了设备的分布后，就要进一步明确线路的走线，从而弄清它们之间的连接关系，这是最重要的。一般从火灾报警控制器的出线开始，一个回路接一个回路地识读。如果这个问题解决不好，就无法进行布线施工。

（6）平面图是施工单位用来指导施工的依据，也是施工单位用来编制施工方案和编制工程预算的依据。识读平面图时应和安装大样图（国家标准）相互结合起来，这样可以更好地掌握设备的具体安装要求。

（7）平面图只表示设备和线路的平面位置而很少反映空间高度。但是在阅读平面图时，必须建立起空间概念。这对预算技术人员特别重要，可以防止在编制工程预算时，造成垂直敷设管线的漏算。

（8）相互对照、综合看图。为了避免火灾自动报警系统的设备及其线路与其他建筑设备及管路在安装时发生位置冲突，在阅读火灾自动报警系统平面图时要对照阅读其他建筑设备安装工程施工图，同时还要了解相关规范的要求。

4. 技能点——火灾自动报警系统的系统图识读方法

火灾自动报警系统图主要反映系统的组成和功能以及组成系统的各设备之间的连接关系等。系统的组成随所选用的消防产品不同，基本形式也有所不同。图4.3–1为某五层学生宿舍楼火灾自动报警系统图。从图中可看出本工程火灾自动报警系统为集中报警系统形式。系统由火灾报警控制器（联动型）、消防应急广播、消防专用电话总机、DC24V电源、消防控制室图形显示装置、感烟火灾探测器、感温火灾探测器、手动火灾报警按钮、消火栓按钮、火灾声光警报器、楼层显示器、现场模块等组成。消防控制室设置在一层。

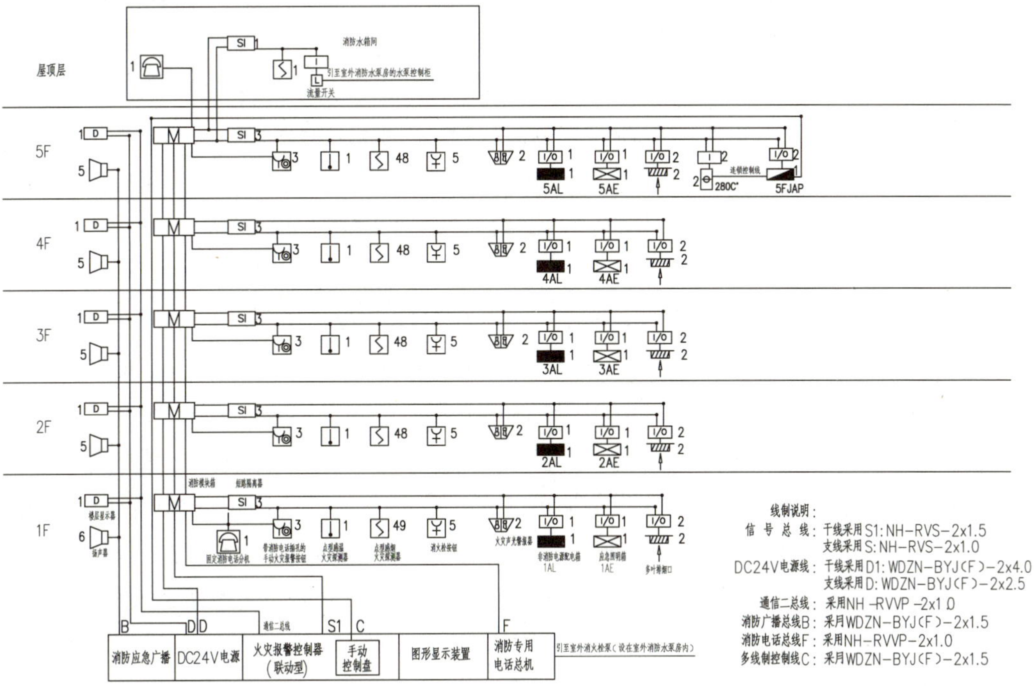

图4.3–1　火灾自动报警系统图

（1）火灾报警控制器具有报警和联动控制功能。由其引出的信号总线的干线S1先接至各楼层消防模块箱M内，再由M箱连接到本层现场消防设备。以一层为例，由M箱引出的信号总线上连接着3个短路隔离器、1个点型感温火灾探测器、49个点型感烟火灾探测器、3个带消防电话插孔的手动火灾报警按钮、5个消火栓按钮、2个火灾声光警报器、4个输入/输出模块。信号总线的型号为NH–RVS，即铜芯耐火聚氯乙烯绝缘双绞软线，干线截面积为1.5mm^2，支线截面积为1.0mm^2。火灾声光警报器和输入/输出模块除连接信号总线外，还需要连接DC24V电源总线。

（2）每层设置一个楼层显示器D，全楼共5个。楼层显示器的供电电源（DC24V）采用2根WDZN–BYJ(F)型导线，即铜芯无卤低烟阻燃耐火交联聚乙烯（辐照）绝缘电线，干线截面积4.0mm^2，支线截面积为2.5mm^2。由火灾报警控制器引至楼层显示器的通信总线采用NH–RVVP–2×1.0导线，即铜芯耐火聚氯乙烯绝缘聚氯乙烯护套两芯屏蔽软电缆，截面积1.0mm^2。

（3）消防控制室设有一套消防应急广播装置，消防广播总线由其引至各楼层扬声器。当发生火灾时，由火灾报警控制器发出消防应急广播的联动控制信号，启动全楼26个扬声器。消防广播总线B采用WDZN–BYJ(F)–2×1.5，即2根铜芯无卤低烟阻燃耐火交联聚乙烯（辐照）绝缘电线，导线截面积为1.5mm^2。

（4）消防控制室设有一套消防专用电话总机。在一楼、五楼屋顶层的消防水箱间和宿舍楼外的消防水泵房内各设有一部固定消防电话分机，同时每层设有3个消防电话插孔和手动火灾报警按钮合二为一。消防电话总线F采用NH–RVVP–2×1.0，即铜芯耐火聚氯乙烯绝缘聚氯乙烯护套两芯屏蔽软电缆，截面积1.0mm^2。

（5）本工程消火栓泵设置在宿舍楼外的消防水泵房内，宿舍楼内每层设有5个消火栓箱，箱内装有可编码的消火栓按钮，通过信号总线把按下消火栓按钮的动作信号反馈到火灾报警控制器。在五楼屋顶层的消防水箱出水管上设有流量开关，其中一对触点通过输入模块与信号总线连接，可以联动控制消火栓泵的启动，同时另一对触点引至消防水泵房，用于直接连锁启泵。

（6）本工程采用的是机械排烟系统。每层设有两个常闭型多叶排烟口，五层设有一套排烟风机控制箱（控制2台排烟风机）和2个280℃排烟防火阀。为了实现火灾自动报警系统联动控制和联动反馈信号的传输，每个排烟口配置1个输入/输出模块，每台排烟风机配置1个输入/输出模块，每个280℃排烟防火阀配置1个输入模块。排烟风机除联动控制外，还能实现手动控制盘的手动多线直接控制，其多线制控制线C采用WDZN–BYJ(F)–2×1.5，即2根铜芯无卤低烟阻燃耐火交联聚乙烯（辐照）绝缘电线，截面积1.5mm^2。排烟风机入口处的总管上安装的280℃排烟防火阀，在关闭后连锁控制排烟风机停止运行。

（7）发生火灾后，通过5个输入/输出模块切断非消防电源配电箱1AL~5AL，同时通过5个输入/输出模块接通消防应急照明配电箱1AE~5AE，为人员疏散和消防作业提供应急照明电源。

5．技能点——火灾自动报警系统的平面图识读方法

火灾自动报警系统的平面图主要反映火灾探测、报警和联动等消防设备的安装位置、线路敷设等。图4.3–2为某五层学生宿舍楼火灾自动报警系统一层平面图。一层包括消防控制室、管理室、门厅、宿舍、开水间、强电间和弱电间等房间。

（1）一层消防控制室设有消防电源监控控制器、防火门监控控制器、电气火灾监控控制器、火灾报警控制器，它们的供电电源由配电箱XFAL提供。

（2）一层楼层显示器安装在门厅，采用壁挂方式安装。

（3）因每个总线短路隔离器保护的编码设备总数不应超过32点，所以一层总线短路隔离器有3个，安装在弱电间的消防模块箱内，分别保护一定数量的编码设备。图4.3–2

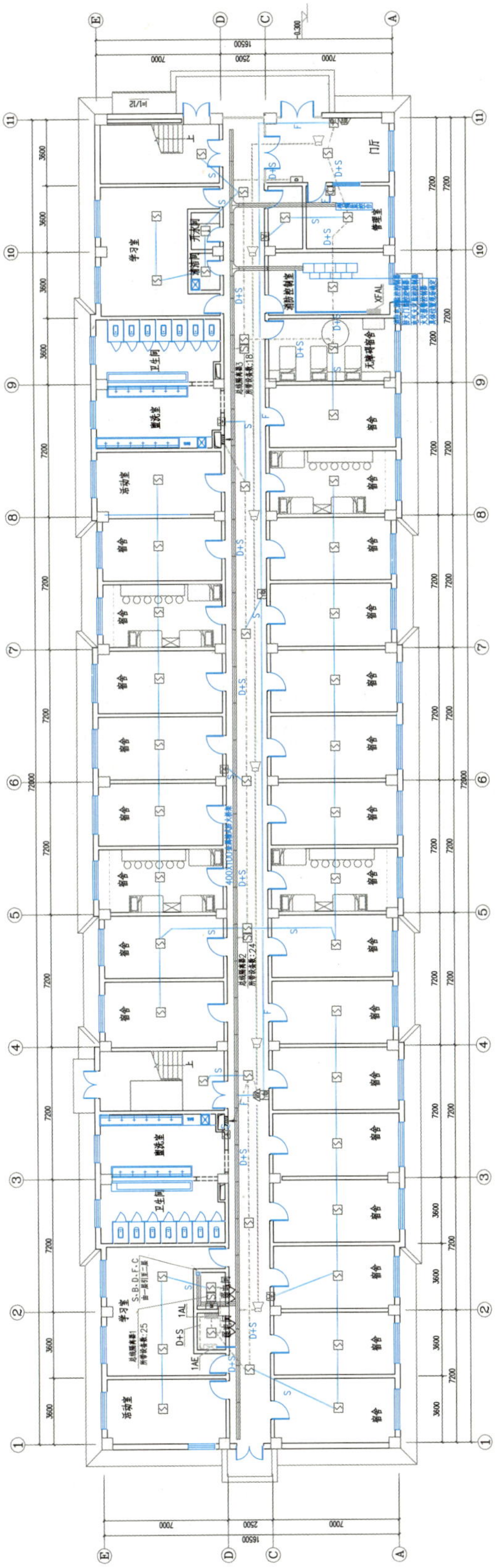

S: 报警信号支线 NH-RVS-2x1.0-JDG20-CC/WC
B: 广播线 WDZN-BYJ(F)-2x1.5-JDG20-CC/WC
D: DC24V电源支线 WDZN-BYJ(F)-2x2.5-JDG20-CC/WC
F: 消防电话线 NH-RVVP-2x1.0-JDG20-CC/WC
(S+D):(NHRVS-2x1.0)+(WDZN-BYJ(F)-2x2.5)-JDG25-CC/WC

图4.3-2　一层火灾自动报警系统平面图

中总线隔离器1连接25个编码设备，总线隔离器2连接24个编码设备，总线隔离器3连接18个编码设备。

（4）除开水间选择点型感温火灾探测器外，宿舍、门厅、走廊、学习室、活动室均选用点型感烟火灾探测器。

（5）消防模块箱M安装在弱电间，每层的总线短路隔离器、输入/输出模块应安装在模块箱内。

（6）手动火灾报警按钮安装在门厅的出入口处和轴线④的楼梯口处，为保证从一层的任何位置到最邻近的手动火灾报警按钮的步行距离不应大于 30m，在轴线⑦和⑧之间又增加了1个手动火灾报警按钮。

（7）火灾声光警报器分别安装在门厅和走廊轴线④的楼梯口处，均为壁挂式安装。

（8）一层管理室设置1部固定消防电话分机。

（9）一层门厅、走廊等公共空间共设有6个扬声器。

（10）火灾自动报警系统的传输干线采用400mm × 100mm防火金属桥架，敷设在消防控制室、弱电间、走廊的吊顶内。传输支线采用穿钢管保护暗敷于不燃烧体的结构层内，如图4.3-2中信号二总线S采用NH-RVS-2 × 1.0导线穿管径20mm的紧定式镀锌钢导管保护沿屋顶或墙体暗敷；DC24V电源支线采用WDZN-BYJ(F)-2 × 2.5导线穿管径20mm的紧定式镀锌钢导管保护沿屋顶或墙体暗敷；若信号总线和DC24V电源总线共管时，采用管径25mm的紧定式镀锌钢导管保护沿屋顶或墙体暗敷。

（11）二层 ~ 五层的传输线路由一层弱电间采用400mm × 100mm防火金属桥架竖直向上引至相应楼层。

6. 技能点——火灾自动报警系统施工图的识读

实训：火灾自动报警系统施工图的识读

班级：__________　姓名：__________　学号：__________　日期：________年____月____日
组别：__________　小组成员：______________________________

项目名称	火灾自动报警系统施工图的识读	课程名称	火灾自动报警系统	成绩	
实训目的	1. 熟悉《房屋建筑制图统一标准》GB/T 50001—2017、《建筑电气制图标准》GB/T 50786—2012、《民用建筑设计统一标准》GB 50352—2019等。 2. 熟悉火灾自动报警系统的相关专业规范。 3. 掌握火灾自动报警系统设备安装、导线敷设、系统基本形式与技术要求等。 4. 能够结合建筑施工图、消防给水施工图、空调通风施工图、供配电与照明施工图和设计标准、施工图集等，准确识读火灾自动报警系统施工图设计说明、平面图、系统图、详图等。 5. 能够对火灾自动报警系统的整体设计和产品选型有较全面的认识。				

续表

一、实训设备

1. 计算机1台（装有CAD软件）。

2. 12～25层的房屋建筑工程施工图电子版1套。

二、实训要求

1. 设计说明识读

（1）能描述本工程概况和设计依据。

（2）能说出本工程火灾自动报警系统的系统形式及联动控制要求。

（3）能说出本工程火灾自动报警系统线路敷设、设备安装、防雷接地等主要设计要求。

2. 平面图识读

（1）能识读本工程消防控制室的位置及消防控制室内设置的消防设备名称、型号及排列位置等。

（2）能识读本工程火灾探测器、手动火灾报警按钮、现场模块等消防设备的名称、型号、位置等。

（3）能识读本工程火灾自动报警系统传输线路的类型、编号、敷设方式、型号、规格、根数、走向和位置等。

（4）能识读本工程火灾自动报警系统接地的安装方式及平面位置等。

3. 系统图识读

（1）能识读本工程火灾探测报警系统、消防联动控制系统和火灾预警系统的电气连接方式。

（2）能识读本工程火灾自动报警系统电源总线、联动控制总线等不同传输线路类型及分支线路。

（3）能识读本工程火灾自动报警系统主要消防设备（如火灾报警控制器及CRT显示装置、消防应急广播、消防电话总机、现场模块及模块箱）的名称、型号、规格及数量等。

（4）能识读本工程火灾自动报警系统传输线路的敷设方式、型号、规格等。

（5）能将本工程火灾自动报警系统平面图与系统图结合在一起进行识图。

三、实训内容

1. 识读本工程火灾自动报警系统施工图，填写表4.3–2～表4.3–6。

火灾自动报警系统设备清单1　　表4.3–2

序号	楼层	感烟火灾探测器（个）	感温火灾探测器（个）	可燃气体探测器（个）	手动火灾报警按钮（个）	声光警报器（个）	消火栓按钮（个）	输入模块（个）	输入输出模块（个）	输出模块（个）	隔离器（个）
1											
2											
⋮											
n											
合计											

续表

火灾自动报警系统设备清单2 表4.3-3

序号	楼层	模块箱（个）	接线端子箱（个）	吸顶广播（个）	壁挂广播（个）	电话（个）	电话插口（个）	风机、泵（台）	层显（个）	区域型控制器（个）	集中型控制器（个）
1											
2											
⋮											
n											
合计											

气体灭火系统设备清单 表4.3-4

序号	输入模块（个）	紧急启停按钮（个）	喷洒指示（个）	灭火控制盘（个）	可燃气体探测器（个）	声光警报器（个）
1						
2						
⋮						
n						

应急照明和疏散指示系统设备清单 表4.3-5

序号	楼层	壁挂指示灯					吊装指示灯			应急照明灯					
		左向	右向	双向	疏散出口	安全出口	单向	双向	疏散出口	壁挂3W	壁挂5W	吸顶3W	吸顶5W	嵌顶3W	嵌顶5W
1															
2															
⋮															
n															
合计															

火灾自动报警系统传输线路汇总表 表4.3-6

序号	楼层	线路种类	敷设方式	保护管型号	导线型号	是否共管敷设	电压等级	敷设路径描述
1								
2								
⋮								
n								

续表

2．根据表4.3–2 ~ 表4.3–6，按照某厂家产品的设计应用手册，完成设备配置（表4.3–7）。

火灾自动报警系统设备配置表　　表4.3–7

序号	产品名称	产品型号	单位	数量	备注
1					
2					
⋮					
n					

四、实训中出现的问题及解决方法

五、思考题

1．本工程消防控制室内设置的消防设备有哪些？如何进行排列？

2．本工程火灾自动报警系统形式是哪种？是否符合《火灾自动报警系统设计规范》GB 50116—2013的要求？

4.3.4 问题思考

1．填空题

（1）火灾自动报警系统的施工图主要包括：__________、__________、系统图、平面图和相关设备的控制电路图等组成。

（2）平面图只表示设备和线路的平面位置，而很少反映__________。但是我们在阅读平面图时，必须建立起__________概念。

2．判断题

（1）系统图主要反映系统的组成及设备间的相互连接关系。随所选火灾报警控制器的类型、性能不同，系统图也有所差别。平面图主要反映设备平面布置、线路走向、敷设部位、敷设方式及导线型号、规格和数量等。（　　）

（2）平面图不仅表示设备和线路的平面位置，也能反映空间高度。只要认真阅读平面图，就能计算出各种管线的长度。（　　）

3．问答题

（1）请说出阅读火灾自动报警系统施工图的步骤。

（2）请分析图4.3-3中的火灾自动报警系统图。

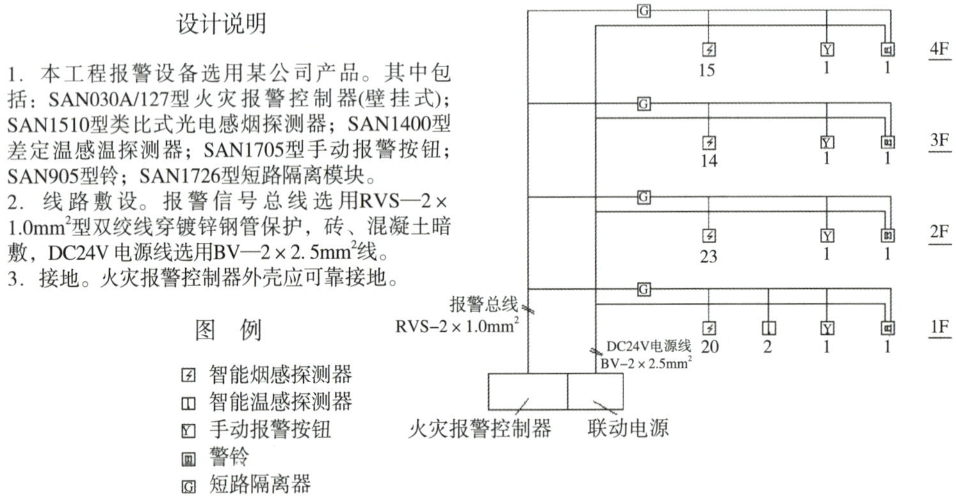

图4.3-3　火灾自动报警系统图

4.3.5 知识拓展

资源名称	4.3拓-1　识读消防系统工程施工系统图	4.3拓-2　电缆敷设的方法	4.3拓-3　定型支架的安装
资源类型	视频	视频	视频
资源二维码			

任务 4.4 火灾自动报警系统的施工质量管理

4.4.1 教学目标与思路

【教学目标】

知识目标	能力目标	素养目标
能够描述火灾自动报警系统施工质量管理的内容和要求	初步具有材料、设备进场检查、系统施工过程质量控制的能力	1．遵守消防工程施工等相关规范标准要求，养成认真严谨的工作态度； 2．树立安全意识与质量意识
安全小谈：通过某高层公寓大楼火灾案例，分析施工现场引发火灾的直接原因和导致火灾蔓延扩大的深层次问题。只有采取切实可行的技术和管理措施，加强施工现场安全管理，才能最大限度防止施工现场火灾事故的发生。培植学生怀有一颗对工程管理的敬畏之心，树立“安全责任，重于泰山。安全责任，重在落实”的安全观。		

【学习任务】掌握火灾自动报警系统在施工前、施工中和施工后这3个阶段的施工质量管理要点。

【建议学时】2学时。

【思维导图】

火灾自动报警系统的施工质量管理

- 系统施工前具备的条件
  - 技术条件
  - 物质条件
- 材料和设备的进场检查
  - 检验报告、认证证书等文件的检查
  - 外观及结构的检查
- 系统施工过程的质量控制
  - 完成竣工图和竣工报告
  - 进行系统调试
  - 提交技术资料
- 系统施工后的相关要求
  - 施工和设计变更的记录
  - 工序的检查与交接
  - 监理工程师的检查内容

4.4.2 学生任务单

任务名称	火灾自动报警系统的施工质量管理				
学生姓名		班级学号		组别	
同组成员					
任务分工					
完成日期		教师评价			

学习任务		
任务实施	完成步骤	
	重点内容	任务实施过程中，用到的专业技能、专业知识、标准规范和方法等
学习反思	收获与不足	任务实施过程中，存在的问题及解决办法等
	待解问题	
	课后学习	

4.4.3 知识与技能

火灾自动报警系统的分部工程包括材料和设备进场检查、安装与施工、系统调试、系统检测和验收，各自包含的分项工程见表4.4–1。

火灾自动报警系统分部、分项工程划分　　表4.4–1

<table>
<tr><th>序号</th><th>分部工程</th><th colspan="2">分项工程</th></tr>
<tr><td rowspan="4">1</td><td rowspan="4">材料、设备进场检查</td><td>材料类</td><td>管材、槽盒、电缆电线</td></tr>
<tr><td>控制与显示类设备</td><td>火灾报警控制器、消防联动控制器、火灾显示盘、控制中心监控设备、家用火灾报警控制器、消防电话总机、可燃气体报警控制器、电气火灾监控设备、消防设备电源监控器、消防控制室图形显示装置、传输设备、消防应急广播控制装置等</td></tr>
<tr><td>探测器类设备</td><td>点型感烟火灾探测器、点型感温火灾探测器、一氧化碳火灾探测器、点型家用火灾探测器、独立式火灾探测报警器、线型光束感烟火灾探测器、线型感温火灾探测器、管路采样式吸气感烟火灾探测器、点型火焰探测器、图像型火灾探测器、点型可燃气体探测器、线型可燃气体探测器、电气火灾监控探测器等</td></tr>
<tr><td>其他设备</td><td>手动火灾报警按钮、消火栓按钮、手动控制装置、手动与自动转换装置、现场启动和停止按钮、模块、消防电话分机、电话插孔、火灾警报器、喷洒光警报器、扬声器、手动与自动控制状态显示装置、消防设备应急电源、传感器、防火门监控模块、电气控制装置等</td></tr>
<tr><td rowspan="4">2</td><td rowspan="4">安装与施工</td><td>材料类</td><td>管材、槽盒、电缆电线</td></tr>
<tr><td>控制与显示类设备</td><td>火灾报警控制器、消防联动控制器、火灾显示盘、控制中心监控设备、家用火灾报警控制器、消防电话总机、可燃气体报警控制器、电气火灾监控设备、消防设备电源监控器、消防控制室图形显示装置、传输设备、消防应急广播控制装置等</td></tr>
<tr><td>探测器类设备</td><td>点型感烟火灾探测器、点型感温火灾探测器、一氧化碳火灾探测器、点型家用火灾探测器、独立式火灾探测报警器、线型光束感烟火灾探测器、线型感温火灾探测器、管路采样式吸气感烟火灾探测器、点型火焰探测器、图像型火灾探测器、点型可燃气体探测器、线型可燃气体探测器、电气火灾监控探测器等</td></tr>
<tr><td>其他设备</td><td>手动火灾报警按钮、消火栓按钮、手动控制装置、手动与自动转换装置、现场启动和停止按钮、模块、消防电话分机、电话插孔、火灾警报器、喷洒光警报器、扬声器、手动与自动控制状态显示装置、消防设备应急电源、传感器、防火门监控模块、电气控制装置等</td></tr>
</table>

续表

序号	分部工程	分项工程	
3	系统调试	控制与显示类设备	火灾报警控制器、消防联动控制器、火灾显示盘、控制中心监控设备、家用火灾报警控制器、消防电话总机、可燃气体报警控制器、电气火灾监控设备、消防设备电源监控器、消防控制室图形显示装置、传输设备、消防应急广播控制装置等
		探测器类设备	点型感烟火灾探测器、点型感温火灾探测器、一氧化碳火灾探测器、点型家用火灾探测器、独立式火灾探测报警器、线型光束感烟火灾探测器、线型感温火灾探测器、管路采样式吸气感烟火灾探测器、点型火焰探测器、图像型火灾探测器、点型可燃气体探测器、线型可燃气体探测器、电气火灾监控探测器等
		其他设备	手动火灾报警按钮、消火栓按钮、手动控制装置、手动与自动转换装置、现场启动和停止按钮、模块、消防电话分机、电话插孔、火灾警报器、喷洒光警报器、扬声器、手动与自动控制状态显示装置、消防设备应急电源、传感器、防火门监控模块、电气控制装置等
		系统功能	火灾警报与消防应急广播系统、防火卷帘系统、防火门监控系统、气体灭火系统、自动喷水灭火系统、消火栓系统、防烟排烟系统、消防应急照明和疏散指示系统、电梯和非消防电源等相关系统
4	系统检测、验收	文件资料	齐备性、符合性核查
		消防控制室	设置情况、设备配置、设备布置、存档文件资料、接地
		材料类	管材、槽盒、电缆电线
		控制与显示类设备	火灾报警控制器、消防联动控制器、火灾显示盘、控制中心监控设备、家用火灾报警控制器、消防电话总机、可燃气体报警控制器、电气火灾监控设备、消防设备电源监控器、消防控制室图形显示装置、传输设备、消防应急广播控制装置等
		探测器类设备	点型感烟火灾探测器、点型感温火灾探测器、一氧化碳火灾探测器、点型家用火灾探测器、独立式火灾探测报警器、线型光束感烟火灾探测器、线型感温火灾探测器、管路采样式吸气感烟火灾探测器、点型火焰探测器、图像型火灾探测器、点型可燃气体探测器、线型可燃气体探测器、电气火灾监控探测器等
		其他设备	手动火灾报警按钮、消火栓按钮、手动控制装置、手动与自动转换装置、现场启动和停止按钮、模块、消防电话分机、电话插孔、火灾警报器、喷洒光警报器、扬声器、手动与自动控制状态显示装置、消防设备应急电源、传感器、防火门监控模块、电气控制装置等
		系统功能	火灾警报与消防应急广播系统、防火卷帘系统、防火门监控系统、气体灭火系统、自动喷水灭火系统、消火栓系统、防烟排烟系统、消防应急照明和疏散指示系统、电梯和非消防电源等相关系统等

1. 知识点——系统施工前具备的条件

火灾自动报警系统的施工应按设计要求编写施工方案并取得审批，收集必要的施工技术标准，制定现场质量管理制度和工程质量检验制度，建立健全施工质量管理体系，确定各岗位的质量责任，确保主要专业工种人员能够持证上岗，确认施工图纸符合审查要求。建设单位在施工单位进场前应组织监理单位进行相关检查，并填写施工现场质量管理检查记录表。系统施工前应具备的基本条件包括：

（1）系统图、设备布置平面图、接线图、安装图、联动控制逻辑设计文件等经批准的消防设计文件，系统设备的现行国家标准、系统设备的使用说明书等技术资料应齐全。

（2）设计单位应向建设、施工、监理单位进行技术交底，明确相应技术要求。

（3）系统设备、组（配）件以及材料应齐全，规格、型号应符合设计要求，应能够保证正常施工。

（4）与系统施工相关的预埋件、预留孔洞等应符合设计要求。

（5）施工现场及施工中使用的水、电、气应能够满足连续施工的要求。

2. 知识点——材料、设备的进场检查

系统施工前，监理单位应按《火灾自动报警系统施工及验收标准》GB 50166—2019规定的检查项目、检查内容、检查方法，组织施工单位对材料、设备及配件进行进场检查，并填写记录，检查不合格者不得使用。材料、设备进场检查的具体内容如下：

（1）材料、设备及配件进入施工现场应具有清单、使用说明书、质量合格证明文件、国家法定质检机构的检验报告等文件，火灾自动报警系统中的强制认证产品还应有认证证书和认证标识。检验报告、认证证书和认证标识是证明产品满足国家相关标准和法规要求的法定证据。

（2）系统中国家强制认证产品的名称、型号、规格应与认证证书和检验报告一致。

（3）系统中非国家强制认证的产品名称、型号、规格应与检验报告一致，检验报告中未包括的配接产品接入系统时，应提供系统组件兼容性检验报告。

（4）系统设备及配件的规格、型号应符合设计文件的规定。

（5）系统设备及配件表面应无明显划痕、毛刺等机械损伤，紧固部位应无松动。

3. 知识点——系统施工过程的质量控制

系统的施工应按照批准的工程设计文件和施工技术标准进行。系统的施工过程质量控制应符合下列规定：

（1）系统施工过程中，施工单位应做好施工、设计变更等相关记录。

（2）各工序应按照施工技术标准进行质量控制，每道工序完成后应进行检查。相关各专业工种之间交接时，应经监理工程师检验认可，不合格的应进行整改，检查合格后方可进入下一道工序。

（3）监理工程师应按照施工区域的划分、系统的安装工序、施工工艺及《火灾自动报警系统施工及验收标准》GB 50166—2019规定的检查项目、检查内容、检查方法组织施工单位人员对系统的安装质量进行全数检查，并应填写记录，隐蔽工程的质量检查宜保留现场照片或视频记录。

4．知识点——系统施工后的相关要求

（1）火灾自动报警系统施工结束后，施工单位应完成竣工图及竣工报告。

（2）火灾自动报警系统施工结束后，建设单位应按设计文件、系统调试要求和《火灾自动报警系统施工及验收标准》GB 50166—2019的相关规定组织施工单位、设备制造企业对系统进行调试，系统调试前，应编制调试方案。

（3）火灾自动报警系统调试结束后应编写调试报告，施工单位、设备制造企业应向建设单位提交系统竣工图、材料设备及配件进场检查记录、安装质量检查记录、调试记录及产品检验报告、合格证等相关材料。

4.4.4 问题思考

1．填空题

（1）火灾自动报警系统施工前应具备系统图、__________、接线图、安装图、__________设计文件等经批准的消防设计文件。

（2）材料、设备及配件进入施工现场时，火灾自动报警系统中的强制认证产品还应有__________。

（3）火灾自动报警系统施工结束后，施工单位应完成________及________。

2．判断题

（1）系统中非国家强制认证的产品名称、型号、规格可以与检验报告不一致。（ ）

（2）系统施工过程中，建设单位应做好施工、设计变更等相关记录。（ ）

项目5

火灾自动报警系统的调试与检测

任务5.1 火灾自动报警系统调试

5.1.1 教学目标与思路

【教学目标】

知识目标	能力目标	素养目标
1. 能够描述火灾自动报警系统调试主要内容； 2. 能够归纳火灾自动报警系统调试要求	1. 具有系统部件功能调试的能力； 2. 具有分系统的联动控制功能调试能力	1. 具有一定的自我管理能力； 2. 有较强的集体意识和团队合作精神
安全小谈：为保证火灾自动报警系统安全可靠地投入运行，在施工结束后，应严格按照系统设计要求的功能进行调试。引导学生积极践行社会主义核心价值观，在协调矛盾、解决冲突的过程中，学会个体与他人之间、群体与群体之间的相互配合和相互适应。		

【学习任务】熟悉《火灾自动报警系统施工及验收标准》GB 50166—2019相关要求，正确理解和使用产品手册、安装使用说明书、设计手册等，完成火灾自动报警系统的调试。

【建议学时】6～8学时。

【思维导图】

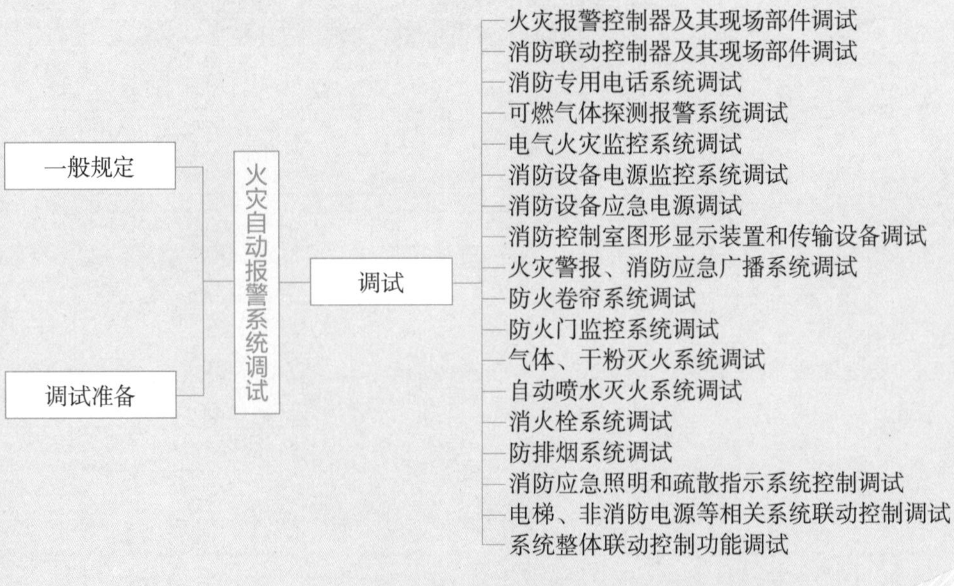

5.1.2 学生任务单

任务名称	火灾自动报警系统调试				
学生姓名		班级学号		组别	
同组成员					
任务分工					
完成日期		教师评价			

学习任务		
任务实施	完成步骤	
	重点内容	任务实施过程中，用到的专业技能、专业知识、标准规范和方法等
学习反思	收获与不足	任务实施过程中，存在的问题及解决办法等
	待解问题	
	课后学习	

5.1.3 知识与技能

1．知识点——火灾自动报警系统调试一般规定

5.1-1
系统调试一般规定及准备

（1）系统调试应包括系统部件功能调试和分系统的联动控制功能调试，并应符合下列规定：

1）应对系统部件的主要功能、性能进行全数检查，系统设备的主要功能、性能应符合现行国家标准的规定。

2）应逐一对每个报警区域、防护区域或防烟区域设置的消防系统进行联动控制功能检查，系统的联动控制功能应符合设计文件和现行国家标准《火灾自动报警系统设计规范》GB 50116—2013的规定。

3）不符合规定的项目应进行整改，并应重新进行调试。

（2）火灾报警控制器、可燃气体报警控制器、电气火灾监控设备、消防设备电源监控器等控制类设备的报警和显示功能，应符合下列规定：

1）火灾探测器、可燃气体探测器、电气火灾监控探测器等探测器发出报警信号或处于故障状态时，控制类设备应发出声、光报警信号，记录报警时间。

2）控制器应显示发出报警信号部件或故障部件的类型和地址注释信息，且显示的地址注释信息应符合《火灾自动报警系统施工及验收标准》GB 50166—2019第4.2.2条的规定。

（3）消防联动控制器的联动启动和显示功能应符合下列规定：

1）消防联动控制器接收到满足联动触发条件的报警信号后，应在3s内发出控制相应受控设备动作的启动信号，点亮启动指示灯，记录启动时间。

2）消防联动控制器应接收并显示受控部件的动作反馈信息，显示部件的类型和地址注释信息，且显示的地址注释信息应符合《火灾自动报警系统施工及验收标准》GB 50166—2019第4.2.2条的规定。

（4）消防控制室图形显示装置的消防设备运行状态显示功能应符合下列规定：

1）消防控制室图形显示装置应接收并显示火灾报警控制器发送的火灾报警信息、故障信息、隔离信息、屏蔽信息和监管信息。

2）消防控制室图形显示装置应接收并显示消防联动控制器发送的联动控制信息、受控设备的动作反馈信息。

3）消防控制室图形显示装置所显示的信息应与控制器的显示信息一致。

（5）气体灭火系统、防火卷帘系统、防火门监控系统、自动喷水灭火系统、消火栓系统、防烟与排烟系统、消防应急照明及疏散指示系统、电梯与非消防电源等相关系统的联动控制调试，应在各分系统功能调试合格后进行。

（6）系统部件调试时，应断开系统设备与受控设备的连接线，防止受控设备误动作；分系统联动控制功能调试时，应断开与分系统联动控制功能无关的其他受控设备的

连接线，防止与其他联动设备误动作。整体调试功能结束后，应恢复系统设备之间、系统设备和受控设备之间的正常连接，并使系统设备、受控设备恢复正常工作状态。

2. 知识点——火灾自动报警系统调试准备

（1）火灾自动报警系统调试前，应按设计文件的规定对设备的规格、型号、数量、备品备件等进行查验，并应对错线、开路、虚焊、短路、绝缘电阻小于20MΩ等问题进行检查，对存在的问题应进行整改，否则将影响调试。

（2）系统调试前，应对系统部件进行地址设置及地址注释，并应符合下列规定：

1）应对现场部件进行地址编码设置，一个独立的识别地址只能对应一个现场部件。

2）与模块连接的火灾警报器、水流指示器、压力开关、报警阀、排烟口、排烟阀等现场部件的地址编号应与连接模块的地址编号一致。

3）控制器、监控器、消防电话总机及消防应急广播控制装置等控制类设备应对配接的现场部件进行地址注册，并应按现场部件的地址编号及具体设置部位录入部件的地址注释信息。

4）应按《火灾自动报警系统施工及验收标准》GB 50166—2019附录D的规定填写系统部件设置情况记录。

（3）系统调试前，应对控制类设备进行联动编程，对控制类设备手动控制单元控制按钮或按键进行编码设置，并应符合下列规定：

1）应按照系统联动控制逻辑设计文件的规定进行控制类设备的联动编程，并录入控制类设备中。

2）对于预设联动编程的控制类设备，应核查控制逻辑和控制时序是否符合系统联动控制逻辑设计文件的规定。

3）应按照系统联动控制逻辑设计文件的规定，进行消防联动控制器手动控制单元控制按钮、按键的编码设置。

4）应按《火灾自动报警系统施工及验收标准》GB 50166—2019附录D的规定填写控制类设备联动编程、手动控制单元编码设置记录。

（4）对系统中的控制与显示类设备，应分别按照消防设备产品说明书要求，进行单机通电检查。

3. 知识点——火灾报警控制器及其现场部件调试

（1）火灾报警控制器调试

应切断火灾报警控制器的所有外部控制连线，并将任意一个总线回路的火灾探测器、手动火灾报警按钮等部件相连接后接通电源，使控制器处于正常监视状态。

5.1-2
火灾报警控制器调试

应对火灾报警控制器自检功能、操作级别、屏蔽功能、主/备电源的自动转换功能、故障报警功能、短路隔离保护功能、火警优先功能、消音功能、二次报警功能、负载功能、复位功能等主要功能进行检查并记录，控制器的功能应符合现行国家标准《火灾报警控制器》GB 4717—2005的规定。

火灾报警控制器应依次与其他回路相连接，使控制器处于正常监视状态，在备电工作状态下，对火灾报警控制器的配接部件连线故障报警功能、短路隔离保护功能、负载功能、复位功能进行功能检查并记录。

（2）火灾探测器调试

5.1-3 火灾探测器调试

应对探测器的下列功能进行检查并记录，其功能应符合规定要求：

1）探测器的离线故障报警功能。

2）点型感烟、点型感温、点型一氧化碳火灾探测器的火灾报警功能、复位功能。

3）线型光束感烟火灾探测器的火灾报警功能、复位功能。

4）线型感温火灾探测器的敏感部件故障功能。

5）线型感温火灾探测器的火灾报警功能、复位功能。

6）标准报警长度小于1m的线型感温火灾探测器的小尺寸高温报警响应功能。

7）管路采样式吸气感烟火灾探测器的采样管路气流故障报警功能。

8）管路采样式吸气感烟火灾探测器的火灾报警功能、复位功能。

9）点型火焰探测器和图像型火灾探测器的火灾报警功能、复位功能。

（3）火灾报警控制器其他现场部件调试

应对现场部件的下列功能检查并记录，其功能应符合规定要求：

1）手动火灾报警按钮的离线故障报警功能。

2）手动火灾报警按钮的火灾报警功能。

3）火灾显示盘的主要功能（符合现行国家标准《火灾显示盘》GB 17429—2011的规定）。

4）火灾显示盘的电源故障报警功能。

4．知识点——消防联动控制器及其现场部件调试

5.1-4 消防联动控制器调试

（1）消防联动控制器调试

1）消防联动控制器调试时，应在接通电源前按以下顺序做好准备工作：

①应将消防联动控制器与火灾报警控制器连接。

②应将任一备调回路的输入/输出模块与消防联动控制器连接。

③应将备调回路的模块与其控制的受控设备连接。

④应切断各受控现场设备的控制连线。

⑤应接通电源，使消防联动控制器处于正常监视状态。

2）消防联动控制器的功能应符合现行国家标准《消防联动控制系统》GB 16806—2006的规定，应对消防联动控制器下列主要功能进行检查并记录：

①自检功能。

②操作级别。

③屏蔽功能。

④主/备电源的自动转换功能。

⑤故障报警功能（备用电源连线故障报警功能；配接部件连线故障报警功能）。

⑥总线隔离器的隔离保护功能。

⑦消音功能。

⑧控制器的负载功能。

⑨复位功能。

⑩控制器自动和手动工作状态转换显示功能。

3）应依次将其他备调回路的输入/输出模块与消防联动控制器连接、模块与受控设备连接，切断所有受控现场设备的控制连线，使控制器处于正常监视状态，在备电工作状态下，对配接部件连线故障报警功能、总线隔离器的隔离保护功能、控制器的负载功能和复位功能进行功能检查并记录。

4）火灾报警控制器（联动型）的调试应同时符合火灾报警控制器和消防联动控制器的相关规定。

（2）消防联动控制器现场部件调试

应对现场部件的下列功能检查并记录，其功能应符合规定要求：

1）模块的离线故障报警功能。

2）模块的连接部件断线故障报警功能。

3）输入模块的信号接收及反馈功能、复位功能。

4）输出模块的启动、停止功能。

5．知识点——消防专用电话系统调试

应对消防专用电话系统下列功能检查并记录，其功能应符合现行国家标准《消防联动控制系统》GB 16806—2006的规定要求：

5.1-5 消防电话调试

1）接通电源，使消防电话总机处于正常工作状态，对消防电话总机的自检功能、故障报警功能、消音功能、电话分机呼叫电话总机功能、电话总机呼叫电话分机功能。

2）消防电话分机进行呼叫电话总机功能、接受电话总机呼叫功能。

3）消防电话插孔的通话功能。

6．知识点——可燃气体探测报警系统调试

（1）可燃气体报警控制器调试

对多线制可燃气体报警控制器，应将所有回路的可燃气体探测器与控制器相连接；对总线制可燃气体报警控制器，应将任一回路的可燃气体探测器与控制

5.1-6 可燃气体报警控制器调试

器相连接。应切断可燃气体报警控制器的所有外部控制连线，接通电源，使控制器处于正常监视状态。

应对可燃气体报警控制器的自检功能、操作级别、可燃气体浓度显示功能、主/备电源的自动转换功能、故障报警功能（备用电源连线故障报警功能、配接部件连线故障报警功能）、总线制可燃气体报警控制器的短路隔离功能、可燃气体报警功能、消音功能、控制器负载功能、复位功能等主要功能进行检查并记录，控制器的功能应符合现行国家标准《可燃气体报警控制器》GB 16808—2008的规定。

对总线制可燃气体报警控制器，应依次将其他回路与可燃气体报警控制器相连接，使控制器处于正常监视状态，在备电工作状态下，对可燃气体报警控制器的配接部件连线故障报警功能、短路隔离功能、控制器负载功能和复位功能进行功能检查并记录。

（2）可燃气体探测器调试

5.1-7
可燃气体探测器调试

应对可燃气体探测器的下列功能检查并记录，其功能应符合规定要求：

1）可燃气体探测器的可燃气体报警功能、复位功能。

2）线型可燃气体探测器的遮挡故障报警功能。

7．知识点——电气火灾监控系统调试

（1）电气火灾监控设备调试

应切断电气火灾监控设备的所有外部控制连线，将任一备调总线回路的电气火灾探测器与监控设备相连接，接通电源，使监控设备处于正常监视状态。

应对电气火灾监控设备的自检功能、操作级别、故障报警功能、监控报警功能、消音功能、复位功能进行检查并记录，监控设备的功能应符合现行国家标准《电气火灾监控系统第1部分：电气火灾监控设备》GB 14287.1—2014规定要求。

应依次将其他回路的电气火灾探测器与监控设备相连接，使监控设备处于正常监视状态，对监控设备的故障报警功能、监控报警功能和复位功能进行检查和记录。

（2）电气火灾监控探测器调试

应对电气火灾监控探测器下列功能检查并记录，其功能应符合规定要求：

1）剩余电流式电气火灾监控探测器的监控报警功能。

2）测温式电气火灾监控探测器的监控报警功能。

3）故障电弧探测器的监控报警功能。

4）具有指示报警部位功能的线型感温火灾探测器的监控报警功能。

8．知识点——消防设备电源监控系统调试

（1）消防设备电源监控器调试

应将任一备调总线回路的传感器与消防设备电源监控器相连接，接通电源，使监控器处于正常监视状态。

对消防设备电源监控器自检功能、消防设备电源工作状态实时显示功能、主/备电源的自动转换功能、故障报警功能（备用电源连线故障报警功能、配接部件连线故障报警功能）、消音功能、消防设备电源故障报警功能、复功能进行检查并记录，监控器的功能应符合现行国家标准《消防设备电源监控系统》GB 28184—2011的规定。

应依次将其他回路的传感器与监控器相连接，使监控器处于正常监视状态，在备电工作状态下，对监控器的配接部件连线故障报警功能、消防设备电源故障报警功能、复位功能进行功能检查并记录，监控器的功能应符合《消防设备电源监控系统》GB 28184—2011的规定。

（2）传感器调试

应对传感器的消防设备电源故障报警功能进行检查并记录，传感器的消防设备电源故障报警功能应符合规定。

9．知识点——消防设备应急电源调试

应将消防设备与消防设备应急电源相连接，接通消防设备应急电源的主电源，使消防设备应急电源处于正常工作状态。

应对消防设备应急电源的正常显示功能、故障报警功能、消音功能、转换功能进行检查并记录，消防设备应急电源的功能应符合现行国家标准《消防联动控制系统》GB 16806—2006的规定。

10．知识点——消防控制室图形显示装置和传输设备调试

（1）消防控制室图形显示装置调试

5.1-8
消防控制室图形显示装置调试

应将消防控制室图形显示装置与火灾报警控制器、消防联动控制器等设备相连接，接通电源，使消防控制室图形显示装置处于正常监视状态。应对消防控制室图形显示装置的图形显示功能、通信故障报警功能、消音功能、信号接收和显示功能、信息记录功能、复位功能进行检查并记录，消防控制室图形显示装置的功能应符合现行国家标准《消防联动控制系统》GB 16806—2006的规定。

（2）传输设备调试

应将传输设备与火灾报警控制器相连接，接通电源，使传输设备处于正常监视状态。应对传输设备的自检功能、主/备电源的自动转换功能、故障报警功能、消音功能、信号接收和显示功能、手动报警功能、复位功能进行检查并记录，传输设备的功能应符合现行国家标准《消防联动控制系统》GB 16806—2006的规定。

11．知识点——火灾警报、消防应急广播系统调试

（1）火灾警报器调试

5.1-9
消防应急广播系统调试

应对火灾警报器的下列功能检查并记录，其功能应符合规定要求：

1）火灾声警报器的火灾声警报功能。

2）火灾光警报器的火灾光警报功能。

3）火灾声光警报器的火灾声警报、光警报功能。

（2）消防应急广播控制设备调试

应将各广播回路的扬声器与消防应急广播控制设备相连接，接通电源，使广播控制设备处于正常工作状态，对广播控制设备的自检功能、主/备电源的自动转换功能、故障报警功能、消音功能、应急广播启动功能、现场语言播报功能、应急广播停止功能进行检查并记录，广播控制设备的功能应符合现行国家标准《消防联动控制系统》GB 16806—2006的规定。

（3）扬声器调试

应对扬声器的广播功能进行检查并记录，扬声器的广播功能应符合规定。

（4）火灾警报、消防应急广播控制调试

应将广播控制设备与消防联动控制器相连接，使消防联动控制器处于自动状态，根据系统联动控制逻辑设计文件的规定，对火灾警报和消防应急广播系统的联动控制功能进行检查并记录，火灾警报和消防应急广播系统的联动控制功能应符合规定。

联动控制控制功能检查过程应在报警区域内所有的火灾声光警报器或扬声器持续工作时，对系统的手动插入操作优先功能进行检查并记录，系统的手动插入操作优先功能应符合规定。

12. 知识点——防火卷帘系统调试

（1）防火卷帘控制器调试

5.1-10
防火卷帘控制器调试

应将防火卷帘控制器与防火卷帘卷门机、手动控制装置、火灾探测器相连接，接通电源，使防火卷帘控制器处于正常监视状态。应对防火卷帘控制器的自检功能、主/备电源的自动转换功能、故障报警功能、消音功能、手动控制功能、速放控制功能进行检查并记录，控制器的功能应符合公共安全行业标准《防火卷帘控制器》GA 386—2002的规定。

（2）防火卷帘控制器现场部件调试

应对防火卷帘控制器配接的点型感烟、感温火灾探测器的火灾报警功能，以及卷帘控制器的控制功能进行检查并记录，探测器的火灾报警功能、卷帘控制器的控制功能应符合规定。

应对防火卷帘手动控制装置的控制功能进行检查并记录，手动控制装置的控制功能应符合规定。

（3）疏散通道上设置的防火卷帘系统联动控制调试

应使防火卷帘控制器与卷门机相连接、防火卷帘控制器与消防联动控制器相连接，接通电源，使防火卷帘控制器处于正常监视状态、消防联动控制器处于自动控制工作状态。

应根据系统联动控制逻辑设计文件的规定，对防火卷帘控制器配接/不配接火灾探测器的防火卷帘系统的联动控制功能进行检查并记录，防火卷帘系统的联动控制功能应符合规定。

（4）非疏散通道上设置的防火卷帘系统控制调试

应使防火卷帘控制器与卷门机相连接、防火卷帘控制器与消防联动控制器相连接，接通电源，使防火卷帘控制器处于正常监视状态、消防联动控制器处于自动控制工作状态。

应根据系统联动控制逻辑设计文件的规定，对防火卷帘系统的联动控制功能进行检查并记录，防火卷帘系统的联动控制功能应符合规定。

应使消防联动控制器处于手动控制工作状态，对防火卷帘的手动控制功能进行检查并记录，防火卷帘的手动控制功能应符合规定。

13. 知识点——防火门监控系统调试

（1）防火门监控器调试

应将任一备调总线回路的监控模块与防火门监控器相连接，接通电源，使防火门监控器处于正常监视状态。

应对防火门监控器的自检功能、主/备电源的自动转换功能、故障报警功能、消音功能、启动和反馈功能、防火门故障报警功能进行检查并记录，防火门监控器的功能应符合现行国家标准《防火门监控器》GB 29364—2012的规定。

应依次将其他总线回路的监控模块与监控器相连接，使监控器处于正常监视状态，在备电工作状态下，对监控器的配接部件连线故障报警功能、启动和反馈功能、防火门故障报警功能进行功能检查并记录。

（2）防火门监控器现场部件调试

应对现场部件的下列功能检查并记录，其功能应符合规定要求：

1）防火门监控器配接的监控模块的离线故障报警功能。

2）监控模块的连接部件断线故障报警功能。

3）常开防火门监控模块的启动功能、反馈功能。

4）常闭防火门监控模块的防火门故障报警功能。

（3）防火门监控系统联动控制调试

应使防火门监控器与消防联动控制器相连接，使消防联动控制器处于自动控制工作状态。

应根据系统联动控制逻辑设计文件的规定，对防火门监控系统的联动控制功能进行检查并记录，防火门监控系统的联动控制功能应符合规定。

14. 知识点——气体、干粉灭火系统调试

（1）气体、干粉灭火控制器调试

5.1-11
气体灭火控制器调试

对不具有火灾报警功能的气体、干粉灭火控制

器，应切断驱动部件与气体灭火装置间的连接，使气体、干粉灭火控制器和消防联动控制器相连接，接通电源，使气体、干粉灭火控制器处于正常监视状态。对气体、干粉灭火控制器的自检功能、主/备电源的自动转换功能、故障报警功能、消音功能、延时设置功能、手、自动转换功能、手动控制功能、反馈信号接收和显示功能、复位功能进行检查并记录，控制器的功能应符合现行国家标准《消防联动控制系统》GB 16806—2006的规定。

对具有火灾报警功能的气体、干粉灭火控制器，应切断驱动部件与气体灭火装置间的连接，使控制器与火灾探测器相连接，接通电源，使控制器处于正常监视状态。对控制器的自检功能、操作级别、屏蔽功能、主/备电源的自动转换功能、故障报警功能、短路隔离保护功能、火警优先功能、消音功能、二次报警功能、延时设置功能、手动和自动转换功能、手动控制功能、反馈信号接收和显示功能、复位功能进行检查并记录，控制器的功能应符合现行国家标准《火灾报警控制器》GB 4717—2005和《消防联动控制系统》GB 16806—2006的规定。

（2）气体、干粉灭火控制器现场部件调试

应对现场部件的下列功能和性能检查并记录，其功能和性能应符合规定要求：

1）具有火灾报警功能的气体、干粉灭火控制器配接的火灾探测器的主要功能和性能。

2）气体、干粉灭火控制器配接的火灾声光警报器的主要功能和性能。

3）现场启动和停止按钮的离线故障报警功能。

4）手动与自动控制转换装置的转换功能、手动与自动控制状态显示装置的显示功能。

（3）气体、干粉灭火控制器不具有火灾报警功能的气体、干粉灭火系统控制调试

应切断驱动部件与气体、干粉灭火装置间的连接，使气体、干粉灭火控制器与火灾报警控制器、消防联动控制器相连接，使气体、干粉灭火控制器和消防联动控制器处于自动控制工作状态。

应根据系统联动控制逻辑设计文件的规定，对气体、干粉灭火系统的联动控制功能进行检查并记录，气体、干粉灭火系统的联动控制功能应符合规定。

在联动控制进入启动延时阶段，应对系统的手动插入操作优先功能进行检查并记录，系统的手动插入操作优先功能应符合规定。

应对系统的现场紧急启动、停止功能进行检查并记录，系统的现场紧急启动、停止功能应符合规定。

（4）气体、干粉灭火控制器具有火灾报警功能的气体、干粉灭火系统控制调试

应切断驱动部件与气体、干粉灭火装置间的连接，使气体、干粉灭火控制器与火灾探测器、手动火灾报警按钮、消防控制室图形显示装置相连接，使气体、干粉灭火控制器处于自动控制工作状态。

应根据系统联动控制逻辑设计文件的规定，对气体、干粉灭火系统的联动控制功能进行检查并记录，气体、干粉灭火系统的联动控制功能应符合规定。

在联动控制进入启动延时过程中，应对系统的手动插入操作优先功能进行检查并记录，系统的手动插入操作优先功能应符合规定。

对系统的现场紧急启动、停止功能进行检查并记录，系统的现场紧急启动、停止功能应符合规定。

15．知识点——自动喷水灭火系统调试

（1）消防泵控制箱、柜调试

应使消防泵控制箱（柜）与消防泵相连接，接通电源，使消防泵控制箱、柜处于正常监视状态。应对消防泵控制箱（柜）的操作级别、自动和手动工作状态转换功能、手动控制功能、自动启泵功能、主泵和备泵自动切换功能、手动控制插入优先功能进行检查并记录，消防泵控制箱（柜）的功能应符合现行国家标准《消防联动控制系统》GB 16806—2006的规定。

（2）系统联动部件调试

应对水流指示器、压力开关、信号阀的动作信号反馈功能进行检查并记录，水流指示器、压力开关、信号阀的动作信号反馈功能应符合下列规定。

应对消防水箱、池液位探测器的低液位报警功能进行检查并记录，液位探测器的低液位报警功能应符合规定。

（3）湿式、干式喷水灭火系统控制调试

应使消防联动控制器与消防泵控制箱（柜）等设备相连接，接通电源，使消防联动控制器处于自动控制工作状态。

应根据系统联动控制逻辑设计文件的规定，对下列功能检查并记录，其功能应符合规定要求：

1）湿式、干式喷水灭火系统的联动控制功能。

2）在消防控制室，对消防泵的直接手动控制功能。

16．知识点——消火栓系统调试

（1）系统联动部件调试

应对系统联动部件下列功能和性能进行检查并记录，其功能应符合规定要求：

1）消火栓泵控制箱（柜）的主要功能和性能。

2）水流指示器、压力开关、信号阀、消防水箱、池液位探测器的主要功能和性能。

3）消火栓按钮的离线故障报警功能。

4）消火栓按钮的启动、反馈功能。

（2）消火栓系统控制调试

应使消防联动控制器与消火栓泵控制箱（柜）等设备相连接，接通电源，使消防联动控制器处于自动控制工作状态。

应根据系统联动控制逻辑设计文件的规定，对下列功能检查并记录，其功能应符合规定要求：

1）消火栓系统的联动控制功能。

2）在消防控制室，对消防泵的直接手动控制功能。

17. 知识点——防排烟系统调试

（1）风机控制箱、柜调试

应使风机控制箱（柜）与加压送风机或排烟风机相连接，接通电源，使风机控制箱（柜）处于正常监视状态。对风机控制箱（柜）的操作级别、自动和手动工作状态转换功能、手动控制功能、自动启动功能、手动控制插入优先功能进行检查并记录，风机控制箱（柜）的功能应符合现行国家标准《消防联动控制系统》GB 16806—2006的规定。

（2）系统联动部件调试

应对系统联动部件的下列功能检查并记录，其功能应符合规定要求：

1）电动送风口、电动挡烟垂壁、排烟口、排烟阀、排烟窗、电动防火阀的动作功能、动作信号反馈功能。

2）排烟风机入口处的总管上设置的280℃排烟防火阀的动作信号反馈功能。

（3）加压送风系统控制调试

应使消防联动控制器与风机控制箱（柜）等设备相连接，接通电源，使消防联动控制器处于自动控制工作状态。

应根据系统联动控制逻辑设计文件的规定，对加压送风系统的下列功能检查并记录，其功能应符合规定要求：

1）加压送风系统的联动控制功能。

2）在消防控制室，对加压送风机的直接手动控制功能。

（4）电动挡烟垂壁、排烟系统控制调试

应使消防联动控制器与风机控制箱（柜）等设备相连接，接通电源，使消防联动控制器处于自动控制工作状态。

应根据系统联动控制逻辑设计文件的规定，对电动挡烟垂壁、排烟系统的下列功能检查并记录，其功能应符合规定要求：

1）电动挡烟垂壁、排烟系统的联动控制功能。

2）在消防控制室，对排烟风机的直接手动控制功能。

18. 知识点——消防应急照明和疏散指示系统控制调试

（1）集中控制型消防应急照明和疏散指示系统控制调试

应使消防联动控制器与应急照明控制器等设备相连接，接通电源，使消防联动控制器处于自动控制工作状态。应根据系统设计文件的规定，对消防应急照明和疏散指示系统的控制功能进行检查并记录，系统的控制功能应符合规定。

（2）非集中控制型消防应急照明和疏散指示系统控制调试

应使火灾报警控制器与应急照明集中电源、应急照明配电箱等设备相连接，接通电源。应根据设计文件的规定，对消防应急照明和疏散指示系统的应急启动控制功能进行检查并记录，系统的应急启动控制功能符合规定。

19．知识点——电梯、非消防电源等相关系统联动控制调试

应使消防联动控制器与电梯、非消防电源等相关系统的控制设备相连接，接通电源，使消防联动控制器处于自动控制工作状态。

应根据系统联动控制逻辑设计文件的规定，对电梯、非消防电源等相关系统的联动控制功能进行检查并记录，电梯、非消防电源等相关系统的联动控制功能应符合规定。

20．知识点——系统整体联动控制功能调试

5.1-12 系统性能调试

应按设计文件的规定，将所有分部调试合格的系统部件、受控设备或系统相连接并通电运行，在连续运行120h无故障后，使消防联动控制器处于自动控制工作状态。

应根据系统联动控制逻辑设计文件的规定，对火灾警报、消防应急广播系统、用于防火分隔的防火卷帘系统、防火门监控系统、防烟排烟系统、消防应急照明和疏散指示系统、电梯和非消防电源等自动消防系统的整体联动控制功能进行检查并记录，系统整体联动控制功能应符合规定。

21．技能点——火灾自动报警系统联动控制功能调试

实训：火灾自动报警系统联动控制功能调试

班级：__________　姓名：__________　学号：__________　日期：________年____月____日

组别：__________　小组成员：______________________________

项目名称	火灾自动报警系统联动控制功能调试	课程名称	火灾自动报警系统	成绩	
实训目的	1. 熟悉火灾自动报警系统的组成和工作原理。 2. 能够完成火灾探测器、手动火灾报警按钮、现场模块等系统部件的功能调试。 3. 能够完成消火栓系统、机械排烟系统、消防广播及消防电话分系统的联动控制功能调试。 4. 能够完成系统整体联动控制功能调试。				
一、实训设备 1. 火灾报警控制器（联动型）1台。 2. 消防广播设备1套（含音源设备、消防应急广播控制盘、消防应急广播功率放大器）。 3. 消防电话总机1套。 4. 区域显示器4个。 5. 短路隔离器4个、感烟探测器4个、感温探测器4个、消火栓按钮4个、手动火灾报警按钮（带电话插孔）4个、声光警报器4个、输入输出模块6个、输入模块2个、扬声器监视模块4个、消防电话接口模块5个。 6. 扬声器4个、固定式消防电话分机1个、手提式消防电话分机1个、模拟280℃防火阀1个、模拟排烟口4个、模拟压力开关1个、模拟消火栓水泵1个、模拟排烟风机1个和控制装置2套。 7. 电子编码器1个、万用表1个、插接线等。					

续表

二、实训要求

某四层建筑物，一层设有消火栓水泵，在出水干管上设有低压压力开关，每层均设有消火栓按钮。走廊采用机械排烟，每层设有1个常闭型排烟口，在屋面设有1个排烟风机。每层设有1个区域显示器。

1. 切断火灾报警控制器的所有外部控制连线，将火灾探测器、手动火灾报警按钮等部件连接后接通电源，检查火灾报警控制器的主要功能是否符合相关标准的要求。

2. 检查感烟、感温探测器和手动火灾报警按钮的火灾报警功能、离线故障报警功能和复位功能是否符合相关标准的要求。

3. 检查火灾显示盘主要功能是否符合相关标准的要求。

4. 检查现场模块的离线故障报警功能、连接部件断线故障报警功能、输入模块的信号接收及反馈功能、输出模块的启动和停止功能是否符合相关标准的要求。

5. 根据系统联动控制逻辑的要求，检查消火栓系统、机械排烟系统的联动控制是否符合相关标准的要求。

6. 接通电源，使消防电话总机处于正常工作状态，检查消防电话总机、消防电话分机、消防电话插孔的功能是否符合相关标准的要求。

7. 将消防应急广播控制设备与各广播回路的扬声器相连接，接通电源，使广播控制设备处于正常工作状态，检查广播控制设备和扬声器是否符合相关标准的要求。

三、实训内容

1. 按照火灾自动报警系统图（图5.1–1），完成现场设备的安装与接线。

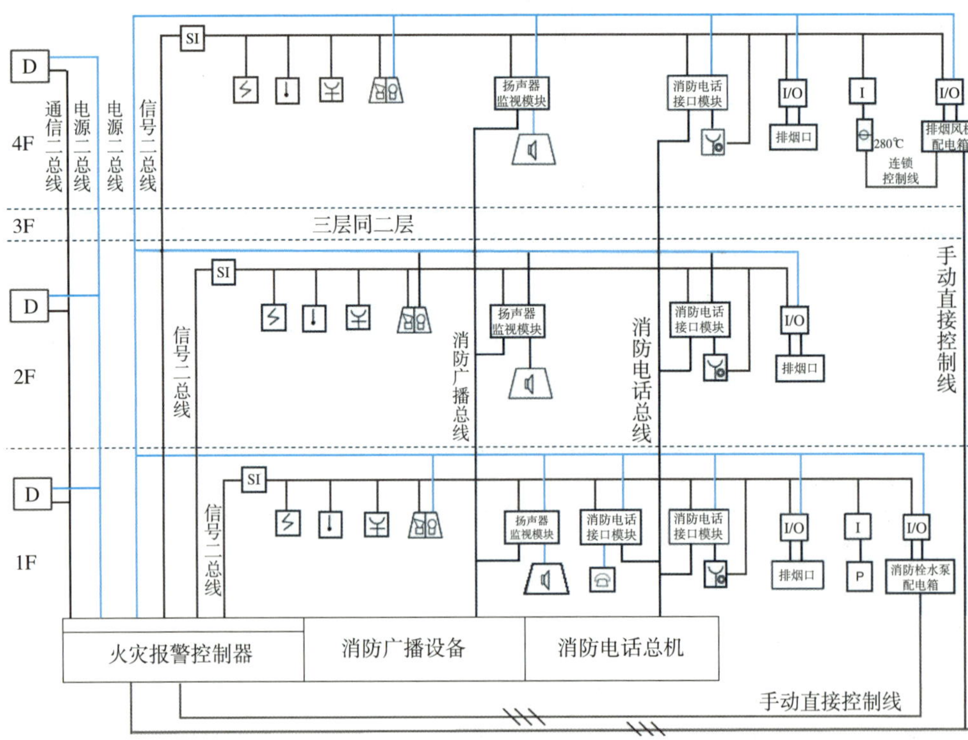

图5.1–1 火灾自动报警系统系统图

注：图中未标注的线路均为2根线。

续表

2．填写设备编码定义一览表（表5.1–11）。

设备编码定义一览表　　表5.1–1

序号	设备名称	设备型号	原码	二次码	设备类型	键值		
						手动盘	广播盘	电话盘
1								
2								
⋮								
n								

3．写出联动控制逻辑公式。

4．完成现场设备和火灾报警控制器的连接，并进行设备的一次编码。

5．火灾自动报警系统部件功能调试。

6．消火栓系统、机械排烟系统、消防广播和消防电话系统联动控制功能调试。

7．火灾自动报警系统整体联动控制功能调试，并写出调试步骤。

四、实训中出现的故障及解决方法

五、思考题

若系统中还包含自动喷水灭火系统，如何实现火灾自动报警系统整体联动控制功能调试?

5.1.4 问题思考

1．填空题

（1）系统调试前，应对控制类设备进行__________，对控制类设备手动控制单元控制按钮或按键进行编码设置。

（2）系统整体联动控制功能调试，应按设计文件的规定将所有分部调试合格的系统部件、受控设备或系统相连接并通电运行，在连续运行__________无故障后，使消防联动控制器处于自动控制工作状态。

2．判断题

（1）系统调试应包括系统部件功能调试和分系统的联动控制功能调试。 （ ）

（2）点型感烟火灾探测器安装时，探测器周围水平距离1.5m内不应有遮挡物。

（ ）

3．选择题

（1）在进行消防专用电话系统调试时，对消防电话总机（ ）功能要进行检查并记录。

A．自检 B．故障报警功能 C．消音功能

D．电话分机呼叫电话总机功能 E．电话总机呼叫电话分级功能

（2）火灾报警控制器调试应切断火灾报警控制器的所有外部控制连线，并将任意一个总线回路的（ ）等部件相连接后接通电源，使控制器处于正常监视状态。

A．火灾探测器 B．手动火灾报警按钮 C．模块

D．火灾显示盘 E．消防泵控制箱

4．简单题

（1）火灾自动报警系统工程划分为哪几个分部工程？

（2）系统调试时，需对哪些自动消防系统进行整体联动控制功能调试？

5.1.5 知识拓展

资源名称	5.1拓-1 火灾报警控制器调试	5.1拓-2 气体灭火系统组件的测试	5.1拓-3 防火卷帘门调试	5.1拓-4 火灾自动报警系统的联调
资源类型	视频	视频	视频	视频
资源二维码				

任务 5.2 火灾自动报警系统检测与验收

5.2.1 教学目标与思路

【教学目标】

知识目标	能力目标	素养目标
1. 能够描述火灾自动报警系统检测与验收的一般要求； 2. 能够掌握火灾自动报警系统检测与验收对象、项目、数量及方法	具有对火灾自动报警系统检测与验收的能力	1. 遵守消防设施检测、验收等相关规范标准要求，养成认真严谨的工作态度； 2. 树立安全意识、质量意识与创新意识
安全小谈：火灾自动报警系统是各消防设备的统一体，当各部分以合理有序的结构形成整体时，整体的功能就会大于各部分功能之和，引导学生树立集体主义观念。		

【学习任务】熟悉《火灾自动报警系统设计规范》GB 50116—2013、《火灾自动报警系统施工及验收标准》GB 50166—2019和《建筑消防设施检测技术规程》XF 503—2004中对火灾自动报警系统的相关要求，掌握火灾自动报警系统的检测与验收的要求与方法。

【建议学时】4～6学时。

【思维导图】

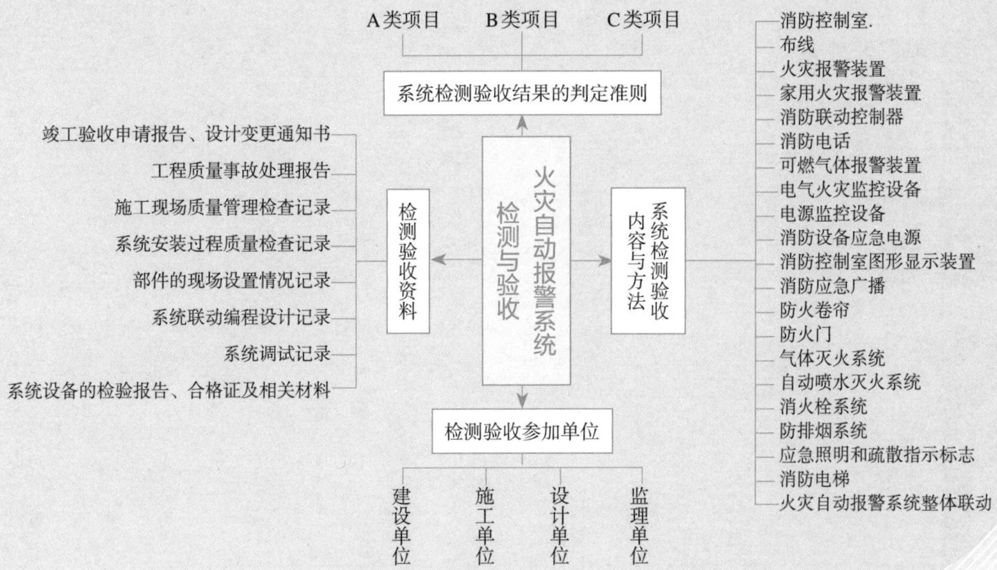

5.2.2 学生任务单

任务名称	火灾自动报警系统检测与验收				
学生姓名		班级学号		组别	
同组成员					
任务分工					
完成日期		教师评价			

学习任务		
任务实施	完成步骤	
	重点内容	任务实施过程中，用到的专业技能、专业知识、标准规范和方法等
学习反思	收获与不足	任务实施过程中，存在的问题及解决办法等
	待解问题	
	课后学习	

5.2.3 知识与技能

1. 知识点——检测与验收的一般要求

（1）系统竣工验收是对系统设计和施工质量的全面检查。消防检测主要是针对工程施工质量对照规范要求和设计内容进行检查和必要的系统性能测试。建设和施工单位必须委托相关机构进行技术检测，取得技术测试报告，由建设单位组织验收。

（2）系统竣工后，建设单位应组织施工、设计、监理等单位进行系统验收，验收不合格不得投入使用。

（3）气体灭火系统、防火卷帘系统、自动喷水灭火系统、消火栓系统、防烟排烟系统、消防应急照明和疏散指示系统及其他相关系统的联动控制功能检测、验收，应在各系统功能满足现行相关国家技术标准和系统设计文件规定的前提下进行。

2. 知识点——检测与验收的相关资料

系统检测、验收时，应对施工单位提供的下列资料进行齐全性和符合性检查，并按相关规定填写记录。

（1）竣工验收申请报告、设计变更通知书、竣工图。

（2）工程质量事故处理报告。

（3）施工现场质量管理检查记录。

（4）系统安装过程质量检查记录。

（5）系统部件的现场设置情况记录。

（6）系统联动编程设计记录。

（7）系统调试记录。

（8）系统设备的检验报告、合格证及相关材料。

3. 知识点——检测与验收的内容和方法

（1）设备选型、设备设置应与设计文件相符。

（2）产品检测报告、出厂合格证等相关证明文件应符合消防产品准入制度。

（3）安装质量主要检查设备安装应牢固可靠，设备的安装高度、间距等应符合施工及验收规范要求。

（4）设备和系统的基本功能、手动控制功能、联动控制功能应符合《火灾自动报警系统设计规范》GB 50116—2013和设计的联动逻辑关系规定。

（5）为保证整个消防设备施工安装的质量，应将火灾自动报警设备有关的自动灭火设备及其他联动控制设备列入验收内容。

4. 知识点——检测与验收结果的判定准则

（1）检测、验收项目的类别划分

根据各项目对系统工程质量影响严重程度的不同，应将检测、验收的项目划分为A、B、C三个类别。

1）A类项目应符合下列规定：

①消防控制室设计符合现行国家标准《火灾自动报警系统设计规范》GB 50116—2013的规定。

②消防控制室内消防设备的基本配置与设计文件和现行国家标准《火灾自动报警系统设计规范》GB 50116—2013的符合性。

③系统部件的选型与设计文件的符合性。

④系统部件消防产品准入制度的符合性。

⑤系统内的任一火灾报警控制器和火灾探测器的火灾报警功能。

⑥系统内的任一消防联动控制器、输出模块和消火栓按钮的启动功能。

⑦参与联动编程的输入模块的动作信号反馈功能。

⑧系统内的任一火灾警报器的火灾警报功能。

⑨系统内的任一消防应急广播控制设备和广播扬声器的应急广播功能。

⑩消防设备应急电源的转换功能。

⑪防火卷帘控制器的控制功能。

⑫防火门监控器的启动功能。

⑬气体灭火控制器的启动控制功能。

⑭自动喷水灭火系统的联动控制功能，消防水泵、预作用阀组、雨淋阀组的消防控制室直接手动控制功能。

⑮加压送风系统、排烟系统、电动挡烟垂壁的联动控制功能，送风机、排烟风机的消防控制室直接手动控制功能。

⑯消防应急照明及疏散指示系统的联动控制功能。

⑰电梯、非消防电源等相关系统的联动控制功能。

⑱系统整体联动控制功能。

2）B类项目应符合下列规定：

①消防控制室存档文件资料的符合性。

②施工单位提供资料的齐全性、符合性。

③系统内的任一消防电话总机和电话分机的呼叫功能。

④系统内的任一可燃气体报警控制器和可燃气体探测器的可燃气体报警功能。

⑤系统内的任一电气火灾监控设备（器）和探测器的监控报警功能。

⑥消防设备电源监控器和传感器的监控报警功能。

3）C类项目包括：除A类项目和B类项目外的其余项目。

（2）系统检测、验收结果的判定准则

A类项目不合格数量为0、B类项目不合格数量小于或等于2、B类项目不合格数量与C类项目不合格数量之和小于或等于检查项目数量5%的，系统检测、验收结果应为合格；不符合上述判定准则的，系统检测、验收结果应为不合格。

各项检测、验收项目中有不合格的，应修复或更换，并应进行复验。复验时，对有抽验比例要求的，应加倍检验。

5．技能点——常用检测仪器设备的使用方法

（1）消防烟感试验器。其由枪头、注液器、雾香液等组成，如图5.2–1所示。使用步骤和具体操作参见表5.2–1。

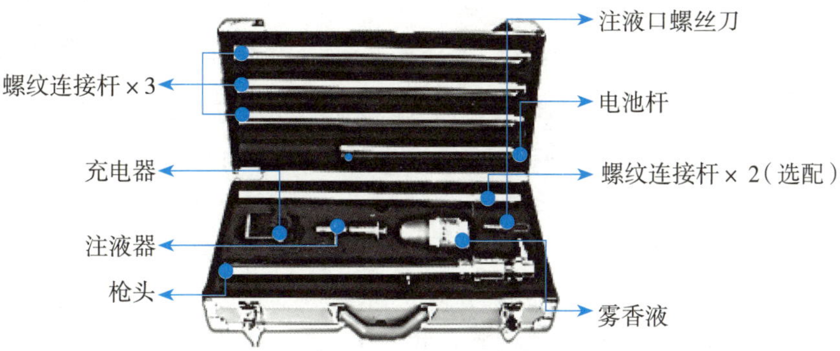

图5.2–1　消防烟感试验器实物图

消防烟感试验器使用步骤　　表5.2–1

① 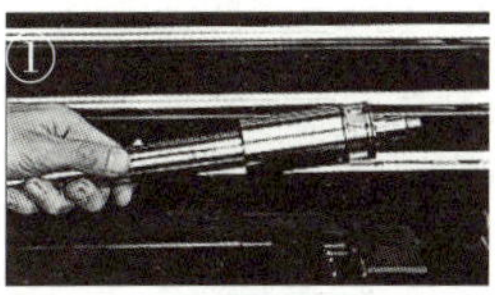	**取出枪头** 打开铝合金包装箱取出枪头	② 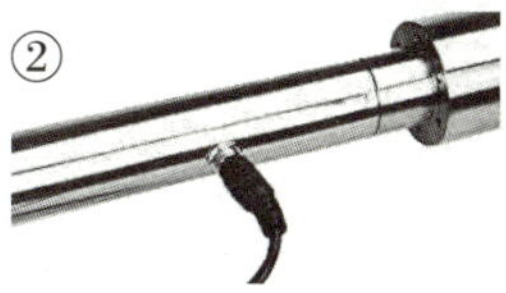	**设备充电** 将充电器插入充电插口
③ 	**拆卸注油孔** 按逆时针方向拧开注油孔密封螺丝	④ 	**吸取雾香液** 使用注液器针头吸取约10mL雾香液
⑤ 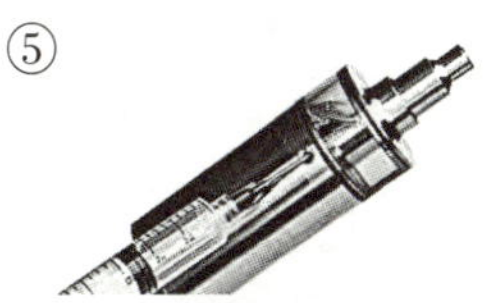	**注入雾香液** 将注液器针头插入注油孔内，轻轻挤压直至注满	⑥ 	**拧紧注油孔** 按顺时针方向拧紧注油孔密封螺丝
⑦ 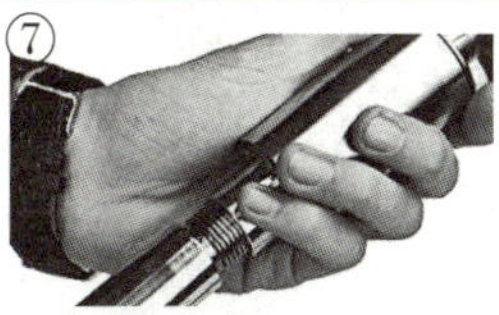	**连接加长杆** 顺时针方向旋转连接枪头与加长杆	⑧ 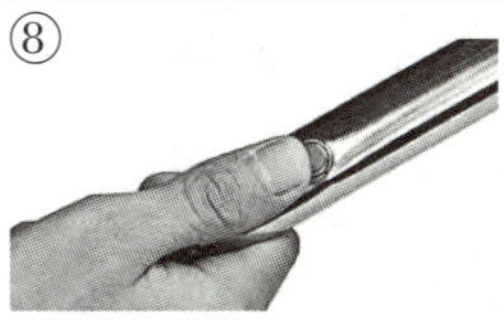	**启动开关** 按住电源开关，接通电源
⑨ 	**发烟检测** 从烟枪喷头处开始有烟雾喷出	⑩ 	**检测报警** 喷头对准火灾探测传感器直至报警

（2）秒表

1）应用范围

秒表在建设工程消防施工质量控制、技术检测、维护管理及其消防产品现场检查中使用广泛，可以用于火灾自动报警系统的响应时间、水流指示器的延迟时间、电梯的追降时间、灯具的应急工作时间等情形，如图5.2–2所示。

2）使用方法

在秒表开启状态下，按“MODE”键选择，即可出现秒表功能。按下START/STOP按钮，开始计时，再次按下START/STOP按钮，停止计时，显示测出的时间数据。按LAP/RESET键，自动复位（即数据归零）。

图5.2–2 秒表实物

（3）照度计

照度计是一种测量照度的专用仪器仪表，如图5.2–3所示。光照度是物体被照明的程度，即物体表面所得到的光通量与被照面积之比，单位为勒克斯（lx）。

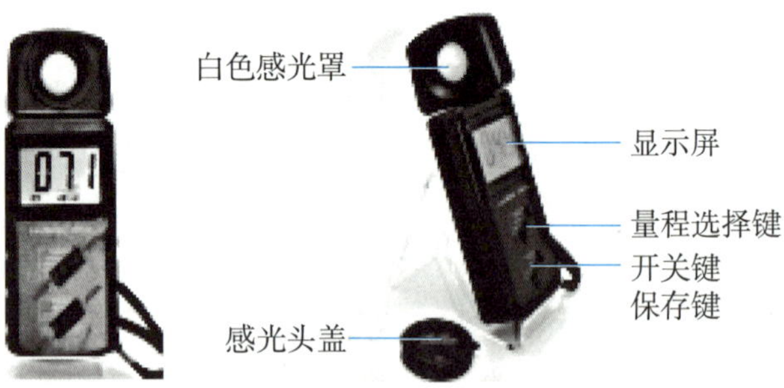

图5.2–3 照度计实物

1）应用范围

在消防监督检查工作中，一般用于测量消防应急照明设施的照度值是否符合规范的要求。

2）使用方法

使用前，阅读其说明书，或者参考下列操作方法进行测量操作。

第一步：打开光检测器盖子，并将光检测器水平放在测量目标照射范围内最不利点的位置。

第二步：选择适合测量档位。如果显示屏左端只显示“1”，表示过载，需要重新选择大的量程。

第三步：当显示数据比较稳定时，读取并记录读数器中显示的观测值。观测值等于读数器中显示数字与量程值的乘积。

（4）声级计

声级计是一种按照一定的频率计权和时间计权测量声音的仪器，测量单位一般为分贝（dB），如图5.2–4所示。

图5.2–4　声级计实物

1）应用范围

在消防监督检查工作中主要用来测量消防广播、水力警铃、电警铃、讯响器等报警器件的声响效果。

2）使用方法（仅供参考，可查阅具体说明书）

第一步：按下电源开关，按下“LEVEL”选择合适的档位测量现在的噪声，以不出现“UNDER”或“OVER”符号为主。

第二步：要测量以人耳为感受的噪声，请选用dB（A）。

第三步：要读取当时的噪声量请选择“FAST”。如果获得当时的平均噪声量请选“SLOW”。

第四步：如要取得噪声量的最大值，可按“MAX”功能键，即可读到噪声的最大值。

第五步：要求声级计的测量范围在30～130dB之间，准确度为±1.5dB，取样率为2次/秒。

（5）风速计

风速计是测量空气流速的仪器，如图5.2–5所示。

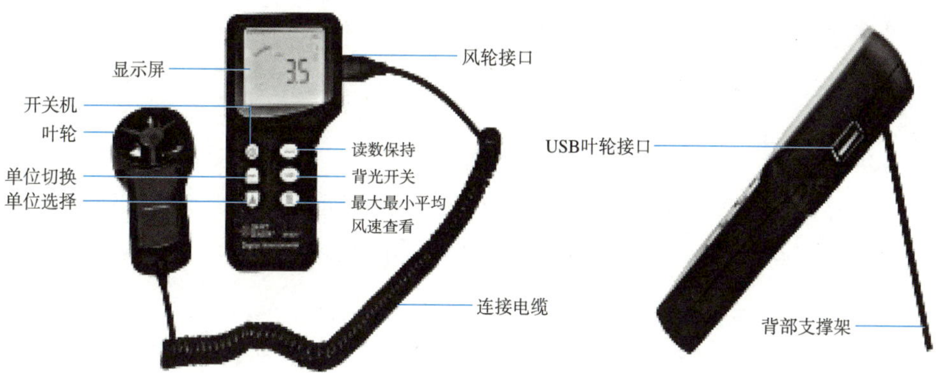

图5.2–5　风速计实物图

1）应用范围

可用来测量防烟排烟系统中的送风口和排烟口的风速、风量，以校核其是否符合现行消防规范的有关规定。

2）使用方法（仅供参考，可查阅具体说明书）

第一步：打开电源开关。

第二步：将叶轮依顺风方向与风向垂直放置，使叶轮依风速大小自由转动。

第三步：读取液晶显示器上的风速值。

5.2.4 问题思考

1. 填空题

（1）系统竣工后，__________应组织施工、设计、监理等单位进行系统验收，验收不合格不得投入使用。

（2）用于疏散通道的防火卷帘控制器应具有__________步关闭的功能，并应向消防联动控制器发出反馈信号。

（3）各项检测、验收项目中有不合格的，应__________，并应进行复验。复验时，对有抽验比例要求的，应__________检验。

2. 判断题

（1）A类项目不合格数量为0、B类项目不合格数量小于或等于2、B类项目不合格数量与C类项目不合格数量之和小于或等于检查项目数量5%的，系统检测、验收结果应为合格。（　　）

（2）点型感烟探测器的检测方法：首先，采用发烟装置向探测器施放烟气，查看探测器报警确认灯，以及火灾报警控制器的火警信号显示；然后，消除探测器内及周围烟雾，报警控制器手动复位，观察探测器报警确认灯在复位前后的变化情况。（　　）

（3）根据各项目对系统工程质量影响严重程度的不同，把以下功能划分为B类项：系统内的任一消防电话总机和电话分机的呼叫功能，系统内的任一可燃气体报警控制器和可燃气体探测器的可燃气体报警功能，系统内的任一电气火灾监控设备（器）和探测器的监控报警功能，消防设备电源监控器和传感器的监控报警功能。（　　）

3. 案例题

（1）编制某办公楼火灾自动报警系统的检测方案

某办公楼建筑高度30m，建筑层数9层，每层建筑面积1400m^2；设有两部室内疏散楼梯，采用自然排烟；设有火灾自动报警系统、消防应急照明和疏散系统、消火栓系统、自动喷水灭火系统。

（2）分析疏散通道设置的防火卷帘与非疏散通道设置的防火卷帘检测、验收方法的区别。

任务 5.3 火灾自动报警系统运行维护

5.3.1 教学目标与思路

【教学目标】

知识目标	能力目标	素养目标
1. 能够掌握火灾自动报警系统的运行维护从业人员的资格和岗位职责； 2. 能够熟练掌握火灾自动报警系统维护保养的要求和方法	具有对火灾自动报警系统维护保养的能力	1. 遵守消防维护保养等相关规范标准要求，养成认真严谨的工作态度； 2. 树立安全意识、质量意识与创新意识
安全小谈：火灾自动报警系统的正常运行是预防和扑救火灾的有效手段，关乎人民群众的生命安全，引导学生树立正确的价值观，培养学生的使命感和责任心，坚守职业道德。		

【学习任务】熟悉《建筑消防设施的维护管理》GB 25201—2010和《社会消防技术服务管理规定》中华人民共和国应急管理部令（第7号）对火灾自动报警系统的相关要求，掌握火灾自动报警系统运行与维护的要求与方法。

【建议学时】4～6学时。

【思维导图】

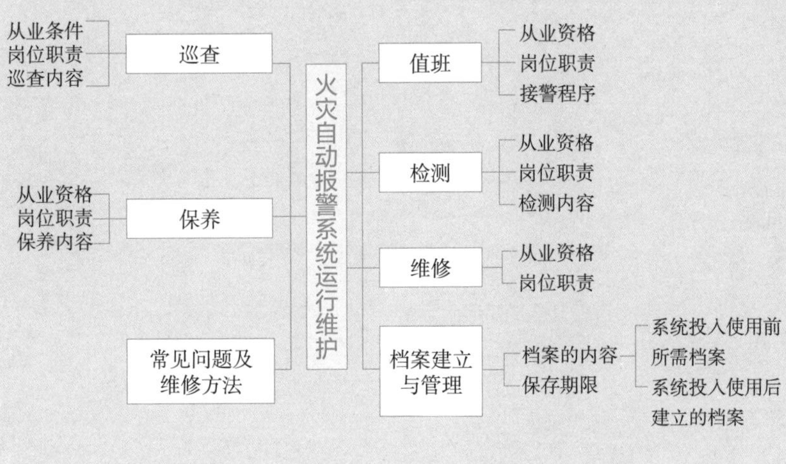

5.3.2 学生任务单

任务名称	火灾自动报警系统运行维护				
学生姓名		班级学号		组别	
同组成员					
任务分工					
完成日期		教师评价			

学习任务		
任务实施	完成步骤	
	重点内容	任务实施过程中，用到的专业技能、专业知识、标准规范和方法等
学习反思	收获与不足	任务实施过程中，存在的问题及解决办法等
	待解问题	
	课后学习	

5.3.3 知识与技能

1. 知识点——消防控制室值班

（1）从业资格

值班人员应通过消防行业特有工种职业技能鉴定，持初级证书的人员可监控、操作不具备联动控制功能的区域火灾自动报警系统及其他消防设施；监控、操作设有联动控制设备的消防控制室的人员，应持中级及以上等级证书。

（2）岗位职责

1）实行每日24h值班制度。

2）每班工作时间应不大于8h，每班人员应不少于2人。

3）值班人员对火灾报警控制器进行日检查、接班、交班时，应填写《消防控制室值班记录表》的相关内容。值班期间每2h记录一次消防控制室内消防设备的运行情况，及时记录消防控制室内消防设备的火警或故障情况。

4）正常工作状态下，不应将自动喷水灭火系统、防烟排烟系统和联动控制的防火卷帘等防火分隔设施设置在手动控制状态。其他消防设施及其相关设备如设置在手动状态时，应有在火灾情况下，迅速将手动控制转换为自动控制的可靠措施。

（3）接警程序

消防控制室值班人员接到报警信号后，应按下列程序进行处理：

1）接到火灾报警信息后，应以最快方式确认。

2）确认属于误报时，查找误报原因并填写《建筑消防设施故障维修记录表》。

3）火灾确认后，立即将火灾报警联动控制开关转入自动状态（处于自动状态的除外），同时拨打“119”火警电话报警。

4）立即启动单位内部灭火和应急疏散预案，同时报告单位消防安全责任人。单位消防安全责任人接到报告后应立即赶赴现场。

2. 知识点——火灾自动报警系统的巡查

（1）从业条件

从事建筑消防设施巡查的人员，应通过消防行业特有工种职业技能鉴定，持有初级技能以上等级的职业资格证书。

（2）岗位职责

巡查是对建筑消防设施直观属性的检查。消防设施巡查频次应满足下列要求：

1）公共娱乐场所营业时，应结合公共娱乐场所每2h巡查一次的要求，视情况将建筑消防设施的巡查部分或全部纳入其中，但全部建筑消防设施应保证每日至少巡查一次。

2）消防安全重点单位，每日巡查一次。

3）其他单位，每周至少巡查一次。

（3）巡查内容

建筑消防设施的巡查由归口管理消防设施的部门或单位实施，按照工作、生产、经营的实际情况，将巡查的职责落实到相关工作岗位。巡查时应填写《建筑消防设施巡查记录表》。火灾自动报警系统的主要巡查内容是：

1）火灾探测器、手动报警按钮、现场模块外观及运行状态。

2）火灾报警控制器、火灾显示盘、CRT图形显示器运行状况。

3）消防联动控制器外观及运行状况。

4）火灾报警装置外观。

5）建筑消防设施远程监控、信息显示、信息传输装置外观及运行状况。

6）系统接地装置外观。

7）消防控制室工作环境。

3．知识点——火灾自动报警系统的检测

（1）从业资格

从事建筑消防设施检测的人员，应当通过消防行业特有工种职业技能鉴定，并持有高级技能以上等级职业资格证书。

（2）岗位职责

检测是依照相关标准，对各类建筑消防设施的功能进行测试性的检查。建筑消防设施应每年至少检测一次，检测对象包括全部设备、组件等。设有自动消防系统的宾馆、饭店、商场、市场、公共娱乐场所等人员密集场所、易燃易爆单位以及其他一类高层公共建筑等消防安全重点单位，应自系统投入运行后每一年底前，将年度检测记录报当地应急管理部门及消防救援机构备案。在重大的节日、重大的活动前或者期间，应根据当地应急管理部门的要求对建筑消防设施进行检测。

（3）检测内容

建筑消防设施检测时，应如实填写《建筑消防设施检测记录表》。火灾自动报警系统的主要检测内容是：

1）火灾探测器、手动报警按钮、警报装置等设备的试验报警功能。

2）火灾报警控制器：试验火警报警、故障报警、火警优先、打印机打印、自检、消音等功能，火灾显示盘和CRT显示器的报警、显示功能。

3）消防联动控制器：试验联动控制器及控制模块的手动、自动联动控制功能，试验控制器显示功能，试验电源部分主/备电源切换功能，备用电源充放电功能。

4）远程监控系统：试验信息传输装置显示、传输功能，试验监控主机信息显示、告警受理、派单、接单、远程开锁等功能，试验电源部分主/备电源切换功能，备用电源充放电功能。

4．知识点——火灾自动报警系统的维修

（1）从业资格

从事建筑消防设施维修的人员，应当通过消防行业特有工种职业技能鉴定，并取得技师以上等级职业资格证书。

（2）岗位职责

1）值班、巡查、检测、灭火演练中发现火灾自动报警系统存在问题和故障的，相关人员应填写《建筑消防设施故障维修记录表》，并向单位消防安全管理人报告。

2）单位消防安全管理人对火灾自动报警系统存在的问题和故障，应立即通知维修人员进行维修。维修期间，应采取确保消防安全的有效措施。故障排除后应进行相应功能试验并经单位消防安全管理人检查确认。维修情况应记入《建筑消防设施故障维修记录表》。

5．知识点——火灾自动报警系统的保养

（1）从业资格

从事建筑消防设施保养的人员，通过消防行业特有工种职业技能鉴定，并取得高级技能以上等级职业资格证书。

（2）岗位职责

1）建筑消防设施维护保养应制定计划，列明消防设施的名称、维护保养的内容和周期。

2）实施建筑消防设施的维护保养时，应填写《建筑消防设施维护保养记录表》，并进行相应功能试验。

（3）保养内容

火灾自动报警系统的维护保养是消防设备在使用过程中自身运行的客观要求，正确的维护保养可以延长设备的使用寿命。

1）点型感烟火灾探测器应根据产品说明书的要求，定期清洗、标定；产品说明书没有明确要求的，应每两年清洗、标定一次。

2）可燃气体探测器应根据产品说明书的要求，定期进行标定。

3）火灾探测器、可燃气体探测器的标定应由生产企业或具备资质的检测机构承担。承担标定的单位应出具标定记录。

4）以蓄电池作为后备电源的消防设备，应按照产品说明书的要求，定期对蓄电池进行维护。

5）对于使用周期超过产品说明书标识寿命的易损件、消防设备，以及经检查测试已不能正常使用的火灾探测器、压力容器、灭火剂等产品设备，应及时更换。

6）对易污染、易腐蚀生锈的消防设备、管道、阀门，应定期清洁、除锈、注润滑剂。

6．知识点——火灾自动报警系统档案的建立与管理

（1）档案的内容

消防档案应包含系统投入使用前和投入使用后的文件资料。

1）系统投入使用前

应具有下列文件资料：检测、验收合格资料；建（构）筑物竣工后的总平面图、建筑消防系统平面布置图、建筑消防设施系统图及安全出口布置图、重点部位位置图、危化品位置图；消防安全管理规章制度、灭火预案、应急疏散预案；消防安全组织机构图，包括消防安全责任人、管理人，专职、义务消防人员；消防安全培训记录、灭火和应急疏散预案的演练记录；火灾自动报警系统设备现场设置情况记录；消防系统联动控制逻辑关系说明、联动编程记录、消防联动控制器手动控制单元编码设置记录；系统设备使用说明书、系统操作规程、系统和设备维护保养制度。

2）系统投入使用后

应具有下列文件资料：火灾自动报警系统的值班记录、巡查记录和检测记录，故障维修记录以及维护保养计划表、维护保养记录、自动消防控制室值班人员基本情况档案及培训记录，消防救援机构监督检查意见及相关的法律文书。

（2）保存期限

火灾自动报警系统投入使用前的原始技术资料应长期保存。《消防控制室值班记录表》和《建筑消防设施巡查记录表》的存档时间不应少于一年。《建筑消防设施检测记录表》《建筑消防设施故障维修记录表》《建筑消防设施维护保养计划表》《建筑消防设施维护保养记录表》的存档时间不应少于五年。

7．技能点——火灾自动报警系统常见问题及维修方法

（1）探测器误报警，探测器故障报警

1）原因：探测器灵敏度选择不合理、环境湿度过大、风速过大、粉尘过大、机械振动、探测器使用时间过长、器件参数下降等。

2）处理方法：根据安装环境选择适当的灵敏度的探测器，安装时应避开风口及风速较大的通道，定期检查，根据情况清洗和更换探测器。

（2）手动按钮误报警，手动按钮故障报警

1）原因：按钮使用时间过长、参数下降，或按钮人为损坏。

2）处理方法：定期检查，损坏时需及时更换，以免影响系统运行。

（3）报警控制器故障

1）原因：机械本身器件损坏报故障或外接探测器、手动按钮问题引起报警控制器报故障、报火警。

2）处理方法：用万用表或自身诊断程序判断检查机器本身，排除故障，检查故障是否由外界引起。

（4）线路故障

1）原因：绝缘层损坏、接头松动、环境湿度过大，造成绝缘下降。

2）处理方法：用兆欧表检查绝缘程度、接头情况，接线时采用焊接、塑封等工艺。

5.3.4 问题思考

1．填空题

（1）从事建筑消防设施维修的人员，通过消防行业特有工种职业技能鉴定，并取得技师以上等级职业资格证书或__________。

（2）消防档案应包含系统投入使用前和__________文件资料。《消防控制室值班记录表》和《火灾自动报警系统巡查记录表》的存档时间不应少于__________。

（3）公共娱乐场所营业时，应结合公共娱乐场所每__________巡查一次的要求，视情况将建筑消防设施的巡查部分或全部纳入其中，但全部建筑消防设施应保证每__________至少巡查一次。

2．判断题

（1）电气火灾监控设备应能接收来自探测器的监控报警信号，并在10s内发出声、光报警信号，指示报警部位，记录报警时间，并予以保持，直至手动复位。（　　）

（2）火灾报警声信号应能手动消除，当再有火灾报警信号输入时，应能再次启动。（　　）

3．案例题

（1）简述某商场消防值班人员的从业资格和岗位职责。

（2）描述气体灭火系统自动联动控制功能维护保养的内容。

参考文献

[1] 中华人民共和国住房和城乡建设部. 消防设施通用规范：GB 55036—2022[S]. 北京：中国计划出版社，2023.

[2] 中华人民共和国公安部. 火灾自动报警系统设计规范：GB 50116—2013[S]. 北京：中国计划出版社，2013.

[3] 中华人民共和国应急管理部. 火灾自动报警系统施工及验收标准：GB 50166—2019[S]. 北京：中国计划出版社，2019.

[4] 中华人民共和国应急管理部. 消防应急照明和疏散指示系统技术标准：GB 51309—2018[S]. 北京：中国计划出版社，2018.

[5] 中华人民共和国公安部. 建筑防烟排烟系统技术标准：GB 51251—2017[S]. 北京：中国计划出版社，2017.

[6] 中华人民共和国住房和城乡建设部. 建筑设计防火规范：GB 50016—2014[S]. 2018年版. 北京：中国计划出版社，2018.

[7] 公安部沈阳消防研究所，中国建筑标准设计研究院. 火灾自动报警系统设计规范图示：14X505–1[S]. 北京：中国计划出版社，2014.

[8] 中国建筑标准设计研究院. 常用水泵控制电路图：16D303–3[S]. 北京：中国计划出版社，2016.

[9] 悉地（北京）国际建筑设计顾问有限公司，中国建筑设计院有限公司. 常用风机控制电路图：16D303–2[S]. 北京：中国计划出版社，2016.

[10] 公安部消防局. 消防安全技术实务[M]. 北京：机械工业出版社，2017.

[11] 公安部消防局. 消防安全技术综合实力[M]. 北京：机械工业出版社，2017.

[12] 公安部消防局. 消防安全案例分析[M]. 北京：机械工业出版社，2017.